KB097582

# 한류 외전

설계되지 않은 성공,
K컬처산업의 운명을 바꾼 9가지 결정적 장면

# 한류 외전

김윤지 지음

어크로스

# 차례

프롤로그
# K컬처산업의 토양은 무엇이었나?

"도대체 그동안 무슨 일이 일어난 거야?"

2021년 넷플릭스의 한국 드라마 〈오징어 게임〉이 세계적인 히트를 치던 즈음 한 선배가 던진 질문이었다. 바로 전해인 2020년 영화 〈기생충〉이 미국 아카데미 시상식에서 작품상과 감독상 등을 수상하고, 그룹 BTS의 노래들이 빌보드 차트를 석권하는 등 놀라운 일이 계속 벌어지던 때였다. 오랜 기간 업계에 종사해 온 사람들에게도 이 같은 변화는 너무나 낯선 상황이었다. 10년 전 세계인이 싸이의 〈강남스타일〉을 함께 부르던 때와는 또 다른 느낌이었다.

'우리가 늘 보던 드라마, 늘 듣던 노래에 세계인들이 이렇게 환호한다고? 아니 왜? 우리 것이 진짜 그렇게 좋은 것인가?'

질문을 던진 선배에게 한두 문장으로 이 상황을 설명하기는

8                                                          한류 외전

어려웠다. 사실은 나도 그간 무슨 일이 어떻게 일어났는지, 그 과정에서 어떤 힘들이 합쳐져 이 같은 결과를 낳았는지 정확히 정리하지 못했다는 생각이었다. 이 분야의 산업, 정책, 경제 등을 넘나드는 연구를 하면서 머릿속에 이것저것 잔뜩 들어 있었지만 흐름을 딱 짚어내기는 어려웠다. 이렇게 다짜고짜 물어보는 분께는 "이 책 보시면 도움이 될 거예요"라며 건네줄 책이 하나 있으면 좋을 텐데 마땅한 책도 생각나지 않았다. 그래서 한국의 대중문화산업이 본격적으로 발전하기까지 어떤 일들이 있었는지를 한번 직접 정리해 보고 싶었다.

K팝, K드라마, K무비 등이 이렇게 성공하자 많은 이들이 한국 대중문화산업이 성장하고 발전할 수 있었던 원동력에 대해 이야기했다. 어떤 이들은 한국인의 정서 속 깊이 담긴 '흥'을, 어떤 이들은 조금만 문제가 있어도 가차 없이 비판을 쏟아내는 눈 높은 한국 대중의 힘을 이야기한다. 한 걸음 건너 우리를 바라본 외국 학자들은 압축 경제성장을 이룬 경험이 있는 한국 정부가 대중문화도 효율적으로 '키워냈다'고 이야기하기도 한다. 어느 하나만으로 설명하기엔 부족함이 많지만 그렇다고 외면할 수는 없는 이야기들이었다. 많은 것들이 얽히고설켜 있고 동시다발적으로 영향을 준 측면이 많아 이건 의미 있고, 이건 무의미하다고 말하기 어렵다.

일단 한국 대중문화산업이 지금처럼 도약하는 데 결정적 영향을 준 시기를 언제로 잡을지부터 난관이었다. 어떤 이는 1953년 결성한 한국 최초의 걸 그룹 김 시스터즈를, 어떤 이들은 1919년에 나온 한국 최초의 영화 〈의리적 구토〉를 이야기하기도 했다. 모두 일리 있는 설명이지만 현재 한류가 스타 한두 명의 성공에만 의존하는 것이 아니고, 세계시장을 기반으로 한다는 점에서 볼 때 본격적 변화의 축으로 보기에 적절치 않았다. 전면적으로 세계시장이 펼쳐지던 때, 그럼에도 우리는 제대로 준비하지 못했던 때부터 어떤 선택을 거쳐 어떻게 변화했는지 살펴볼 필요가 있었다. 현재 한류의 성공이 좋은 시절 속에 우리 스스로 차분히 개선하고 얻어낸 것이 아니라, 지구촌이 하나의 시장으로 변화하는 세계사적 격변기에 기꺼이 생존을 걸었던 선택의 결과라는 나의 가설이 맞다면 말이다.

그렇게 자료를 찾던 중 나의 마음을 두드리는 사건과 조우했다. 1988년 미국 할리우드 영화사들이 한국 시장에 직접 배급을 시작하자, 첫 직배 영화인 〈위험한 정사〉를 상영하는 극장에 영화인들이 뱀을 풀어놓은 사건이었다. 당시 뉴스를 보며 중학생이었던 나도 어이가 없었던 기억이 어렴풋이 떠올랐다. 앞다퉈 첨단 문물을 소개하는 시대에 뱀이라니. 그것도 고작 10여 마리. 너무 어처구니없는 일이다. 하지만 지금 생각하니, 딱히 대응할 방법이 없어 그렇게라도 지푸라기를 잡았구나 하는 측은한 마음이 들었다. 그때 우리 수준이 딱 그만큼이었다. 시장개방이라는 거대한 물결 속에 뱀을 풀어놓으며 여기 좀 보라고 소리를 지를 수밖에 없는.

이 사건을 계기로 관련 자료를 찾다 보니 계속 연결 고리들을 발견했다. 무엇보다 이전의 평가에서는 조금 빠져 있는 부분들이 보였다. 대중문화라는 특성 때문인지 이제까지 한류의 성공을 이야기할 때에는 당대의 문화상품이 왜 성공적이었는지, 당시의 사회상을 어떻게 잘 담아냈는지, 세계인들은 왜 이런 부분에 열광했는지 등 상품과 사회, 대중이라는 부분에 초점을 두어 분석하는 경우가 많았다. 한류상품과 스타들을 중심으로 한 '문화사'적 접근을 통한 시각이었던 셈이다.

하지만 나는 개별 상품의 성공 요인보다는 이런 상품들을 지속적으로 배출하게 된 역량 축적의 과정에 더 관심이 있었다. 이 과정의 핵심은 '산업화'였다. 가내수공업이나 마찬가지였던 영화사와 기획사들이 어떤 힘에 의해 기업으로 변모했는지, 이들은 각자의 환경 변화 속에서 어떻게 자본을 조달하고 경쟁하며 역량을 키웠는지 등의 외부적 요인들이 지금의 성공을 보다 입체적으로 보여줄 듯했다. 때문에 대중문화를 둘러싼 사회, 경제적 환경은 어떻게 변화했고, 어떠한 정책과 제도가 생겨났으며, 기업들은 어떤 결과를 기대하며 이 산업에 뛰어들었는가 등을 중심으로 자료를 파고들었다. K팝, K드라마, K무비 등이 지금 같은 모습을 갖추게 된 '산업사'를 한번 살펴보고자 한 것이다.

이런 시각에서 바라보니 새롭게 드러나는 것들이 많았다. 영화인들이 뱀을 풀어놓으며 저항했던 영화시장은 우리 경제 환경을 크게 바꿔놓은 우루과이라운드가 펼쳐지던 최전선이었고, 한국 대중문화산업은 시장개방이라는 어마어마한 위협 속에서 이를 적극 활용하며 역량을 쌓았음을 확인했다. 많은 사람들이 정부의 문화산업정책을 이야기하지만, 정책이 그냥 하늘에서 뚝 떨어진 것도 아니었다. IMF 외환 위기가 없었다면 이를 극복하기 위한 새로운 산업 동력도 절실하지 않았을 것이고, 문화산업 정책을 전폭적으로 입안하지 못했을 가능성이 높았다. 1980년대부터 이어져온 민주화 열기로 자유로운 창작 분위기를 조성하지 못했다면 우리 드라마, 영화의 수준도 계속 군부 시대의 틀 안에 놓였을 수도 있다.

예상치 못한 환경과 제도의 변화가 미친 영향도 보였다. IMF 외환 위기로 아시아 지역 환율이 급등하면서 우리 드라마들이 일본 드라마의 대체재로 해외시장을 개척한 것은 너무나 드라마틱한 기회의 포착이었다. 검은돈을 뿌리 뽑고자 도입한 금융실명제로 영화 제작 자본의 성격이 교체되면서 산업화가 당겨질 것을 미리 예견한 사람은 없었다. 때마침 코스닥 열풍이 불지 않았다면 아무리 우리 영화의 수준이 높아졌어도 벤처 투자자들의 구미를 끌어당기지 못했을 가능성이 높다.

기술 환경의 변화로 생겨난 새로운 돌파구에 발 빠르게 대응한 측면도 있다. 초고속인터넷망의 세계적 구축으로 방송 전파에 의존하던 드라마는 시장의 한계를 넘어설 수 있었다. 준비가 미흡해 수익도, 저작권도 챙기지 못했지만 그 기간이 길어진 덕에 K드라마의 세계적 팬덤은 더 두터워졌다. 음원 디지털화로 수익이 크게 떨어지지 않았더라면 K팝 기획사들이 의욕적으로 해외시장을 바라보지 않았을 수도 있다. 넷플릭스 같은 OTT가 등장하지 않았다면 우리 영화와 드라마를 손쉽게 세계시장 좌판에 내거는 것도 어려웠을 터다.

이런 변화 속에 기업들이 진입하고 철수하며 치열한 경쟁을 벌이고 다양한 열매들을 맺었다. 이런 변화들은 때로는 우연히, 때로는 필연적으로 동시에 일어났고 그 과정에서 예상치 못한 결과들도 낳았다. 이 가운데 어느 한 가지 때문에 한류가 성공했다고 이야기하기 어려울 정도로 한국 문화산업에는 여러 힘들이 복합적으로 작용했다. 그래서 한류는 '설계되지 않은 성공'이라는 분석이 이어졌다. 나로서도 가장 마음에 드는 표현이다.

여러 힘이 작용하기는 했지만 가장 큰 동력은 무엇보다 '개방'에 대응하는 자세였다. 닫아놓았던 시장 문이 열리면 두려움이 엄습하기 마련이다. 그래서 강력하게 저항하거나 보호 장치를 논하기도 한다. 한국 대중문화산업의 경우 영화시장 개방이나 일본 문화시장 개방에서 보듯이 시장 문을 열 때마다 늘 치열하게 토론하고 싸우는 과정이 있었고, 그래서 다른 분야보다 꽤 많이 준비할 수 있었다. 이런 과정을 거쳐 개방이라는 위협 속에서 더 많은 기회를 포착할 '산업화'를 일구었기에 지금의 성공이 가능하지 않았을까. 우리의 대표산업 가운데 전면적 개방 과정을 거치면서 성공적으로 산업화를 이룬 분야가 많지 않기에 한류의 성공은 더 귀한 사례로 남을 것으로 보인다.

이런 작업을 통해 '한류'라는 단어가 등장했다는 1990년대 초반부터 지금까지 대략 '한류산업 30년사'라는 형태를 선보이게 되었다. 30년이라는 시간은 독특하다. 어떤 사람들에겐 엊그제 일처럼 생생한 기억이 살아 있는 시간이지만 어떤 이들에겐 아득하게 멀게만 느껴지는 시간이기도 하다. 곳곳에 책자, 논문, 언론 자료 등이 남아 있었지만 제한된 분야만을 다루거나 너무 짧은 기간 논의가 이뤄진 경우가 많아 전체 조감을 도와줄 사료들은 턱없이 부족했다. 하는 수 없이 여러 곳에 흩어진 자료들을 찾고, 확인하고, 버리고, 이어 붙이면서 큰 줄기를 만들기 위해 노력했다. 방대한 작업이었지만 과거 자료 속에서 아는 분들의 젊은 시절을 발견하거나 잘 기억하지 못했던 사건들을 찾아냈을 때 반갑고 즐거웠던 것도 사실이다. 이 과정이 나에게도 큰 자산이 되었다.

모쪼록 이 이야기들이 지금의 한류를 이해하고 설명하는 데 도움이 되면 좋겠다. 한류의 성공이 뿌듯한 분들께는 과거에 천대받던 대중문화산업이 한국의 대표산업으로 자리 잡는 과정을 이해하는 데 도움이 되기를, 문화산업을 연구하는 분들께는 시대를 아울러 잘 정리한 사료로 쓰이기를 바라는 마음이다. 이를 위해 글이 더 생동감 있게 읽히도록 각 장마다 '결정적 장면'을 넣어 당시 상황을 느끼게끔 구성해 보았다. 장면의 주인공들께는 언론과 책자에 나온 자료로 구성하느라 직접 확인받지 못해 죄송하다는 양해의 말씀을 구한다. 한류산업에서 어떤 이야기를 다루면 좋을지 고민하던 나에게 '산업사'가 한번 나와야 할 때라며 제안해 주신 어크로스 김형보 대표님께도 감사드린다. 길고 긴 코로나 시기 외출도 삼가며 원고와 씨름하던 나를 잘 이해해 준 가족들에게도 고마운 마음을 전한다.

# 1장

✳

## 시장개방이 만든
## 위기와 기회

# S#1

## 할리우드에
## 뱀으로 맞선 사람들

1988년 1월, 미국의 유니버설, 파라마운트, MGM 등 할리우드 메이저 영화사들이 한국에 영화를 직접 배급, 판매하기 위해 UIP 코리아라는 회사를 설립했다. 1986년 이전까지 우리나라 영화 배급은 국내 영화사만 외화를 수입해 전국 극장에 배급하는 간접 배급 방식이었다. 법으로 정한 수입사에서만 외화를 수입할 수 있었기 때문에 해외 영화사들이 국내 수익을 직접 늘릴 방법은 없었다. 하지만 1986년 영화법이 개정되면서 외국 영화사들도 국내 배급사들을 거치지 않고 직접 영화를 배급하는 게 가능해졌다. 세계적인 시장개방의 흐름으로 국내 영화시장도 조금씩 문을 열기 시작했기 때문이다.

당시 국내 영화시장은 외화 수익이 훨씬 컸던 탓에 할리우드 영화사들의 직접 배급 방식이 정착되면 국내 영화계 몫이 크게 줄어들 상황이었다. 외화로 수익을 벌어 한국영화를 제작하던 때라 한국 영화계의 존폐 위기까지 거론될 정도였다. 때문에 UIP

코리아가 첫 직접 배급 영화로 마이클 더글러스 주연의 흥행작 〈위험한 정사〉를 전국 일곱 개 극장에서 상영한다는 계획을 발표하자 국내 영화계는 긴장할 수밖에 없었다. 영화 제작자, 영화감독 등 영화인들은 이른바 직배, 즉 직접 배급 영화 상영 반대운동을 시작했지만 시장의 흐름을 거스를 수는 없었다.

결국 1988년 9월 24일 서울 명동 코리아극장, 신촌 신영극장 등에서 첫 직배 영화 〈위험한 정사〉를 개봉했다. 그리고 일주일 뒤인 9월 30일, 〈위험한 정사〉를 상영하던 코리아극장 객석에서 물뱀과 꽃뱀 네 마리가 발견되는 소동이 벌어졌다. 10월 1일에는 신영극장 여자 화장실에서 뱀 열 마리가 발견되었다. 시멘트 바닥에 풀어놓은 뱀들은 힘을 쓰지 못하고 바로 죽었지만 충격은 컸다.* 영화는 보름 만에 간판을 내렸다.

* 1차 뱀 소동은 당시 언론을 통해 전해지지 않았다. 극장주들이 이 소식이 노출되는 것을 꺼렸기 때문이다. 또한 10월 2일 폐회식을 앞둔 서울올림픽 때문이었을 수도 있다. 올림픽 기간 동안 몇 가지 사건들로 인해 한국에서는 반미 감정이 강하게 고조되었는데 이를 촉발한 대표적 사건으로 미국 NBC방송의 편파보도가 있었다. 1988년 9월 22일 한국 변정일 선수와 불가리아 흐리스토프 선수와의 권투 밴텀급 32강전에서 주심의 편파적 경기 운영으로 변정일 선수에게 판정패가 선언되었다. 판정에 불만을 품은 한국 선수는 약 한 시간 동안 링을 점거하며 항의했는데 이 문제를 미국 NBC방송이 집중적으로 다루며 한국의 부정적 측면을 부각하는 뉴스를 내보냈다. 이 사실이 국내에 알려지자 NBC방송에 대한 비난 여론이 높아졌다. 이와 함께 미국 수영선수의 절도 사건, NBC방송국이 한국 모욕 문구를 새긴 티셔츠를 주문한 사건 등도 알려지면서 예상하지 못한 반미 감정이 확산되었다.("복싱소동·NBC 편파보도·반미파문", 〈조선일보〉, 1988. 10. 3)

UIP코리아는 다음 해인 1989년 직접 배급 영화인 〈레인 맨〉 등을 다시 서울 시내 영화관들에 띄웠다. 이번에는 5월 27일 〈레인 맨〉을 상영하던 씨네하우스 영화관에서 뱀 10여 마리와 암모니아 가스 넉 통이 발견되었다. 8월 13일에는 씨네하우스 1층에서 화재가 발생했다. 직배 영화를 상영하던 다른 여섯 군데 극장에서도 객석에 분말 최루가스가 뿌려져 관객들이 대피하는 소동이 벌어졌다. 주한미국대사관은 한국 정부에 미국영화 상영 극장에 뱀을 푸는 행위를 단속해 달라고 요청했다. 그리고 당시 진행 중이던 한미 간 통상 실무 회담에 이 사건들을 주요 통상 현안으로 올릴 계획이라며 사태 수습을 압박했다.

수사가 시작되고 마침내 1989년 9월 5일, 경찰은 1988년 영화관 1차 뱀 투입 사건의 배후 조종 혐의로 영화감독 두 명을 구속했다. 경찰은 이들이 〈위험한 정사〉를 상영 중이던 극장에 뱀을 풀도록 뱀 장수 김 모 씨 등을 사주했다고 발표했다. 서울 강남 경찰서는 방화 사건이 일어난 씨네하우스에 경찰 2개 중대를 파견해 경비를 보기 시작했다. 정부의 강경 조치에 영화인들은 "다시는 미국영화 직배 반대 시위를 하지 않겠다"는 각서도 제출해야 했다.

직배 영화 상영 반대 파문이 일단락되자 UIP코리아 직접 배급 영화의 흥행 실적이 크게 올랐다. 눈치를 보던 다른 할리우드 영화사들도 속속 한국에서 직접 배급을 준비했다. 1989년 워너 브러더스, 1990년 컬럼비아 트라이스타, 1993년 월트 디즈니 등이 국내 영업을 시작했다. 오랫동안 잠겨 있던 한국 영화시장이 할리우드 업자들에게 문을 활짝 여는 순간이었다.

## 세계시장의 빗장을 연 우루과이라운드

한국에 문화산업이 본격적으로 자리 잡은 시기를 언제로 볼 것인지 정하기는 쉽지 않다. 유네스코는 1980년 "기업이 문화상품이나 그 서비스를 생산, 재생산, 저장, 배포하는 활동을 상업적이고 기업적인 방식으로, 즉 문화의 발전보다는 경제적인 목적을 위해 대규모로 할 때 이를 '문화산업'이라고 한다"고 정의했다.[1] 단순히 문화상품을 만들고 파는 것이 아니라, 경제적인 목적을 위해 기업 운영 방식으로 문화상품을 만들고 유통할 때 '문화산업'이라 칭한다는 의미다.

이러한 정의에서 볼 때 한국에서 문화산업이라는 개념이 본격적으로 자리 잡은 것은 1980년대 후반 영화시장이 개방되면서라고 볼 수 있다. 그전에도 영화시장은 있었지만 정부가 소수 기업들만 영화를 만들고 팔도록 규제하던 때라 정상적인 산업의 모습은 아니었다. 그나마도 국산 영화 제작과 상영보다는 외화 수입과 상영이 시장의 큰 부분을 차지했다. 따라서 외화 수입권이 중요한 이권이었으며 등록된 영화사만 외화를 수입하거나 영화를 제작하도록 하는 제도가 1984년까지 유지되었다.

예를 들어 1963년에는 연간 15편 이상의 국산 영화 제작 실적이 있어야 제작업자로 등록을 유지할 수 있었다. 제작업자 등록 유지가 중요한 것은 외화 수입권 때문이었다. 영화사들은 수입권을 따내기 위해 저비용으로 돈이 되지 않는 한국영화를 만들어 제작 편 수만 채우기도 했다. 이런 제도 덕분에 1960~1970년대 등록 영화사 수를 20여 개 내외로 유지할 수 있었다. 이처럼 영화시장은 철저하게 '그들만의 리그'로 보호되는 시장이었다.

그런데 1985년경부터 사회 전반에 자율화, 개방화의 기운이 고조되면서 영화산업에도 변화가 나타났다. '관세 및 무역에 관한 일반협정General Agreement on Tariffs and Trade, GATT' 체제에서 탄생한 '우루과이라운드'*로 인해 세계시장이 활짝 열렸으며, 이러한 용어들이 교과서에 등장할 정도였다. GATT는 1948년 조인된 국제무역협정으로, 제2차 세계대전의 원인 가운데 하나가 보호무역주의였기 때문에 전후 세계 여러 나라가 자유무역주의에 입각한 경제체제 구축을 위해 함께 만든 협정이었다. 우루과

* GATT는 다자간협상을 할 때 둥그런 테이블에 앉아 가능한 한 모든 분야를 모아 논의한 뒤 한 꺼번에 타결하는 방식을 고수했다. 그런 의미에서 시기별로 이뤄진 다자간협상에는 개최 지역 명에 '라운드'를 붙여 불렀다.

이라운드는 GATT 체제에서 이뤄진 다자간협상 가운데 하나로, 1986년 9월 남미 우루과이 푼타델에스테에서 개최되기 시작해 총 여덟 번의 회의를 거쳐 1993년 12월에 타결되었다. 이 우루과이라운드가 유독 많이 언급되는 것은 과거에는 나라별로 보호되던 품목과 분야에 대해서도 서로 문을 활짝 열게 한 역사적 협상이기 때문이다.

우루과이라운드는 1980년대 이전까지 세계경제에서 절대적 우위를 차지하던 미국의 입지가 크게 변화하면서 등장했다. 미국이 주도권을 강하게 유지하던 세계무역 시장에 일본, 유럽공동체 등이 라이벌로 떠오르면서 미국의 고민은 깊어졌다. 일본에 밀려 제조업은 쇠퇴하는데, 농업생산은 과잉돼 남아돌았고, 서비스업 판매시장은 부족했다. 경상수지 적자를 보전하려면 농업과 서비스업 그리고 첨단기술을 내다팔 시장이 더 필요했다. 마침 미국 외에도 이와 비슷한 생각을 하는 나라들이 늘어났다. 특화된 산업을 보유한 나라들에도 더 넓은 세계시장이 필요했다. 이러한 나라들의 '세계시장 확대'의 꿈이 반영돼 진행된 협상이 우루과이라운드였고 따라서 기존에 논의되지 않던 농산물, 지적재산권, 서비스, 긴급수입제한, 보조금 지급 등이 모두 테이블에 올랐다. 이런 분야에 대해 국가별 보호나 예외 규정을 없애고 자유로운 무역을 하는 것이 우루과이라운드의 목적이었기 때문이다. 이해관계가 첨예해서 7년이나 논의가 진행되었고 결국 1993년 12월 최종 타결되었다.

전 세계가 하나의 시장으로 변하자 한국의 영화인들은 강력하게 저항하기 시작했다.
그러나 위기의 순간은 변화의 순간이기도 했다.

## 아무도 예상하지 못한 미래

우리나라에서는 우루과이라운드의 전초전으로 1985년 한미 영화 협상이 시작되었다. 영화시장은 개방의 첫 제물로 삼기에 적당했다. 당시 미국 서비스산업의 꽃은 할리우드 영화산업이었으나 한국 영화시장은 각종 규제로 철저하게 보호되었다. 할리우드 사업자들을 대표하는 미국영화수출협회Motion Picture Export Association of America, MPEAA는 1970년대 말부터 줄곧 우리나라에 영화시장의 개방을 요구해 왔다.

이들은 1985년 6월, 한국에 불공정한 수입 규제와 검열이 있다며 미국 상공부 무역대표부에 한국을 제소했다. 1984년 말 기준 한국의 대미 무역흑자가 연간 40억 달러라는 점이 그 근거였다. 미국 정부는 통상법 301조(슈퍼301조)를 적용해 한국 영화시장을 개방하라고 정식으로 요구했고, 1985년 10월 제1차 한미 영화 협상이 개최됐다. 이 회의에서 외국 영화사의 국내 지사 설치 및 사업을 허용하고, 외화 수입 편 수 쿼터제 폐지를 결정했다. 1986년 제6차 영화법 개정을 통해 외국 영화사의 국내 영업 등록도 가능해졌다. 1989년부터는 외화 수입 프린트 벌 수 제한도 폐지됐다.* 이처럼 한국에 진출한 미국 영화사들이 수익을 극대화하도록 시장 제도들이 갖추어졌다. 해방 이후 굳게 걸어두

---

* 당시에는 외화 수입을 해도 필름 프린트 벌 수가 제한돼 있어 여러 극장에서 상영하는 것이 어려웠다. 하지만 프린트 벌 수 제한 폐지로 여러 극장에서 동시에 상영하는 게 가능해졌다.

었던 한국 영화시장 문이 열리기 시작한 것이다.

이 과정에서 두 차례 뱀 소동 등 저항이 있었으나 문을 열고 들어온 할리우드 영화의 영향력은 점차 커졌다. 1990년 겨울 서울극장은 서울 시내 중심가 극장에서는 직배 영화를 걸지 않는다는 암묵적 합의를 깨고 UIP코리아의 〈사랑과 영혼〉을 개봉했다. 당시 이 영화의 서울 관객 수는 150만 명으로 1998년 개봉한 〈타이타닉〉이 107일 만에 200만 명으로 이 기록을 깨기 전까지 서울 관객 기준 역대 최고치였다. 이처럼 할리우드 직배사가 대작 외화 수입을 독점하자 국내 영화사들은 궁지에 몰렸다. 할리우드 영화 수입이 어려워지자 국내 영화사들은 홍콩영화나 유럽영화를 대신 수입하기도 했다. 당시 〈지존무상〉, 〈천장지구〉, 〈아비정전〉 같은 홍콩영화가 극장가에 많이 걸린 이유다.

하지만 시장은 점점 더 기울어졌다. 한국영화 시장점유율은 1993년 15.9%까지 떨어졌다. 1990년 전후 연간 100~120편이던 한국영화 제작이 1998년엔 연간 43편까지 줄었다. 반면 수입 쿼터에 묶여 1984년 25편, 1987년 84편이던 외화 수입은 1989년 264편, 1996년에는 405편까지 늘었다. "할리우드 직배 영화 진출로 한국 영화계가 고사될 것"이라며 직배 영화 상영 반대운동을 벌이던 영화인들의 우려가 현실화되는 듯했다.

전 세계가 거대한 하나의 시장으로 변화하는 치열하던 그 순간, 당황한 한국 영화인들은 영화관에 뱀을 풀었다. 콘크리트 바닥에 풀어놓은 뱀들이 힘을 쓰지 못하고 맥없이 죽는 모습이 말해 주듯 그게 정답이 아님은 뱀을 풀었던 영화인들도, 지켜보는 우리도 모두 알았다. 그런데 그런 강한 저항의 움직임은 정부도, 업계도 변화가 필요하다는 것을 감지하게 했다. 갑자기 열린 시장은 기존 '업자'들에겐 위기였지만 새로운 산업을 준비하는 사람들에겐 기회가 되는 순간이기도 했기 때문이다.

그로부터 30여 년 뒤 봉준호 감독이 만든 한국영화 〈기생충〉은 2020년 미국 아카데미 시상식에서 작품상과 감독상을 거머쥐었고 각본상과 국제영화상까지 수상해 4관왕에 올랐다. 한국 드라마 시리즈 〈오징어 게임〉은 2021년 미국 OTT 넷플릭스에 공개되면서 그해 10월 세계 시청 1위를 기록했으며, 아직도 넷플릭스 역사상 최다 시청 기록을 보유하고 있다. K팝 가수로는 처음으로 미국 빌보드 앨범 차트와 싱글 차트 동시 1위를 기록한 BTS는 이제 내놓는 노래마다 세계 차트를 석권하며 전 세계에서 가장 위대한 밴드로 우뚝 섰다. 영화시장의 개방에 어찌할 줄 모르며 뱀을 풀어놓던 그때, 30여 년 뒤 이런 일들이 펼쳐지리라곤 아무도 상상하지 못했다. 도대체 30년 동안 어떤 일들이 있었기에 이런 변화가 나타났을까.

# 2장

✳

# 〈쥬라기 공원〉에서
# 문화 융성까지,
# 새로운 산업 동력 찾기

# S#2

## 자동차 150만 대보다 강력한
## 공룡의 습격

　1994년 5월 17일은 대통령 자문 기구인 국가과학기술자문회의의 대통령 월례 보고 회의가 있는 날이었다. 국가과학기술자문회의 이상희 위원장은 이날 '첨단 영상산업 진흥 방안'을 주제로 보고를 하기로 되어 있었다. 영화, 비디오, 시디롬 같은 영상 매체가 21세기 고부가가치산업이 될 것이기에 이를 위한 산업 지원책이 필요하다는 내용이었다.

　첨단 영상산업의 중요성을 강조하는 브리핑이라 뭔가 특별한 영감을 주고 싶었던 이 위원장은 이날 보고를 위한 준비 회의에서 비디오 상영 형식을 한번 시도해 보자고 운을 띄웠다. 미션을 부여받은 김 사무관은 난감했다. 영상 제작 업체를 선정하고, 영상 작업을 위해 보고 내용도 서둘러 작성해야 했으나 쉽지 않았다. 걱정 속에 회의에서 스토리라인을 보고하는데, 이 위원장이 제동을 걸었다.

　"대통령은 보고를 많이 받으시니 웬만한 내용에는 그닥 귀기

울이시기 힘들어. 메시지가 조금 약한 것 같아. 영상산업의 부가가치가 높다는 것을 구체적으로 확 와닿게 표현할 방법이 없을까?"

머리카락을 쥐어뜯던 김 사무관 머릿속에 묘수가 하나 떠올랐다. 중요한 보고를 할 때 추상적 수치는 친숙한 개념으로 빗대어 이야기하라는, 선배들을 통해 내려오는 팁이었다. 마침 보고 내용 가운데 스필버그 감독의 영화 〈쥐라기 공원〉의 사례가 있었다. 1993년 한 해 동안 〈쥐라기 공원〉이 전 세계에서 거둔 흥행 수입이 8억 5,000만 달러나 된다는 사실이었다. 단일 영화로는 최대 수익이었기에 높은 부가가치에 대한 예로 이야기하기에 좋았다. 임팩트를 주려 한다면 이 부분에 힘을 실을 필요가 있었다.

이 수익을 무엇으로 바꿔 이야기하면 좋을까. 뭐니 뭐니 해도 우리에겐 수출이 중요하니 수출 품목으로 바꿔야 할 것 같았다. 1993년 우리나라 전체 수출액은 822억 달러. 품목별로는 1위가 반도체로 70억 달러, 2위는 의류로 59억 달러, 3위는 자동차로 45억 달러, 4위는 선박으로 41억 달러였다. 이때 김 사무관 눈에 '자동차'란 단어가 크게 들어왔다. 반도체는 숫자로 세기엔 단위가 애매했고, 배는 한 척당 금액이 너무 커서 바꾸어 이야기하기에 적당하지 않았다. 반면 자동차는 한 대당 금액이 적당해 총판매액이 충분히 크고, 수출을 위해 항구에 도열한 자동차 이미지가 쉽게 떠올라 웅장한 느낌도 줄 수 있었다. 특히 1992년 자동차 64만 대를 수출해 세계 6위 자동차 생산국으로 올라섰다는 보고를 대통령께서 아주 좋아했다는 소문도 들은 바 있었다.

김 사무관은 계산기를 두드렸다. 현대자동차 한 대의 평균 수출 가격이 대략 6,000달러였다. 8억 5,000만 달러면 대략 14만 대쯤 되는 판매액이었다. 하지만 영상산업의 부가가치가 높다는 사실을 강조하는 것이므로 부가가치로 바꿔 이야기하면 좋을 것 같았다. 한국은행에 문의했더니 1993년 대기업 제조업의 영업이익률이 8~9%였고, 자동차 150만 대를 수출할 때의 영업이익이 8억 5,000만 달러에 조금 모자랐다. 〈쥬라기 공원〉 흥행수입에서 제작비를 제하면 대략 비슷한 수치였다. 김 사무관은 서둘러 이 수치를 보고에 넣었다.

5월 17일 드디어 청와대에서 월례 보고회가 개최되었다. 결과는 대성공이었다. 김영삼 대통령은 "〈쥬라기 공원〉 1년 흥행수입이 우리나라 자동차 150만 대를 수출해서 얻는 수익과 같다"는 부분을 아주 마음에 들어 했다. 다음 날 여러 신문에도 이날 자문회의의 이색 보고에 대한 기사들이 등장했다.

자동차를 만들 것인가, 아니면 영화를 만들 것인가. 이런 질문을 받는다면 요즘은 영화를 만들겠다는 답변이 많을 것 같다.

우리나라가 2년간 피땀 흘려 만든 자동차를 수출해 봤자 미국 영화 한 편의 흥행수입 정도라는 사실을 안다면 더욱 그럴 것이다.(김홍, "〈쥬라기공원〉 1년 흥행수입 차 150만대 수출 맞먹는다", 〈조선일보〉, 1994. 5. 18)

기사의 내용은 칭찬인지 비꼬기인지 아리송했다. 그러면 어떠랴. 김 대통령의 연설에서 '쥬라기 공원'이라는 표현이 나올 때마다 김 사무관 입가엔 웃음이 감돌았다.

## 놀고먹는 일의 충격적인 경제효과

한국의 문화산업사에서 정부가 어떤 역할을 했는가에 대한 논의가 나올 때마다 회자되는 이야기가 있다. 바로 김영삼 정부 시절 자주 인용된 "〈쥬라기 공원〉 1년 흥행수입이 우리나라 자동차 150만 대를 수출해서 얻는 수익과 같다"는 문구이다. 1994년 국가과학기술자문회의 대통령 보고에서 처음 등장한 이 말은 김영삼 대통령의 연설과 언론보도에서 여러 번 언급되어 유명세를 탔다. 이후 문화산업의 중요성과 문화산업정책 수립의 필요성을 논할 때마다 계속 소환됐고, 덕분에 이 문구가 우리나라 문화산업정책의 씨앗이 되었다는 평가를 받기도 한다.

이후 각종 연구 기관에서는 한국영화가 큰 성공을 거둘 때마다 경제적 가치나 파급효과를 자동차에 빗대 설명하는 경우가 많았다. 이때 자동차란 현대자동차의 대표 차종인 EF쏘나타였다. 이 자동차가 자주 인용된 것은 〈쥬라기 공원〉 보고가 유명해지기도 했지만, 자동차는 우리나라의 가장 자랑스러운 수출품으로서 '자부심'을 표현하는 대상이었기 때문이다. 자동차 한 대를 만드는 데 얼마나 많은 노력이 들어가는지 잘 알려져 있었기에 자동차는 높은 '부가가치'를 표현해 주는 아주 좋은 수단이었다.

예컨대 1999년 강제규 감독의 영화 〈쉬리〉가 전국 관객 600만 명을 동원해 360억 원의 흥행수입을 올렸을 때에도 한국은행은 〈쉬리〉가 유발한 경제효과가 1,107억 원으로, EF쏘나타 3,119대를 생산한 것과 동일하다는 보고서를 발표했다. 2000년과 2001년의 최대 화제작이었던 〈공동경비구역 JSA〉(흥행수입 350억 원)와 〈친구〉(흥행수입 574억 원)는 각각 EF쏘나타 2,964대와 4,860대를 생산한 것과 똑같은 경제효과를 가져온 것으로 보고되기도 했다. 전국 관객 500만여 명을 동원한 2002년 〈가문의 영광〉(흥행수입 354억 원)과 2003년 〈살인의 추억〉(흥행수입 357억 원)도 각각 EF쏘나타 2,832대와 2,798대로 표현되었다.[1] 이처럼 영화가 흥행할 때마다 현대자동차는 '계산기'로 소환돼 '자부심'을 환산해 주었다.

당시 "〈쥬라기 공원〉 1년 흥행수입이 우리나라 자동차 150만 대를 수출해서 얻는 수익과 같다"는 문구가 던진 화두는 단순하지 않았다. 이후 문화산업이 숙명적으로 안고 가야 할 긍정적 측면과 부정적 측면을 함께 제시하고 있었기 때문이다. 문화라면 고급 예술만 떠올리고 대중문화는 오락거리나 이데올로기 통제

## 국내 흥행 영화의 경제적 파급효과

| 구분 | | 1999년 | 2000년 | 2001년 | 2002년 | 2003년 | 2004년 | | |
|------|------|--------|--------|--------|--------|--------|--------|--------|--------|
| | | 〈쉬리〉 | 〈공동경비구역 JSA〉 | 〈친구〉 | 〈가문의 영광〉 | 〈살인의 추억〉 | 〈실미도〉 | 〈태극기 휘날리며〉 | 합계 |
| 관객 수 | | 600만 명 | 583만 명 | 820만 명 | 505만 명 | 510만 명 | 1,107만 명 | 1,115만 명 | 2,222만 명 |
| 흥행수입 | | 360억 원 | 350억 원 | 574억 원 | 354억 원 | 357억 원 | 775억 원 | 781억 원 | 1,556억 원 |
| 생산 유발액 | | 694억 원 | 675억 원 | 1,107억 원 | 683억 원 | 688억 원 | 1,494억 원 | 1,506억 원 | 3,000억 원 |
| 부가가치 유발액 | | 306억 원 | 297억 원 | 487억 원 | 301억 원 | 303억 원 | 658억 원 | 663억 원 | 1,321억 원 |
| 자동차와 파급효과 비교 | 생산 | 2,053대 | 1,955대 | 3,206대 | 1,865대 | 1,844대 | 4,005대 | 4,037대 | 8,042대 |
| | 부가가치 | 3,119대 | 2,964대 | 4,860대 | 2,832대 | 2,798대 | 6,079대 | 6,125대 | 12,204대 |
| 자동차 가격 | | 1,351만 원 | 1,380만 원 | 1,380만 원 | 1,464만 원 | 1,491만 원 | | 1,491만 원 | |

자료: 한국은행, 〈우리나라 영화산업의 경제적 파급효과〉, 2004.

수단으로만 여기던 사람들에게 문화산업도 고부가가치산업이 될 수 있다는 전망을 제시한 것은 긍정적 측면이었다. 반면, 문화산업은 문화이기도 하지만 산업이라는 측면이 있기에 필연적으로 경제적 부분을 강조하는 '천박함'이 우위에 설 수 있음을 보여준 것은 부정적 측면이었다.

때문에 변화를 예상하지 못한 사람들에게 이 문구는 당혹감을 던지기에 충분했다. 당시 보고를 보도한 〈조선일보〉의 기사 논조에서도 느껴지듯, 여기엔 이제껏 우리 사회가 금과옥조로 여겨온 '농업적 근면 성실성' 중심의 가치관이 변화해야 한다는 불편함이 담겨 있었다. 우리가 수십 년간 고생해서 겨우 개발해 낸 자동차 150만 대의 부가가치가 '겨우' 영화 한 편에 맞먹는다는 사실은 당시 주류 여론층에는 충격적이었다. 성실하게 자동차를 만드는 일에 비하면 영화를 만드는 것은 그야말로 '놀고먹는 일'로 여겨졌기 때문이다. 그래서 이 문구는 많은 사람들에게 사고의 전환이 필요하다는 사실을 주지하는 역할을 하기에 충분했고, 그런 효과 때문에 더 오랫동안 회자된 것이기도 하다.

그런데 이 오래된 문구가 최근 한류 성공을 다루는 많은 해외 연구와 언론보도에서도 다시 인용되고 있다. BTS, 〈오징어 게임〉 등의 세계적 성공이 이어지면서 늘어난 서구 언론의 한류 분석에 자주 등장하기 때문이다. 영국 일간지 〈타임스〉는 "한류! 한국 문화는 어떻게 세계를 정복했는가"라는 제목의 기사에서 "스필버그의 1993년 영화 〈쥬라기 공원〉이 현대자동차 수출보다 성과가 더 좋다는 계산이 나오자 한국 정부는 엔터테인먼트 산업 육성과 수출 계획을 세우기 시작했다"고 보도했다. 수십 년에 걸친 야심 찬 한국 정부의 계획으로 한류가 한국의 대표 수출 상품이 되었다는 분석을 담은 내용이었다.[2]

이 문구가 직접 등장하지는 않더라도 한류 성공을 한국 정부의 지원정책의 결과로 보는 해외의 시각이 많다. 미국 잡지 〈포린어페어스〉도 "한국 대중문화 진흥을 위해 한국 정부는 전자, 조선, 자동차 등 다른 수출산업에서 사용했던 것과 같은 민관협력정책을 사용했다. 홍보회사, 기술기업 그리고 민간기업들과 함께 문화관광부는 한국 TV 드라마와 영화, 가요의 해외시장 진

〈쥬라기 공원〉과 '자동차'는 오랜 시간 한국의 문화산업을 설명하는 중요한 키워드였다.
많은 이들이 문화콘텐츠 한 편으로 자동차 150만 대의 수익을 꿈꾸기 시작했다.

출을 위한 세밀한 사업계획을 짰고, 기업가와 예술가들에게 자금을 지원했다"고 보도했다.[3] 많은 서구 학자와 언론들이 한국 정부가 과거 전자, 조선, 자동차산업을 성장시킨 것처럼 치밀한 대중문화 산업정책을 수립했고, 이 정책을 국가가 주도해 한류를 대표 수출상품으로 만들었다고 보는 것이다.

## 한류, 정부정책의 산물? 설계되지 않은 성공?

이 같은 외국 언론의 시각에 대해 한류의 성장을 직접 지켜본 많은 한국 학자들은 "절반은 맞고 절반은 틀렸다"고 평가한다. 1990년대 이후 한국 정부가 문화산업정책을 수립하고 예산을 늘려간 것은 맞지만, 이후 터져 나온 한류 성공들을 모두 정책의 결과로 보는 것은 무리가 있기 때문이다. 1990년대 중반 이후 수립된 한국의 문화산업정책은 과거 한국 정부가 해왔던 각종 산업진흥정책과 외형은 일부 유사했다. 국가가 비전과 미션을 선포하면서 관련 법제도와 지원정책을 발표하고, 이를 담당할 지원 기관 등을 수립해 가는 형태가 비슷했기 때문이다.

하지만 과거와는 달리 정부가 직접적 지원정책과 보호정책 등을 취하기 어려운 개방된 시장 환경이 되었고, 문화산업은 집중적 자본투자나 공동 기술 개발 등을 통해 발전하는 하드웨어 중심의 전통산업과는 다르다는 점이 지적된다. 문화산업은 사람들의 창의성으로 경쟁력을 확보하는 산업이라는 특성 때문에 정부도 과거의 방식이 통하지 않아 어려움을 겪었다. 예컨대 한국 조선산업의 경우 배를 건조하는 데는 오랜 시간이 소요되기 때문에 정책금융 기관이 기업에 장기간 저금리 금융을 지원하는 형태가 효과가 있었다. 통신산업은 기술 전환기에 정부와 기업이 차세대 기술에 대한 공동 R&D를 진행해 경쟁력을 확보할 수 있었다. 반도체의 경우에도 기업들이 차세대 기술을 공동으로 개발할 수 있도록 정부가 컨소시엄을 주도하는 역할을 했다. 자동차의 경우는 국내시장 보호를 통해 기업이 충분히 경험을 축적하도록 도와준 측면이 있었다.[4] 모두 1970년대부터 1990년대 초반까지 한국 정부가 실시한 산업정책들이다.

하지만 문화산업에 대해 정부가 지원정책 수립을 시작한 1990년대 중반에는 전면적 시장개방의 흐름으로 정부가 시장을 보호하기 어려웠다. 미국의 집요한 영화시장 개방 요구에 정부는 문을 열어야만 했다. 산업 내에 집중적으로 자본을 빌려줄 변변한 기업도 없었고, 기술 주도 시장이 아니어서 공동 기술 개발을 통해 시장을 선점하기도 어려웠다. 세계 어느 나라에도 벤치마킹할 지원정책이 뚜렷하게 존재하지 않았고, 한국 정부 역시 제조업 중심의 지원 방식이 맞지 않아 우왕좌왕한 측면이 많았다.

특히 과거 산업정책들과 달리 정부예산이 크게 투여되지 못했다. 예컨대 2014년 기준 한국의 문화 재정은 GDP 대비 1.1%로, 프랑스 1.57%, 핀란드 1.57%, 이스라엘 1.52%, 벨기에 1.4%, 스페인 1.24%에도 뒤지는 등 OECD 평균 이하였다.[5] 뚜렷한 집행

## 한류의 발전 단계

| 구분 | 한류 1.0 | 한류 2.0 | 한류 3.0 |
|------|----------|----------|----------|
| 시기 | 1997년~<br>2000년대 중반 | 2000년대 중반~<br>2010년대 초반 | 2010년대 초반 |
| 특징 | 한류의 태동,<br>영상콘텐츠 중심 | 한류의 확산,<br>아이돌 스타 중심 | 한류의 다양화 |
| 핵심 장르 | 드라마 | K-POP | K-Culture |
| 장르 | 드라마, 영화, 가요 | 대중문화,<br>일부 문화예술 | 전통문화, 문화예술,<br>대중문화 |
| 대상 국가 | 아시아 | 아시아, 유럽 일부,<br>아프리카, 중동,<br>중남미, 미국 일부 | 전 세계 |
| 주요 소비자 | 소수의 마니아 | 10~20대 | 세계 시민 |
| 주요 매체 | 케이블TV, 위성TV,<br>인터넷 | 유튜브, SNS | 모든 매체 |

자료: 문화체육관광부, 〈한류백서〉, 2013.

효과를 볼 수 있는 분야를 찾기 어려워 막대한 예산을 편성하지도, 집행하지도 못했기 때문이다. 금융 제도 정비를 통해 민간에서 투자가 활성화되도록 지원한 것이 그나마 가장 효과적 정책이었지만 영화와 게임 정도에만 적용이 가능했다. 그 외 분야에서의 성공은 정부가 기대한 형태도 아니었다.

이런 점들은 정부 지원정책과 한류의 발전 단계를 함께 살펴보면 확인할 수 있다. 현재 한류는 대략 3단계를 거쳐 발전해 왔다고 이야기된다. 이때 각 단계에서 대표적으로 성공한 분야와 각 시기 정책들을 함께 비교하면 서로 영향이 크지 않은 경우가 많다. 예컨대 1997년부터 2000년대 중반까지를 한류 1단계라

하는데, 이 단계에서는 TV 드라마가 중심이 되어 아시아 지역으로 확산되었다. 2000년대 중반부터 2010년대 초반까지인 한류 2단계에서는 아이돌 스타 중심 K팝이 한류를 이끌어가면서 아시아를 비롯해 일부 유럽, 중동, 중남미까지 확산되었다. 2010년대 초반부터인 한류 3단계에서는 BTS 같은 K팝이 두드러진 가운데 K드라마, K무비 등 다양한 장르가 전 세계를 중심으로 확산되는 중이다.

이렇게 단계별로 볼 때 각 성공 단계에서 어떤 정책이 큰 영향을 주었는지 추출해 내기가 쉽지 않다. 예컨대 정부 재정 지원액으로만 보면 초기 지원액이 가장 많았던 분야는 애니메이션이나 캐릭터 개발이었고, 상대적으로 지원에서 가장 벗어나 있던 영역이 K팝이다. 그런데 초기부터 한류 성공을 가장 최전선에서 이끈 것은 국가의 관심이 가장 적은 K팝이었다.[6] 특히 산업 초기에는 정부정책이 전반적으로 산업기반 조성에 도움을 준 측면들이 있지만, 산업이 성장할수록 정부정책이 한류 성공을 따라간 측면도 많았다. 정책이 한류 성공을 견인했다기보다는 오히려 한류 성공을 다른 분야에 활용하려는 정책들이 많이 생겨난 것이다.

즉 투입된 정책에 따른 한류 성공도 있었으나 모든 한류 성공이 정부가 의도한 정책에서 비롯된 것은 아니었다. 어떤 성공은 정책 덕을 보기도 했지만, 어떤 성공은 자생적이었다. 어떤 성공은 예상하지 못한 원인 때문에 발생하고, 또 어떤 성공은 그 모든 것들의 총합일 때도 있었다. 때문에 '한류는 설계되지 않은 성공'으로 평가되곤 한다. 한류 성공에는 정부의 지원정책, 동아시아의 정치 경제적 변화, 소수 기업가들의 탁월한 능력, 한국 대중문화 시장의 역동성, 세계적인 IT 인프라의 변화 등 여러 요인이 복합적으로 작용했다. 하지만 이들 중 어느 것도 지금 같은 성과를 염두에 두고 치밀하게 설계된 것은 아니었다. 각 요인은 각자의 메커니즘에 따라 독자적으로 움직였을 뿐 그들 사이에 미리 계산된 어떤 상호 연계가 있지는 않았다. 여러 가지 요인이 스스로 작동하다가 우연히 같은 시기에 합류하면서 성공을 낳았다는 것이다.[7]

그럼에도 서구의 많은 언론과 학자가 한류 성공을 정책의 결과로 이야기하는 것은 다소 나태한 접근으로 보인다. 한류 성공이 최초로 부각된 초기에 쏟아진 연구에서는 한국 문화산업 정책 수립 과정에 대한 이야기가 많이 언급되었다. 대체로 한류 1~2단계 때의 성공을 다루던 시기다. 이 당시에도 지원정책과 한류 성공 사이의 인과관계를 조금 더 치밀하게 살펴보았다면 그다지 큰 영향을 발견하기 어려웠을 가능성이 높다. 하지만 일단 새롭게 수립된 정책이 많았고, 성공도 나왔기 때문에 둘은 자연스럽게 연결 지어졌다. 이후 시대가 변화하면서 다양한 한류 성공들이 터져 나왔고 한류 성공 요인도 많이 변화했다. 그런데도 초기 연구 성과를 그대로 답습하면서 정책적 측면을 과도하게 인식하는 태도가 잔존한 것으로 보인다.

또 하나는 서구 학자들이 아시아 국가들을 보는 관성에서 벗어나지 못했기 때문이다. 이들은 과거에 한국이 정부 주도 산업 정책으로 수출상품을 끊임없이 만들어왔듯이, 정부가 또 다른 지원정책으로 '한류'라는 새로운 수출상품을 만들어냈다고 생각하려 한다. 아시아에 있는 한국이라는 나라에서는 늘 정부가 나서서 모든 것을 계획하고 주도하면, 민간이 이에 호응해 무언가를 만들어낸다는 편견이 여전히 서구 학자들에게 존재했기 때문이다. 그들에게 아시아는 늘 그런 곳이었고 또 그래야만 하는 곳이다. 그들로서는 '한류' 성공도 그런 시각에서만 설명이 가능하다. 최근에는 이러한 태도에 문제가 있다는 점을 꾸준히 제기하는 학자들도 많다. 하지만 한류 성공에 대한 자세한 정보와 우리 시각을 통한 정밀한 연구들이 널리 퍼지지 않은 탓에 해외에서는 아직도 이러한 관점이 유지되는 경향이 강하다.

**불안한 세계화 시대,**
**딴따라에게서 미래를 찾다**

그럼에도 한류의 탄생 과정에서 정부의 역할은 큰 의미가 있었다. 서구 학자들이 강조하듯 정책을 만들어 이끌고 지원을 쏟아부었다는 점 때문이 아니다. 정부는 과거에는 중요하게 보지 않던 이 분야가 앞으로 한국의 미래를 이끌 신성장동력이 될 수 있고, 되어야 한다며 끊임없이 문화산업의 중요성을 강조했다.

성공 가능성도 크지 않고 사회 저변에 이른바 '딴따라'에 대한 인식이 그리 좋지 않을 때부터 이 산업을 힘주어 강조했고, 조금씩 결실을 맺자 더 박차를 가해 산업의 가치를 이야기했다. 한류 성공에서 정부의 역할을 논한다면 이러한 측면이 더 크다. 한 사회의 가치관이 변화하기란 쉬운 일이 아니며, 그런 변화가 나타나기 위해선 정부를 비롯한 상층에서의 꾸준한 담론 제기가 필요하기 때문이다.

이러한 의미에서 가장 먼저 문화산업이라는 화두를 던지며 정책 물꼬를 튼 것은 김영삼 정부였다. 1990년대 초반까지만 해도 대중문화와 문화산업에 대한 담론은 그다지 많지 않았다. 오랫동안 '사농공상' 윤리가 자리 잡은 나라에서 대중문화는 일부 흥이 넘치는 연예인들이 보여주는 오락거리에 불과했다. 오랜 기간 군의 영향력 안에서 보수적 성격을 유지해 온 정부 역시 그런 시각에 갇혀 있었다. 문화 담당 행정 부서인 문화공보부도 그러한 체제에서 정치이데올로기의 통제나 공보를 위해 대중문화를 활용했을 뿐이었다.

그런데 1986년 아시안게임과 1988년 올림픽 등을 치르면서 한국에서 대중문화산업이 급성장한다. 집집마다 컬러TV를 들여놓고, 미디어 기술도 빠르게 발전했다. 공보의 대상이던 국민이 '대중문화 수용자'로 바뀐 것이다. 1993년 들어선 김영삼 정부는 최초의 문민정부라는 점을 내세우면서 문화 부문에서 기존 정부와 상이한 태도를 보여주려 했다. 이전 정부들이 문화를 정치이데올로기 수단으로만 바라보던 데서 벗어나 문화상품의 산업화, 대중문화산업의 경제적 가치 등에 눈뜨기 시작한 것이다.

이런 시각 변화가 가능했던 것은 당시의 역동적 시대 변화의 흐름 때문이다. 1995년은 우루과이라운드의 결실로 탄생한 세계무역기구World Trade Organization, WTO 체제가 출범한 원년이다. 이전까지 한국인들에게 한국 경제는 선진국과 곧이곧대로 실력으로 경쟁하기엔 무리라는 인식이 강했다. 그래서 수출을 위해서라면 우리 것을 많이 희생하고 제한하는 것이 가능하다고 생각했다. 예컨대 해외에 자동차를 더 많이 수출하려면 국내 시장에선 수입을 규제해 우리 자동차의 품질을 향상시키는 것이 중요하다는 식이었다.

하지만 WTO 체제로 변화하면서 국내시장에 장벽을 두르는 것은 불가능해졌다. 시장개방과 무역자유화로 급격한 세계화가 진행되면서 무한 경쟁 사회에서의 생존을 위해 변화가 필요하다는 위기 담론이 팽배했다. 대통령의 연설엔 늘 '세계화'만이 살길이라는 주장이 담겼고, 부존자원이 부족한 한국은 새로운 부의 원천을 찾아야 한다는 이야기가 이어지곤 했다. 이제까지 정부 정책들로 성장시킨 산업들, 예컨대 국내시장은 보호하고 수출은 지원하는 형태로 성장해 온 각종 제조업들이 앞으로도 계속 경쟁력을 보유하기는 어렵다는 전망 때문이었다.

그런 상황에서 선진국일수록 대중문화산업에서 높은 부가가치를 올린다는 분석들이 쏟아져 나왔다. 우루과이라운드의 영향으로 가장 먼저 영화시장이 개방된 이유도 있었다. 이런 담론들은 경제적 가치를 발현시키는 자원으로 문화를 바라보게 했다. 자원이 부족한 우리나라 현실에서 '창의성'을 원천으로 하는 문화산업이 우리 경제의 새로운 성장 동력이 되어야 한다는 주장들이 생겨났다. 때마침 터진 1993년 영화 〈쥬라기 공원〉의 세계적 성공은 그 모범적 사례로 언급하기에 안성맞춤이었다. 관료들은 문화산업을 새로운 성장 동력으로 채용하기 시작했다.

김영삼 정부는 '〈쥬라기 공원〉 효과'가 발표되던 해인 1994년 문화체육부(현 문화체육관광부) 내에 문화산업국을 신설했다. 이후 문화 분야에 투자하면 높은 사회경제적 효과를 기대할 수 있다는 정책 보고서들도 등장했다. 1995년에는 문화예술진흥법을 개정해 문화산업에 대한 지원을 의무로 규정하기도 했다. 수십 년간 문화 관련 정책은 문화예술과 문화재 중심이었는데, 처음으로 문화 관련 정책 안에 문화산업이 담기는 획기적 변화였다. 1995년에는 영화진흥법을 제정해 영화산업의 성장을 도모하기도 했다. 재벌들로부터 투자를 유치하기 위해 영화사 투자에 세금 우대 조치 등을 도입했고, 남양주종합촬영소 건립 등 관련 기반 시설 투자도 이뤄졌다.

하지만 이런 변화가 뿌리를 내리기에는 조금 더 시간이 필요했다. 문화 부문 예산이 정부 전체 예산의 1%에도 미치지 못했고, 그중에서도 문화산업 예산은 5%도 되지 않았다. 당시 관료들은 문화산업에 대한 관심이 필요하다는 것을 머리로는 이해했지만 이를 위해 무엇을 어떻게 해야 할지 체계적으로 정립하지는 못했다. 그렇다고는 해도 예술로만 여기던 문화를 상품과 산업으로 인식한 것은 이후 시대를 이끈 큰 변화였다.

## 팔길이 원칙,
## 지원은 하되 간섭하지 않는다

문화산업정책이 본격적으로 행정 체계를 갖추고 시행된 것은 1998년 김대중 정부부터다. 세계화를 외쳤지만 IMF 금융 위기를 맞이하며 무력하게 퇴진한 김영삼 정부의 뒤를 이은 김대중 정부로서는 여러 의미에서 강력한 혁신이 필요했다. 김대중 정부는 제2공화국 이후 36년 만에 여야 정권 교체를 이루어냈으며, IMF 금융 위기 극복이라는 절체절명의 과제를 안고 탄생한 정부이기도 했다. 오랜 기간 민주화운동을 이끌며 대통령을 준비해온 김대중 대통령은 새로운 천년을 '문화의 시대'로 규정하고 문화산업과 벤처산업 육성을 최우선 국정 과제에 포함시켰다.

김대중 정부가 이렇게 문화산업 육성을 전면에 내세울 수 있었던 것은 김영삼 정부 때부터 이어져온 한국 경제 위기 담론 때문이었다. 한국 경제는 1994년부터 연속 4년간 경상수지 적자를 겪었고, 1998년에는 IMF에서 구제금융까지 받았다. '재벌'이 상징하는 낡은 체제를 정비하고 새로운 성장 동력을 확보하는 것이 한국 경제의 중요한 과제가 된 상황이었다.

때마침 전 세계에 지식정보사회론이 대두되었다. 1994년 미국 앨 고어 부통령은 세계정보인프라Global Information Infrastructure, GII 프로젝트를 내세우면서 지식정보사회로의 변모를 주장했다. GII는 지금의 인터넷에 해당하는데, 인터넷으로 전 세계가 연결되면 경쟁 환경이 급변하고, 이에 기반한 신산업에서는 선진국과 출발선상의 격차가 거의 존재하지 않아 새로운 경쟁이 시작될 수 있다는 전망이 펼쳐졌다. 특히 지식정보사회에서 문화산업의 세계화는 더 가속화될 전망이어서, 한국은 문화산업을 육성하고 지원해야만 살아남는다는 주장이 늘어났다. 이런 분위기에서 언론은 "산업화에서는 뒤졌지만 정보화에서는 앞서자"는 정보 부국강병론을 자주 언급했다.

민주화로 정권 교체에 성공해 IMF 금융 위기를 극복할 새로운 패러다임이 절실히 필요했던 새 정부에 지식정보사회 담론은 매우 요긴한 전망과 시각을 선사했다. 정부는 벤처산업과 문화산업을 핵심 유망 분야로 선언했다. 만약 이 시기 한국 역사에 불어닥친 두 가지 사건, 즉 IMF 금융 위기와 역사적 정권 교체가 없었다면 문화산업이 이렇게 중요한 분야로 선언되고 부상하기 어려웠을 것이라 평가[8]될 정도로 당시의 시대적 상황은 엄중했다.

대선공약과 취임사에서 문화산업을 국가 기간산업으로 육성하겠다는 의지를 밝힌 김대중 정부는 문화산업에 관한 법, 제도와 지원 체제를 갖추어갔다. 가장 대표적인 것이 1999년 제정된 문화산업진흥 기본법이었다. 문화산업은 이 법에서 처음으로 정의되면서 우리 행정 체계에 등장한다. 당시 문화산업으로 분류한 산업은 영화, 음반·비디오물·게임물, 출판, 방송, 문화재, 애니메이션, 영상 소프트웨어, 기타 전통 의상 및 식품 등이었다.

문화산업진흥 기본법은 국가가 문화산업을 지원할 의무가 있다는 것을 법제상 명문화한 것이 특징이다. 이 법에 근거해 문화산업진흥기금을 신설함으로써 문화상품에 대한 투자와 융자를 실시할 수 있었고, 투자회사에 대한 지원도 가능했다. 문화산업진흥 5개년 계획(1999년), 문화산업비전21(2000년), 콘텐츠코리아 비전21(2001년) 같은 중장기 계획을 수립하고, 통합방송법, 음반비디오물 및 게임물에 관한 법률 등 관련 법령 등도 갖추었다.

법과 제도를 마련했다면 이를 집행하고 이끌 추진 체제를 갖추는 것도 필요했다. 우리나라 문화산업 지원 체제를 이야기할 때 중요하게 거론되는 거버넌스 원칙 가운데 하나가 김대중 정부가 운영 원칙으로 삼은 '팔길이 원칙'*이다. 문화산업정책 지원 시 정책 대상자의 자유와 자율을 존중해 지원은 하되 간섭하지 않는다는 원칙이다. 이는 정부 주도로 정책의제를 발굴하지만, 대상자 선정 등에 직접 개입하지 않고 다른 조직에 공적 지원에 대한 실질적 권한을 양도한다는 의미다. 구체적으로는 집행을 담당하는 비정부 공공 기관을 설립해 정부와 일정한 거리를 유

---

* 1946년 영국에서 케인스의 주도로 세계 최초의 예술위원회인 '영국예술위원회(Arts Council England, ACE)'가 설립될 때부터 영국 문화예술 분야 지원의 거버넌스 원칙으로 삼아온 기본원리다.

지하도록 독립성을 보장하고, 주요 사안도 합의제 등을 통해 민주적으로 운영한다는 원칙이었다.

김대중 정부는 문화산업 지원 기구인 영화진흥위원회를 개편(1999년)하고 방송위원회(2000년), 한국문화콘텐츠진흥원(2001년) 등을 설립하는 과정에서도 이 원칙을 운영 원칙으로 삼았다. 과거 권위주의 정부 조직에서 정부가 모든 것을 직접 결정, 지휘하던 데서 벗어나 기관의 자유를 보장하는 제도적 장치를 마련하고자 한 것이다. 그리고 이 전통은 김대중 정부 이후에도 우리나라 문화산업 지원 체제의 핵심 운영 원칙으로 이어진다.

김대중 정부의 팔길이 원칙 채택은 여러 차원에서 중요한 의미가 있었다. 김대중 정부의 문화산업 지원정책은 정부 관료들 손에서만 탄생한 정책이 아니다. 그들도 중요한 역할을 했지만 사법부, 입법부 등에서 문화산업에 대한 전향적 자세를 이끌어낸 공직자들, 김대중 대통령의 문화 분야 공약을 만드는 데 참여한 민간 전문가들, 스크린 쿼터 사수 운동 등을 이끌어온 영화계 인사들, 게임산업 등을 강조해 온 콘텐츠 업계 전문가들, 오랜 기간 김대중 대통령과 동고동락해 온 민주화운동 동지들 등 다양한 층위 사람들과 협력해 만든 정책이었다.

이들의 목소리는 저마다 달랐고 정부 관료와 민간 전문가 사이에는 불신이 강했다. 권위주의 정부에서 검열과 통제를 수행하던 사람들과 검열과 통제를 당하던 사람들의 관계였기 때문이다. 하지만 문화 분야는 어떤 산업보다도 전문가들의 시각과 도움이 필요했다. 이런 사람들 모두를 포괄하고 한배에 타도록 만든 것이 '팔길이 원칙'이다. 정부지원금으로 사업을 집행할 공공기관을 설립했지만 이 기관들이 법적으로는 독립 기관으로서 위상을 가지고, 정부에서 일정 거리를 유지하게 했다. 기관 내 중요 사안에 대해서는 합의제 등으로 운영하도록 함으로써 민간과 정부 사이에 발생할 수 있는 시각 차이를 좁히기도 했다. 당시 영화진흥위원회나 한국문화콘텐츠진흥원 설립을 주도한 문화체육부 관료들과 기관 책임자들은 이 시기 도입된 팔길이 원칙이 우리나라 문화산업 분야에서 매우 새롭고도 중요한 운용 원리로 통용되었다고 회고한다.[9]

팔길이 원칙에 정책공동체를 혼합적으로 만든 측면만 있는 것은 아니다. 문화산업은 기존에 한국이 지원해 온 중화학산업이나 반도체산업같이 자본을 집중 투여한다고 해서 성공을 보장받는 분야가 아니었다. 개인의 창의성과 상상력 발현이 중요한 문화산업은 표현의 자유를 보장하는 민주적 분위기와 다양한 사회적 자본을 확보해야만 결실을 맺을 수 있는 분야였다. 과거처럼 정부가 주도하는 획일화된 방식으로는 아무리 물량공세를 펴부어도 성과를 얻을 수 없는 분야이기도 했다. 민간 전문가들은 이 점을 강조했고, 팔길이 원칙을 통해 자율성 훼손을 방지하고자 노력했다. 당시 민주주의 방식으로 정권 교체를 이룬 한국이 자신감을 가지고 택한 방식이었고, 다른 개도국들과도 차이가 있는 부분이었다.

## 성장과 보호의 딜레마

노무현 정부도 초기에는 팔길이 원칙 같은 김대중 정부의 문화산업 지원정책 원리들을 대부분 계승했다. 하지만 2003년 7월 노무현 대통령이 임기 내 국민소득 2만 달러 시대 진입을 목표로 선언하면서 문화산업정책에도 여러 변화가 생겼다. 가장 크게 달라진 점은 정부가 국민소득 2만 달러 달성을 위한 수단으로 문화산업을 더 강하게 주목했다는 점이다. 이 시기에 문화산업에서 수출액이 가시적으로 늘어나면서 앞으로 경제를 이끌 차세대 성장 동력으로서의 가능성이 더 부각됐기 때문이다.

김대중 정부에서도 문화산업의 가능성을 이야기했지만 현실적으로는 활짝 열린 시장개방의 문에 맞닥뜨려 내부적으로 산업 역량을 강화하는 것이 주목적이었다. 당시 국내산업의 수준은 해외 사업자들이 밀려들어 오면 기반이 무너질 정도로 취약했기 때문이다. 당시 문화산업 수출의 대부분을 차지하는 것도 애니메이션 OEM 수출로, 외국에서 발주된 작품을 하청받아 주문 제작하는 수준에 불과했다.

하지만 김대중 정부 때 문화산업 지원정책이 수립되면서 우리 기업들도 처음으로 해외시장에 눈을 돌렸다. 해외 전시 마켓 참가에 필요한 자금을 보조하는 형태로 수출 지원정책들이 생겨난 영향도 컸다. 방송, 음반기업 들은 해외시장 개척을 위해 해외 전시회나 박람회 문을 두드렸고, 정부는 이런 행사에 참가할 경우 지원금을 보조했다. 물론 1990년대까지의 해외시장 개척은 당장의 수익보다는 한국의 영상물과 음악을 알리고 홍보하는 게 목표일 정도로 성과가 미미했다.

그러다 2000년대 들어서며 가시적 수출 성과가 나타난 것이 게임 분야였다. 1990년대 후반 벤처 투자 등과 맞물리면서 국내 게임산업은 비약적으로 성장해 1999년 게임 수출액이 1억 달러를 돌파했다. 게임은 문화산업에도 포함되지만 벤처산업이나 IT 산업으로 지원받는 형태도 많아 문화산업 지원정책의 산물로만 보기에는 다소 애매한 면이 있다. 하지만 디지털문화콘텐츠 가운데 하나인 게임에서 수출이 터져 나오자 이를 중심으로 해외시장 진출을 지원하는 정책들이 수립되었다.

그러나 정부가 국민소득 2만 달러 달성을 위해 한미자유무역협정South Korea-United States Free Trade Agreement, 한미 FTA에 주목하면서 문화산업에 대한 보호장치는 급속도로 줄어들었다. 한미 FTA는 한국과 미국이 상품과 서비스무역 등 광범위한 분야에서 관세를 철폐하기 위해 맺은 협정이다. 세계 최대 경제대국인 미국과 FTA를 맺음으로써 막대한 시장을 얻고 대미 무역흑자를 노린다는 것이 정부의 추진 논리였다. 하지만 그 대가로 우리 시장도 폭넓은 개방을 요구받았다. 특히 큰 쟁점이 된 분야가 영화시장이었다. 2006년 미국 정부는 한미 FTA 체결을 위한 '4대 선결조건'* 가운데 하나로 스크린 쿼터 축소를 주장했다. 미국의 거듭된 요구를 거절할 수 없었던 노무현 정부는 한미 FTA 체결을 위해 2006년 스크린 쿼터 축소를 받아들였다.** 한류산업 수출의 물꼬가 터지면서 수출상품으로서의 영화의 가치는 더 커졌지만 국내시장 보호장치는 줄일 수밖에 없는 시대적 딜레마를 딛고 나아가게 된 것이다.

## 국가의 도구가 된 한류

한류 성공이 더 늘어나던 시기에 들어선 이명박 정부는 '수출을 통한 국익 추구'와 '국가경쟁력 향상'이라는 두 축을 중심으로 문화산업정책을 변화시켰다. 문화산업의 '경제성'에 더 깊이 천착해 문화산업 내에서도 선택과 집중을 도입했는데, 그것이 국가경쟁력에도 도움이 된다는 논리가 전면에 깔려 있었다. 이런 원칙 아래 수출 확대가 가능한 콘텐츠만 중점 육성 대상으로 선정하고 여타 분야를 상대적으로 배제하는 전략들도 늘어갔다. 때문에 김대중 정부 때부터 유지해 온 팔길이 원칙도 희미해졌다. 지원하되 간섭하지 않는 것이 아니라 국가가 직접 선택하고 지원하는 방식으로 바뀌었기 때문이다.

'문화'라는 다소 포괄적 단어 대신 상품성을 강조하기 위해 '콘

---

\* 당시 미국 정부가 한미 FTA 협상 개시를 위해 내건 4대 선결 조건은 스크린 쿼터 축소, 미국산 쇠고기 수입 재개, 자동차 배출가스 기준 완화, 건강보험 약가 현행 유지 등으로 영화계, 농민을 비롯한 범시민 사회의 저항이 컸다.
\*\* 스크린 쿼터 축소를 둘러싼 논란은 이 책 9장에서 더 자세하게 소개하기로 한다.

텐츠'라는 단어를 더 선호하게 된 것도 변화였다. 그리하여 과거에 '문화' 또는 '문화산업'이던 명칭들이 이 시기부터 '콘텐츠' 또는 '문화콘텐츠산업'으로 변경되었다. 현재까지도 정부에서는 '콘텐츠' 또는 '문화콘텐츠'라는 명칭을 주로 사용한다.

'기업하기 좋은 나라'를 만든다는 취지 아래 일관되게 친기업 정책을 펼친 것이 이명박 정부의 특징이었다. 이런 차원에서 문화산업은 국가브랜드를 향상시키는 훌륭한 수단이었다. 특히 이 시기에는 다수의 한류 성공들이 쏟아졌다. 동방신기, 빅뱅, 원더걸스 같은 K팝 아이돌그룹들이 일본, 아시아 등에서 높은 인기를 누렸고, 2012년에는 싸이의 〈강남스타일〉이 세계적으로 엄청난 성공을 거두기도 했다. 이렇게 한류 성공이 이어지자 한류 붐이 한국에 대한 이미지를 제고함으로써 한국 제품 수출에도 영향을 줄 수 있다는 담론이 확산되었다. "한류는 유사 이래 최대의 국가브랜드 견인 요소"라는 주장이 쏟아졌고, 정부는 이런 부분을 최대한 활용하고자 했다.

이런 정책의 변화는 하버드대학 케네디스쿨의 조지프 나이가 주창한 '소프트파워'의 영향이기도 했다. 소프트파워는 군사력이나 경제제재 등 물리적으로 표현되는 힘인 '하드파워'에 대응하는 개념으로, 강제력보다는 매력을 통해, 명령이 아닌 자발적 동의를 통해 획득하는 능력이다. 주로 정보과학이나 문화, 예술 등이 행사하는 영향력을 지칭하는데, 문화의 세기인 21세기는 소프트파워가 주도하는 시대가 될 것이란 전망이 많았다. 문화산업은 특성상 빠른 시간에 국가브랜드 이미지를 상승시킬 힘이 있다는 사실이 강조되면서 한류 성공을 국가 소프트파워 차원에서 활용하기 위한 논의도 늘어났다.

소프트파워가 강조되면서 문화산업에 대한 정부의 지원도 증가했다. 하지만 사업 내용을 꼼꼼히 살펴보면 대체로 정부가 국가브랜드 제고 등을 위해 한류 성공을 활용하는 사업들이 많았다. 한국방문의해위원회가 공동 주최한 SM타운 파리 콘서트, 한류드림콘서트, 한류스타 류시원 팬 미팅 같은 행사들이 대표적이었다. 정부는 한국에 관광객을 유치하기 위해 한류스타들을 활용한 다양한 국가 홍보 행사를 실시했다. 한류가 한국 정부의 적극적 지원 아래 성장한 산업이라고 보는 해외 학자들의 시각이 자리 잡은 데에는 이때의 행사와 사업이 준 영향이 컸다.

국가가 한류를 전면에 내세우자 이를 부정적으로 보는 시각들도 생겨났다. 국가 홍보에 한류 활용이 늘면서 "한류는 국가가 조장하는 프로파간다 사업"이라는 외신 보도들이 나왔으며, 한류는 정부가 조직적으로 제조하는 수출상품에 불과하다는 해외의 비판적 시각들도 생겨났다. 한류스타들이 크게 부각되는 한국 홍보 행사들 탓에 한류가 국책 사업이나 선전 사업의 일환으로 추진되는 것처럼 비치는 경우도 많았다.[10] 한류 성공으로 국격을 높이고자 하는 국가와 상업적 성공을 추구하는 기업의 이해관계가 어긋나는 부분들도 자연스레 생겨났다.

박근혜 정부에서도 이 기조는 크게 바뀌지 않았다. 박근혜 정부는 역대 그 어느 정부보다도 '문화'를 강조했다. '문화 융성'을 국정 운영 4대 기조* 가운데 하나에 포함했고, 대통령 직속 문화융성위원회를 설치하는 등 문화를 주요 국정 과제로 내세웠다. 하지만 박근혜 정부에서 내건 '문화'의 이면에는 '일자리' 문제가 크게 자리 잡고 있었다. 청년 일자리 부족이 중요한 현안이 된 상태에서 출범한 정부였기에 이 문제의 해답을 문화산업에서 찾고자 한 것이다. 이명박 정부에서 문화산업을 국익 추구와 국가브랜드 향상을 위한 수단으로 강조했다면, 박근혜 정부에서는 문화산업이 양질의 고용 창출 수단으로 변모한 것이다.

하지만 박근혜 정부가 추구한 문화 융성 사업은 국정농단 사건 등으로 하드웨어 건설 정도에서 멈추었고, 문화산업과 일자리가 긴밀히 연결되는 고리를 완성하지 못한 채 막을 내렸다. 김대중 정부 때부터 이어져 내려온 팔길이 원칙이 박근혜 정부에서 훼손된 것도 매우 아쉬운 부분이었다. 정권에 비우호적인 문화예술인들에게 불이익을 주기 위해 작성한 문화계 블랙리스트 사건 등이 대표적이었다. 무엇보다 정부가 추진한 문화산업정책 관련 사업들이 헌정 중단 사태를 불러온 비리의 진원지로 지목된 탓에, 이후 이 분야 정책 집행은 위축될 수밖에 없었다. 세계적으로 위상을 떨치게 된 한류가 정부와 어떤 식으로 어깨를 나란히 하며 나아갈 것인가는 여전히 큰 숙제로 남게 되었다.

* 경제부흥, 국민 행복, 문화 융성, 한반도 평화와 통일 기반 구축.

# 3장

✳

# 자유로운
# 드라마 산업이 만든
# 글로벌 공동체

# S#3

## 저렴하고 질 좋은
## 한국 드라마를 팝니다

1997년 여름, 박재복 부장에게선 절로 콧노래가 흘러나왔다. 지난 6월 15일 중국 CCTV에서 방영을 시작한 드라마 〈사랑이 뭐길래〉 시청률이 무려 15%를 기록했다는 소식이 전해졌기 때문이다. 〈사랑이 뭐길래〉는 국내에서도 평균 시청률 60%를 거둘 정도로 재미를 보장했다. 나쁘지 않은 반응을 기대했는데 직접 중국에 판매한 작품이 이렇게 큰 성과를 올리니 기쁘지 않을 수 없었다.

박 부장 머릿속에 MBC프로덕션으로 옮긴 이후의 일들이 주마등처럼 스쳐갔다. 박 부장이 다니던 대기업 종합상사는 당시 가장 선망하는 직장 가운데 하나였고 방송국 계열사로의 이직을 말리는 사람들도 많았다. 하지만 박 부장은 우리 드라마가 충분히 수출상품이 된다고 보았다. 당시 케이블방송 채널이 많았던 홍콩과 대만에서는 외국 프로그램들을 많이 수입했다. 미국영화나 시리즈가 제일 많았고, 그다음으로 일본 드라마들이 인기였다. 박 부장은 일본 드라마에 견줘 우리 드라마 수준이 낮지 않다고 판단했다.

박 부장은 MBC프로덕션에 온 첫해인 1992년 〈사랑이 뭐길래〉를 홍콩에, 〈여명의 눈동자〉를 터키에 판매했다. 방송 3사를 통틀어 최초의 드라마 수출이었다. 1993년에는 〈여자의 방〉, 〈질투〉, 〈아들과 딸〉을, 1994년에는 〈마지막 승부〉, 〈폭풍의 계절〉을 수출했다. 1995년에는 〈여명의 눈동자〉가 대만에서 큰 인기를 끌었고, 베트남에선 〈아들과 딸〉, 〈마지막 승부〉로 한국 드라마 시장이 열리고 있었다.

〈사랑이 뭐길래〉 소식에 들떠 있는데 수출 에이전시 김 사장의 전화가 왔다.

"박 부장님, 축하드립니다. 〈사랑이 뭐길래〉가 결국 해냈네요. 대만 케이블 채널에서 연락이 왔어요. 일본 드라마가 너무 비싸져서 다른 나라 드라마로 교체하려 한대요. 한국 드라마가 일본 드라마와 제일 비슷하다면서요?"

"대만이라… 대략 가격을 얼마나 쳐준답니까?"

"편당 600달러 정도…. 일본 드라마가 편당 7,000에서 9,000달러 정도니까 10분의 1 이하긴 해요. 그래도 한번 생각해보시죠."

박 부장은 고민했다. 편당 600달러면 50부작이라야 총 3,000만 원 수준의 낮은 가격이다. 하지만 지금은 우리 상품을 최대한 알려야 할 것 같았다. 일본 드라마 수입 부분 가운데 일부만 확보해도 계속 드라마를 공급할 수 있기 때문이다. 박 부장은 1997년 10월 대만 케이블 채널과 수출계약을 맺었다. 총 계약액은 11만 달러로 우리 돈 1억 원밖에 되지 않았다. 그때만 해도 이 계약이 나중에 복덩이로 바뀔 줄은 몰랐다.

그로부터 한 달여 뒤. 뉴스에 외환 위기라는 단어가 등장하더니 IMF에서 구제금융을 받게 되었다는 소식이 흘러나왔다. 재벌 회사들이 부도가 났고, 나라에 달러가 부족해져 빚을 구해 온다는 이야기였다. 은행들은 기업에 대출한 자금을 회수하느라 난리였다. 방송국에서도 당장 구조조정을 단행하고 외화 수입도 줄이려 했다. 달러당 900원 안팎이던 환율이 두 배 이상 오르고 있었다.

그런데 환율은 우리만의 문제가 아니었다. 외환 위기는 인도네시아, 태국 등 아시아 국가들이 함께 겪고 있었다. 박 부장과 계약을 맺은 대만 케이블 채널에서 다급하게 연락이 왔다. 환율 때문에 일본 드라마들을 수입할 수 없다며 우리 드라마를 더 수입하고 싶다고 했다. 몇 달 전의 계약 덕분에 빠르게 후속계약을 진행했다. 이후 대만의 다른 채널들에서도 비슷한 요청이 쏟아졌다. 달러가 귀한 시대에 드라마가 달러를 벌어들이는 효자상품이 되기 시작했다. 추가 제작비 없이 부가 수익이 생기니 방송국 입장에서도 일석이조였다.

이후 1998년 우리나라 드라마 수출액은 전년의 두 배 이상 증가했다. 2001년 한국 방송프로그램 수출 국가는 대만 20.2%, 중국 20.1%, 홍콩 9.4%, 싱가포르 7.9% 등 아시아 중화권 비중이 절반 이상이었다.[1] 대만과 홍콩에서 한국 드라마의 재미가 검증되어 점차 지역을 넓혀갔기 때문이다. 국가로 보면 너무나 고통스러운 IMF 금융 위기가 한국 드라마 수출사에서는 기회의 순간으로 바뀌고 있었다.

## 90년대 드라마의 질적 전환을 가져온 두 사건

한류 성공을 '설계되지 않은 성공'이라고 할 때 가장 중요한 근거로 이야기하는 것 가운데 하나가 예측하지 못한 주변 환경 변화다. 정부정책이나 기업전략 등은 주관적 의지와 지향, 준비에 관한 문제이므로 어느 정도 방향을 예측할 수 있다. 하지만 주변 환경은 전혀 예상하지 못한 방향으로 전개되는 경우가 많다. 주변 환경이 절묘하게 조성된 덕에 '갑자기' 성장 기회를 잡거나 때로는 예상하지 못했던 몇 개의 조건이 한꺼번에 결합되는 경우도 있다.

한국 드라마 수출화 과정에서도 우연히 촉발된 환경 변화가 큰 역할을 했다. 1990년대 후반까지만 해도 한국 드라마 수출은 조금씩 가능성을 타진하는 단계에 불과했다. 영상물들을 처음 수출한 것은 1990년대 초반이었다. KBS가 1980년대부터 〈떠돌이 까치〉, 〈아기공룡 둘리〉, 〈날아라 슈퍼보드〉 같은 애니메이션을 제작해 홍콩, 유럽 등지에 수출한 것이 시초였다.

1990년대 초 접어들어 지상파방송사들은 방송물 수출을 위해 KBS영상사업단, MBC프로덕션, SBS프로덕션 등을 설립했다. 처음 포문을 연 것은 MBC프로덕션으로, 1992년과 1993년 〈사랑이 뭐길래〉, 〈질투〉, 〈여명의 눈동자〉 같은 드라마들을 홍콩 케이블방송, 중국 하얼빈TV, 일본 위성방송 등에 수출했다. 당시 〈질투〉는 아시아에서 선풍적 인기를 끌던 일본 트렌디 드라마 스타일이었고, 〈여명의 눈동자〉는 우리 드라마 사상 처음으로 해외 현지로케이션을 통해 만든 대작 드라마였다.

하지만 IMF 금융 위기 이전까지 방송사들은 드라마 수출에 큰 관심이 없었다. 방송사 수익 대부분이 광고에서 나왔기 때문이다. 문화관광부에 문화산업국 등이 신설되면서 오히려 정부 관료들이 방송 3사 수출 담당자들을 모아놓고 프로그램 수출의 전망을 이야기하며 힘써 달라고 독려할 정도였다. 정책을 수립한 관료들은 실적이 필요했지만 방송사에선 큰 기대를 하지 않았다. 간헐적으로 수출이 터졌지만 관료들의 기대에 부응할 만한 수준은 아니었다.

그런데 1990년대 들어 우리 드라마 질적 수준 향상의 계기가 되는 두 사건이 나타났다. 첫째는 민주화였다. 1993년 최초의 문민정부인 김영삼 정부의 등장과 함께 사회 전체에 민주적 분위기가 높아지고, 드라마 제작 현장에도 자유로운 분위기가 조성됐다. 1980년대까지만 해도 드라마 제작 현장에는 정부의 심각한 간섭과 통제가 존재했다. 정부는 드라마의 주제나 소재, 각본까지 검열했다. 심지어 반공 드라마나 군 홍보 드라마 등 정부 공보물을 만들기도 했다. 검열 관행을 피하기 위해 제작자들이 멜로드라마나 사극, 가족 홈드라마 정도로 장르를 제한해 온 측면도 있었다.

하지만 김영삼 정부 이후로 이런 분위기가 사라졌다. 정부 검열에 무기력하게 순응했던 방송사 제작자들은 일제히 새로운 주제와 아이디어를 내놓았다. 과거엔 상상할 수 없었던 소재를 발굴하고 새로운 드라마 스타일을 차용해 왔다. 당시 관계자들이 "드라마에 대한 정부의 무관심이 드라마 산업에 새롭고 다양한 아이디어를 발현할 수 있는 여지를 제공했다"[2]고 회고할 정도로 '지원도, 간섭도 없이 방송사 자율에 맡기는 분위기'가 조성되었다. 민주적 분위기에서 창의성이 꽃피면서 다양한 드라마들이 속속 탄생했다. 아시아 지역에서 민주화의 성과를 제작 현장으로 이어간 것은 당시 한국만이 가진 강점이었다.

이와 함께 방송 상업화의 가속화도 우리 드라마의 질을 제고하는 데 중요한 역할을 했다. 1990년대 들어 한국 경제는 빠르게 성장했고 광고시장도 급속도로 커졌다. 방송사들은 다양한 프로그램편성을 통해 TV에 집중된 광고 수익을 챙길 수 있었다. 특히 1991년 민영방송 SBS의 개국으로 오랜 기간 두 방송사 체제를 유지해 오던 지상파방송계가 3사 체제로 재편되면서 시청률 경쟁은 더 치열해졌다.

3사 방송국은 시청률 경쟁에서 살아남기 위해 프로그램 품질을 높이는 데 주력했다. 드라마는 이런 시청률 전쟁의 최전선에 서 있었다. 중단기적으로 방송사의 시청률을 확실하게 확보하게 해줄 무기는 드라마였기 때문이다. 재미있는 드라마는 시청자에게는 채널 고정권을, 방송사에는 높은 수익을 선사했다. 방송사들이 시청률의 노예가 된 것은 안타까운 일이지만, 아름다운 경쟁의 힘은 드라마의 재미를 높여갔다. 한국 사회 곳곳에 퍼진 민주화 분위기에 방송사들의 시청률 경쟁이 더해지면서 우리 드라마의 질적 수준은 빠르게 향상되었다.

## 대만이 한국 드라마 해외 진출의 최초 거점이 된 이유

거래가 이뤄지기 위해서는 상품을 파는 사람과 사는 사람의 여건이 잘 맞아야 한다. 그리고 우연이든 필연이든 그 둘은 서로의 존재를 알아야만 한다. 1990년대 한국은 드라마 수준을 향상시키며 팔 준비를 하고 있었다. 그런 우리를 누가 주목했을까.

1990년대 아시아의 미디어시장은 격변기를 맞이했다. 1980년대 중반 이후 한국을 비롯해 싱가포르, 대만, 홍콩 등 신흥 4개국들이 정치개혁을 단행하면서 미디어 환경에도 큰 변화가 일어났다. 문민정부 들어 한국에 자유로운 방송 제작 분위기가 조성된 것처럼, 대만도 1987년에 37년 동안 지속됐던 계엄령이 해제되면서 언론의 자유가 확대되고 상업 미디어가 늘어나고 있었다. 특히 아시아 신흥국들은 모두 시장경제 체제 속에서 경제성장을 일구어 그 성과로 중산층이 크게 늘어나고, 이에 따라 대중문화 시장이 빠르게 성장했다는 공통점이 있었다.

미디어 산업이 발달하자 국산 프로그램 중심이던 이들 나라의 TV 속 풍경도 변화했다. 전통적으로 아시아 국가에서는 TV 프로그램 가운데 국산 비율이 70% 내외로 서유럽이나 중남미보다 높았다. 아시아 국가들은 식민지 경험 등의 영향으로 서구 미디어에 대한 지나친 의존은 자국 문화에 해롭다고 인식하는 측면이 있었고, 정부가 미디어를 통제함으로써 이데올로기적 통치를 하려는 경향도 컸기 때문이다. 하지만 1990년대 이후 위성방송, 케이블방송 등이 등장하면서 상황이 변했다. 방송 채널의 폭발적 증가에 따라 아시아의 많은 국가에서 이를 채울 프로그램에 대한 수요 또한 높아졌다. 자국의 프로그램 생산력으로는 채널들을 모두 감당하기 어려웠고, 자연스럽게 외국 프로그램 공급자들에게 사업의 기회가 늘어났다.

대만의 경우가 대표적이었다. 대만은 과거 국민당을 따라 중국에 넘어온 중국 출신 외성인(15%)과 대만 원주민 출신 본성인(85%)이 오랫동안 정치 대립을 해왔다. 정치, 경제, 사회의 실권을 쥔 외성인들은 1960년대부터 지상파방송을 설립해 정부와 여당에 유리한 프로그램들을 제작, 방송했다. 이에 대항하는 본성인은 케이블방송으로 대응했다. 대만은 지형적으로 산이 많아 공중파를 수신하지 못하는 지역이 넓었고 이를 중계하려면 유선 방송들이 필요했기 때문이다. 여당인 국민당에 편향적인 공중파 방송에 염증을 느끼는 본성인들은 사설 케이블방송을 설치해 시청하는 형태로 저항하곤 했다. 그러던 중 민주화의 진전으로 대만 정부도 1987년 계엄령을 해제했고, 1993년에는 기존의 사설 케이블방송들을 모두 합법화했다. 그 결과 대만에는 100여 개에 육박하는 케이블방송 채널들이 존재하게 되었다.

채널들이 늘어나자 프로그램 수급이 문제가 됐다. 대만 정부는 중앙정부에 저항적인 케이블방송들을 '연성화'하기 위해 '자국산 프로그램 20% 의무 편성' 조건을 없앴다. 대만 케이블방송사들은 자연스레 값싼 외국산 프로그램에 눈을 돌렸다. 가장 인기 있는 것은 일본 프로그램이었지만 가격 부담으로 인해 대만 사업자들은 저렴한 가격에 일본 드라마를 대체할 프로그램들을 찾고 있었다.

이런 상황에서 기폭제가 된 것은 1997년 아시아에 불어닥친 IMF 금융 위기였다. 아시아 외환 위기로 인도네시아, 말레이시아, 필리핀, 대만, 한국 등 아시아 국가들의 환율이 상승하고 주식시장은 연쇄 폭락했다. 특히 방송프로그램 수입을 많이 하는 국가들은 공통되게 환율상승으로 곤란함을 느꼈다. 대만의 경우 외환 위기 태풍의 영향권에서는 벗어났지만 자국 통화가치가 15% 이상 떨어졌다.

비싼 일본 프로그램을 계속 수입하기 어려웠던 대만 방송사

관계자들은 중국에서 방영되는 한국 드라마들에 주목했다. 한국 드라마는 일본 드라마 10분의 1 미만 가격이었지만 비슷한 수준을 보여주었다. 함께 외환 위기를 겪던 한국은 이 가격에라도 드라마를 공급하겠다고 나섰다.

홍콩은 1980년대부터 외국 통신사들이 위성방송과 케이블 채널 송출 사업의 거점으로 삼아온 곳이었다. 중국 본토 시장의 잠재력 때문이다. CNN, BBC, MTV, NHK 등 미국과 유럽, 일본의 방송사들이 홍콩에 아시아 지부를 설립하고 홍콩에서 방송을 제작, 송출했다. 반대로 홍콩 방송사들도 이곳에서 중국뿐 아니라 대만, 동남아시아, 미국과 유럽 등지에 중화권 방송을 전송하는 역할을 해왔다.

이렇게 해서 1997년 아시아 외환 위기를 기점으로 늘어난 한국 드라마의 대만 수출은 곧 홍콩, 중국까지 연쇄적으로 이어졌다. 서로 위성방송 월경을 통해 비슷한 프로그램들을 공유하는 국가들이었기 때문이다. 특히 일본 프로그램의 인기가 높은 상황에서 품질은 비슷하나 가격은 저렴한 한국 드라마는 빠른 시장 정착에 유리하다는 장점이 있었다. 아시아를 뒤덮은 IMF 금융 위기가 대만 케이블방송사들로 하여금 한국 드라마 산업의 경쟁력을 발견하게 했고, 이후 중화권 중심으로 확산되게끔 한 것이다.

## 드라마 산업화의 가능성을 제시한 〈겨울연가〉

2000년대 초반까지 이어진 아시아권으로의 드라마 수출 활황은 곧 끝나고 만다. 대만을 비롯한 아시아 수출이 늘어나자 방송사 경영진들도 프로그램 수출에 관여했는데 이들이 관심을 가지면서 한국 드라마의 가격이 상승했다. 프로모션 수준의 저렴한 가격을 계속 유지할 수는 없었기 때문이다. 하지만 대만 케이블 채널들은 한국 드라마의 가격이 인상되자 수입을 포기하기 시작했다. 2000년대 중반이 되자 대만에 판매하는 우리 드라마의 수출액이 그 이전 3분의 1 수준으로 떨어졌다. 낮은 가격을 무기로 한 시장 확대 과정에서 필연적으로 부딪칠 수밖에 없는 현상이기도 했다. 해외에 우리 드라마를 알리는 데 성공한 수출 1단계는 이렇게 막을 내린다.

그런 와중에 일본에 수출한 〈겨울연가〉로 드라마 시장이 새롭게 확장되는 수출 2단계의 기회가 다가왔다. 〈겨울연가〉는 한국에서는 2002년 1월부터 3월까지 KBS에서 총 20회짜리 미니시리즈로 방영된 드라마였다. 당시 국내 시청률은 평균 23.1% 정도로 경쟁 프로그램들과 비교할 때 중상위권 수준이었고, 우리나라를 뒤흔들 정도의 화제작이나 문제작은 아니었다. 주연배우도 배용준, 최지우 등으로 국내 정상급이긴 했으나 해외 지명도는 거의 없는 상태였다. 첫사랑, 출생의 비밀, 부모들의 과거 악연, 집안의 반대, 교통사고, 불치병 등 이후 전형적인 '한류드라마'* 구성요소로 일컬어지는 점들을 두루 갖춘 다소 평범한 드라마에 속했다.

일본에 수출한 〈겨울연가〉가 2003년 4월 NHK 위성방송 BS2에서 처음 방영되었을 때에도 특별히 기대할 만한 수준은 아니었다. 그런데 이 드라마가 위성방송으로는 상당히 높은 1.1%대 시청률을 기록하면서 입소문이 퍼졌고, 2004년 4월 재방영된 일본 지상파 채널 NHK에서 최종회 시청률 20.6%를 기록하며 당시 일본 드라마 부문 시청률 1위를 거머쥐었다. NHK가 재방송을 거듭 편성할 정도로 〈겨울연가〉는 선풍적 인기를 끌었고, 주인공 배용준과 최지우는 일본에서 엄청난 팬덤을 얻었다.

〈겨울연가〉의 일본 성공은 한류드라마 산업에서 몇 가지 의의를 가진다. 우선 이전에 대만, 중국, 동남아시아 등지에서 싹이 튼 '한류' 열풍을 일본으로 옮기면서 엄청난 산업적 파장을 가져왔다는 점이 달랐다. 당시만 해도 드라마 수출은 TV 종영 프로그램을 해외에 판매해 한 번 더 수명을 연장하는 데 의의를 두는 정도였다. 수출을 기대하면서 제작하는 드라마는 드물었고 국내 방영에서 모든 제작비를 회수해야 했다. 해외에 수출해 추가 수

---

* 최근 한국 드라마를 이야기할 때 '한류드라마'와 'K드라마'를 구분해야 한다는 주장이 있다. 이 분류에 따르면 한류드라마는 2000년대 초중반까지 유행하던 로맨스, 가족물 중심의 한국 드라마이고, K드라마는 2016년 넷플릭스 등과 같은 글로벌 OTT 플랫폼이 등장하면서 인기를 끌고 있는 스릴러, 공포물, 사회물 중심의 한국 드라마이다. 2020년대에도 여전히 로맨스물 중심의 한류드라마들이 공존하지만 한류드라마와 K드라마는 성격이 조금 다르고 주요 팬층도 다르다는 분석들이 있다. 이 부분에 대해서는 8장에서 더 이야기하고, 편의상 이 장에서 이야기하는 시기의 드라마들은 모두 한류드라마로 통칭한다.

익을 올리면 그야말로 보너스 같은 성과인 셈이었다.

하지만 일본에서 드라마가 성공하자 하나의 드라마에서 다양한 산업적 기회가 발생할 가능성을 발견한다. '욘사마' 같은 스타 시스템을 활용한 팬 사인회 개최와 기념품 제작 판매 정도는 그 이전에도 충분히 상상 가능했다. 하지만 여기서 한발 나아가 드라마 촬영지인 남이섬 여행 상품을 개발하고, 배경음악 OST를 음반으로 판매하며, 대본과 DVD 등을 다시 새로운 상품으로 탄생시키는 등 드라마 속 모든 요소를 상품으로 바꿀 수 있다는 사실이 드러났다. 드라마를 활용한 '문화산업'이 어떤 식으로 변주될 수 있는지를 처음 확인한 것이다.

그 이전까지 이 같은 사업은 할리우드나 일본, 유럽에서나 가능하다고 여겼다. 그런데 〈겨울연가〉가 일본에서 성공하면서, 한국 드라마로도 다양한 시장을 창출할 수 있음을 증명한 셈이다. 다양한 연관 시장을 소화할 만한 소비력을 갖춘 국가에 수출할 때 그런 가능성이 탄생한다는 사실을 처음 배운 것이기도 했다. 국내에서는 아무리 큰 성공을 거둔다 해도 보기 힘든 모델들이었다. 뿐만 아니라 기존 대만, 중국을 비롯한 베트남, 말레이시아, 인도네시아, 필리핀 같은 동남아시아 수출에서도 확인하기 어려운 모델들이었다.

이것은 그때까지의 방송사 드라마 제작 구조 때문이기도 했다. 2000년경에 이르면서 방송사는 드라마의 기획과 편성만 하고 실제 제작은 외주제작사가 하는 경우가 늘었다. 제작사는 방송편성이 결정되면 드라마를 제작해 방송사에 납품하고, 방영이 종료되면 방송사에서 방영료를 받아 제작비를 정산했다. 이런 경우 해당 드라마가 인기를 끌어 시청률이 높아져도 방송사의 광고 수익은 늘지만 제작사는 약속된 방영료 이외의 수익을 거두지 못했다. 우리나라에서 방영한 뒤 해외 수출 수익이 발생해도 수출 판권을 방송사에 넘긴 대부분의 제작사들은 수익을 공유하지도 못했다. 드라마를 기획할 때 수출이라는 부분을 생각할 이유가 그다지 없었다.

하지만 〈겨울연가〉가 성공하면서 방영권 수출 외에 다양한 사업 가능성을 구상하게 되었다. 드라마의 '경제적 파급효과'라는 말이 자주 등장하고, 사업화 논의도 늘어났다. 이를 위해서는 드라마를 기획할 때부터 제작 담당 제작사, 스타 매니지먼트 시스템, 편성 담당 방송사가 각각 어떤 식으로 비용 조건을 나누고 계약을 체결할지 입장 정리가 필요해졌다. 이런 관계가 순조롭지는 않았고, 관련 사업이 항상 성공한 것도 아니다. 하지만 상품 기획 단계에서 수익배분의 고려가 우선시될 정도로 산업화가 진전된 것이다.

## 아시아 시장을 넘어설 가능성을 보여준 〈대장금〉

〈겨울연가〉가 드라마의 산업화 가능성을 보여줬다면, 〈대장금〉은 여러 가지 의미에서 '확장'의 가능성을 보여준 드라마였

〈겨울연가〉와 〈대장금〉의 성공은 새로운 시장의 발견이었다.
이후 드라마 제작자들은 한국 밖의 시장을 염두에 두기 시작했다.

다. 2003년 9월 MBC에서 처음 방영되어 54부작으로 막을 내린 〈대장금〉은 국내 최고 시청률 55.5%를 기록했고 이후 전통적인 드라마 수출 지역인 중국, 대만, 일본, 베트남 외에 세계 120개국에 수출되는 경이로운 기록들을 남겼다. 이란에서는 80%가 넘는 시청률을, 스리랑카에서는 99%의 시청률을 기록하기도 했다.

〈대장금〉은 중화권 및 일본, 동남아시아를 넘어 중동, 유럽 등지로 한류드라마 수출 지역을 넓힐 수 있음을 보여주었다. 시청자도 기존 여성 중심에서 남성층까지 확대되었다. 기존 수출 드라마들이 〈겨울연가〉 같은 트렌디물 중심이었다면 〈대장금〉은 사극으로 장르가 확장되고, 소재도 음식 등 한국 문화 전반으로 확대된 측면이 있었다.

당시에는 한류드라마가 이렇게 성공한 요인을 주로 '문화적근접성'을 중심으로 설명했다. 문화적근접성이란 1990년대에 미국의 미디어학자 조셉 스트라우바가 내세운 이론으로 수용자들이 자신이 소속된 혹은 인접한 문화를 반영한 문화상품, 즉 자신의 문화와 비슷한 문화적 형식을 선호하는 경향이 있다는 이론이다. 다시 말해 TV 프로그램, 영화 같은 문화 형식의 텍스트를 구성하는 언어, 종교, 의상, 음악, 유머, 인종 및 비언어적 코드의 유사성이 그것의 수용에 적지 않은 영향을 미친다는 내용이다.

문화적근접성은 초기 한류의 성공을 설명할 때 아주 유용했다. 한류드라마는 처음에 중국, 대만, 홍콩, 일본 등 비슷한 유교 문화권에 있는 동아시아 국가에서 인기를 얻기 시작해 점차 더 넓은 지역으로 확대된 측면이 있기 때문이다. 아시아권 국가들은 유교문화와 압축적 근대화 경험 등을 공유한다는 특징이 있었다. 따라서 아시아 사람들이 한국 드라마를 보면서 미국 드라마 등에서 느낄 수 없는 동질감을 맛본 것도 사실이다.

거꾸로 이야기하면 한류드라마들이 아시아권에서 '문화할인'을 덜 받기 때문에 성공했다는 평가이기도 했다. 문화할인이란 특정 문화권에서 만든 문화상품이 다른 문화권으로 건너갔을 때 가치, 신념, 생활 방식 등의 차이로 상품 가치가 떨어지는 것을 말한다. 콘텐츠 가운데서도 드라마, 영화 등은 문화할인율이 높은 분야로 꼽힌다. 때문에 특정 국가에서 재미있다고 평가받는 작품들이 해외에서는 전혀 통하지 않는 경우도 많다. 따라서 한류드라마는 아시아 지역에서 문화할인을 덜 받았기 때문에 비교적 쉽게 안착했다고 보는 시각이었다.

한류는 많은 사람들이 예상하지 못한 상태에서 큰 성공을 거둔 굉장히 '예외적 사건'이었다. 이때 문화적근접성과 문화할인은 이 같은 '특수한' 성공을 설명하는 데 편리한 이론틀을 제공했다. 아시아인들끼리 공유하는 문화, 즉 '아시아성' 덕분에 성공한 것이므로 아시아라는 특수한 지역성, 정체성으로 대부분의 설명이 가능했기 때문이다. 〈대장금〉의 경우도 드라마 안에 동아시아 전반에서 공유하는 문화적 공통 요소들을 많이 가지고 있어 시청자들이 동아시아 정체성을 확인하면서 호응했다고 분석하는 경우가 많았다.[3] 결국 한류는 한국과 유사한 문화를 가진 아

시아 사람들만이 느끼고 즐길 수 있는 문화현상이라는 분석인
셈이었다.

하지만 한류 성공이 점차 늘어나면서 이 같은 설명에 한계가
나타났다. 비슷한 문화권에 있다고 하지만 아시아에서도 나라마
다 특정 드라마가 성공하는 이유도, 각 드라마가 인기를 거두는
소구점도 달랐다. 같은 아시아권 안에서 동일한 콘텐츠가 서로
다른 결과를 나타내기도 했고, 특히 아시아권을 넘어서서 북미,
중남미, 유럽 등지로 한류드라마가 전파되는 현상들을 설명하기
어려웠다. 방송사들이 인접한 아시아권 국가의 방송국에 팔던
때와는 완전히 다른 새로운 시대가 열렸기 때문이다.

## 초고속인터넷망의 비판적 시청자들

2003년 〈겨울연가〉, 2005년 〈대장금〉 등의 메가 히트 이후 한
류드라마 수출은 계속 이어졌다. 하지만 한동안 이런 빅히트 상
품이 나오지는 못했다. 수출 가능성이 열리자 섣불리 제작을 대
형화한 것도 그 이유 가운데 하나다. 2007년 제작된 MBC 드라
마 〈태왕사신기〉가 대표적이다. 〈태왕사신기〉는 한류스타 배용
준을 채용해 수출용 대작으로 제작을 시도한 드라마였는데 기대
만큼 성과를 거두지 못했다. 지나치게 스타에만 의존해 기획한
것이 문제였고 화려한 볼거리는 늘었지만 스토리의 정교함이 떨
어진다고 평가받았다. 당시로는 최대 수준인 제작비 430억 원을

투입했지만 국내외 투자사들이 얽혀 제작비 조달도 매끄럽지 못했다. 결국 잦은 시나리오 수정으로 제작 지연과 방영 연기를 불렀다.

제조업 기업으로 치면 깜짝 히트를 거둔 뒤 생산설비나 가동 능력 등을 미처 확충하지 못한 채 투자자를 모으고 선주문을 받았다가 품질 문제를 드러냈다고 볼 수 있다. 공산품과는 다르지만 드라마도 하나의 상품이다. 제작비 상승 수준에 맞춰 어떤 품질이 향상되어야 하는지에 대한 경험이 부족해 나타난 현상이었다.

여기에 '한국'을 드러내는 작품들의 성공이 늘어나자 중국과 일본에서는 혐한류, 반한류가 일어났다. 방송산업은 국가의 중요 자산인 공공 전파를 사용하는 기간산업이라 공공 채널을 통해 특정 국가의 콘텐츠가 무한정 진출하기 어렵다. 어느 나라에서나 안방극장에 특정 국가의 콘텐츠가 늘어나면 우려의 목소리가 높아지기 때문이다. 결국 한류드라마의 인기는 높아졌지만 아시아 시장 수출을 지속적으로 늘리기는 어려웠다. 이로 인해 2000년대 후반 접어들어 방송사들이 해외 방송 채널을 대상으로 추진하던 드라마 수출은 다소 정체기를 겪어야 했다.

그런데 이즈음 전 세계적으로 드라마 시청 환경이 변화하고 있었다. 2010년대를 거치면서 초고속인터넷망이 가정에도 폭넓게 보급되었다. 2000년대 인터넷 초기에는 이메일, 검색, 쇼핑 등이 가정에서 이용하는 대표 서비스였다. 당시의 인터넷 환경

에서 이용할 수 있는 최선의 서비스들이었기 때문이다. 2000년
대 인터넷망으로 영화와 드라마를 즐기려면 서비스 개선이 더
필요했다. 영화나 드라마 파일의 경우 용량이 꽤 커 가정에서 서
로 공유하는 데 너무 많은 시간이 걸렸다. 즉 대용량 파일을 빠
르게 송수신할 수 있는 초고속인터넷망이 구축되기까지 인터넷
을 통한 영화, 드라마 감상은 제한적일 수밖에 없었다.

한국의 경우 인터넷 인프라 보급 속도는 세계 최고 수준이었
다. 2010년 봄 발표된 경제협력개발기구OECD 보고서에 따르면
한국은 전 국민의 94%가 고속통신망으로 인터넷에 접속할 수
있었다. 당시 미국의 초고속인터넷 보급률은 65%에 불과했다.
인터넷 트래픽 분석 업체인 아카마이의 2010년 발표에 따르면
"미국의 고속통신망 속도는 한국의 4분의 1 수준에 불과"했다.
비용도 한국은 매우 쌌다. 미국에서는 한 달 평균 45.5달러를 지
불해야 하지만 한국은 28.5달러면 초고속인터넷을 사용할 수 있
었다.[4]

이렇게 세계에서 가장 빠른 인터넷망을 갖춘 한국에서는 각
종 드라마들을 디지털 파일로 전환해 서로 공유하고 즐기는 것
이 일상 문화로 자리 잡고 있었다. 특히 이런 문화 속에서 미국
드라마 시리즈들을 즐기는 '미드 열풍'도 나타났다. 원래 한국
에서 미국 드라마들이 1980년대 이후 줄곧 인기를 끌기는 했다.
1990년대까지는 주로 지상파방송 채널에서 방영하는 외화 시리
즈가 인기였다. 이후 지상파방송 채널의 외화 방영이 줄어들면

서 다소 인기가 하락했지만, 1990년대 중반 케이블TV 서비스가 시작되고 채널들이 늘어나면서 2000년대 초반 케이블TV 중심으로 미국 드라마의 인기가 다시 부활했다.

특히 이 열풍은 1990년대 중반 이후 미국 TV 시리즈들이 한 차례 도약을 이루면서 전 세계에 광범위하게 유통되던 세태를 반영한 것이었다. 이때 등장한 미국 드라마 시리즈들은 미국 사회에 대한 비판과 성찰을 깊게 다루고, 복잡하고 다층적 스토리를 갖춰 한 차원 높은 품질을 보여주고 있었다.[5] 인터넷에서는 해외 드라마 동호회가 급증했고 인기 시리즈들을 몰아 보는 '미드 폐인'들도 늘어났다.*

초고속인터넷망 확산으로 한국뿐 아니라 전 세계의 드라마 시청 및 유통 환경은 또 한 번 변화를 맞이했다. 특히 한국에서는 고품질의 미국 드라마 시리즈들을 자주 접하면서 시청자들 눈높이가 매우 높아졌다. 당시 한국의 미드 열풍 속에 활발히 공유되던 미국 드라마들은 세계에서 가장 수준 높은 작품들이었다. 플롯 작가, 지문 작가, 캐릭터 작가 등 대본 작성에만 전문 인력을 수백 명 동원했다. 치밀한 마케팅 전략과 구성, 내로라하는 할리우드 유명 감독과 슈퍼 프로듀서들이 참여하는 완성도 높은 스케일 등 세계 최고 제작 환경에서 탄생하는 최고 수준 작품들이었다.

---

*   2000년대 후반 한국에서 '미드 폐인'들을 이끈 대표적 드라마 시리즈로는 〈엘리 맥빌〉, 〈섹스 앤 더 시티〉, 〈프리즌 브레이크〉, 〈그레이 아나토미〉, 〈24〉, 〈CSI〉, 〈로스트〉 등이 있다.

이 같은 우수 미드 시리즈들에 눈높이를 맞춘 한국 시청자들
은 고정된 틀에 갇히곤 하는 한류드라마에 가차 없는 비판을 쏟
아부었다. 비슷비슷한 설정과 캐릭터, 유사한 이야기의 반복, 삶
은 고구마 같은 답답한 전개 등 한류드라마가 조금만 구태를 보
여도 가혹한 비판을 가했다. 세계 최고 수준의 인터넷 환경에서
세계 최고 수준의 드라마 눈높이를 갖추게 된 한국 시청자들은
이렇게 한류드라마 품질 개선에 크게 기여했다. 어떤 시장에서
든 치열한 경쟁의 한가운데 서서 소비자들의 날 선 평가를 온몸
으로 받아들이다 보면 상품의 질은 빠르게 향상될 수밖에 없다.
한류드라마들도 이런 환경에서 한층 더 진화되고 향상되어 갔다.

## 언어의 장벽을 뛰어넘는 한류 팬들

한편 초고속인터넷망 보급으로 해외에서도 유사한 변화가 나
타났다. 이들도 인터넷을 통해 세계 모든 드라마들을 손쉽게 즐
기기 시작했고, 이 가운데 한류드라마도 발견했다. 미국 시리즈
의 품질이 좋다고는 하지만 모든 사람들이 그 시리즈만 좋아하
는 것은 아니었다. 세계인의 취향은 다양했고, 그중엔 한류드라
마 스타일을 좋아하는 시청자들도 있었다. 어떤 한국인들의 눈
에 한류드라마는 천편일률적이었지만, 어떤 해외 팬의 눈에 한
류드라마는 새로운 스타일이었다.

국내에서 눈 높은 시청자들에 의해 계속 진화한 한류드라마는

이제 인터넷을 통해 해외 팬들을 확보하게 되었다. 한류드라마를 좋아하는 사람들은 각각의 국가에서는 매우 작은 집단이었지만, 전 세계에서 모으면 하나의 커다란 집단이었다. 방송사들이 국가별로, 방송사 채널 단위로 영업하던 과거에는 이들만 바라보고 수출을 추진하기 어려웠다. 하지만 인터넷이라는 요술 방망이는 각 나라에 흩어져 있던 한류드라마 팬들을 하나의 거대한 '취향의 공동체'로 묶어내고 있었다.

그런데 세계인이 한류드라마를 즐기는 데는 문제가 있었다. 바로 언어의 장벽이었다. 한류드라마를 감상하려면 한국어를 구사할 줄 알거나 번역 자막이 필요했다. 인터넷 덕분에 한국어로 된 드라마 파일을 한국 방영과 거의 동시에 공유할 수 있었지만, 자막 문제 때문에 시청까지 꽤 오랜 시간이 걸리곤 했다. 해외 시청자들끼리 '스스로 알아서' 인터넷으로 파일을 공유하는 경우가 많아 번역 자막은 매우 귀한 자원이었다. 이럴 땐 목마른 자가 스스로 우물을 팔 수밖에 없는 법이다. 이들은 자발적으로 직접 드라마 대사를 번역해 자막을 달고 파일을 공유했다. 혹은 이런 시장을 포착해 자막을 붙이고 공유할 수 있는 플랫폼을 개발하기도 했다. 한류드라마는 이런 문화 속에서 빠르게 세계로 퍼져나갔다.

2010년대에 콘텐츠 스트리밍 서비스를 제공하기 시작한 드라마피버dramafever.com, 비키viki.com 같은 드라마 플랫폼들이 이 시기를 주도한 대표 서비스들이었다. 드라마피버는 2009년, 박석, 박승 두 사람이 공동 창업한 한국 및 아시아 드라마 스트리밍 서비스였다. 두 사람은 미국 내 한국 드라마 불법다운로드 사이트가 20여 개에 달한다는 점에서 기회를 발견하고 한국 드라마를 합법적으로 볼 수 있는 서비스를 탄생시켰다. 2015년 한국국제문화교류진흥원 조사에 의하면 드라마피버의 월 순방문자수는 2,200만 명이고 이 가운데 미국 내 접속자 비율은 52.5%나 됐다. 매월 1,000만 명이 넘는 미국인들이 이 사이트를 통해 한류드라마를 즐긴다는 결과였다.[6] 영어, 중국어는 물론, 스페인어와 포르투갈어 같은 언어의 자막 지원이 가능해, 드라마피버는 미국을 중심으로 한 북남미 시장에 한국 드라마를 알리는 일등공신 역할을 수행했다.

비키는 2007년 호창성, 문지원 대표가 설립한 사이트로 드라마, 영화 등에 다국어 자막 번역을 넣을 수 있는 스트리밍 플랫폼이었다. 비키의 성공은 사용자들이 실시간으로 자막을 달도록 한 '크라우드소싱' 기술 덕분이었다. 비키는 한국 방송사에서 제공받은 드라마 파일에 번역가 회원이나 자원봉사자들이 쉽게 자막을 만들어 올리는 서비스를 개발해 큰 인기를 끌었다.

이들의 작업 방식은 그야말로 한류드라마에 대한 끝없는 사랑 없이는 불가능한 형태였다. 새로운 동영상 콘텐츠가 업로드되면 번역 리더가 전체 번역 분량을 나눈다. 이어 자원봉사 팀을 결성해 각자 맡은 부분을 번역하고, 다시 서로 토론하면서 번역을 완성해 갔다. 한국 드라마의 경우 평균 40여 개 언어로, 인기 프로그램은 150개 언어로 자막이 만들어졌다.

이들이 이런 수고를 더하며 한류드라마를 보는 이유는 다양했다. 과거 아시아권에서 한류드라마가 인기를 끄는 비결로 평가되던 요소들, 예를 들어 충성심, 헌신, 희생 같은 동양적 가치관이 잘 배어 있다는 점도 물론 중요했다. 한류드라마는 섹스, 노출, 폭력 등에 대한 심의가 엄격해 남녀노소 함께 편하게 즐길 수 있다는 장점도 있었다. 한류드라마식 로맨틱 코미디에 담긴 관습적 표현들이 오히려 감정적 공감을 더 잘 이끌어낸다는 평가를 받기도 했다.[7] 개인의 저항과 투쟁 등 시청자가 공감할 수 있는 사건을 잘 다루면서도 가족, 우정, 사랑 등 보편적 주제를 놓치지 않는다는 점도 거론되었다.

이 같은 특성들에는 초기 한류가 아시아권에 확산될 때 주로 언급되던 문화적근접성이라는 틀로는 설명하기 어려운 부분들이 있다. 때문에 이 시기부터는 한류의 인기를 이야기할 때 '문화혼종성'이라는 틀을 자주 인용한다. 문화혼종성은 서로 다른 문화가 뒤섞이면서 다중적 정체성을 가진 문화가 되는 것을 의미한다.

이것은 한류산업의 성장과정과도 밀접한 영향이 있다. 한류드라마를 비롯한 영상물들은 1990년대 시장개방의 위기 속에서 미국 방송프로그램의 영향 아래에서 성장했지만 할리우드 콘텐츠와 동양적 가치관을 적절히 혼합한 새로운 대중문화 흐름이었다.[8] 이런 혼종성의 결과물은 유사한 근대 경험을 가진 아시아인

들을 비롯해 전혀 다른 배경을 가진 서구인들에게도 모두 어필
이 가능하다는 특징을 갖는다. 서구 팬들이 한류 콘텐츠에 대해
"한국적인 문화의 순수성을 고집하지 않고 서구와의 혼종화를
통해 새로운 형태의 문화콘텐츠를 만들기 때문에 이를 사랑한
다"[9]고 평가하는 것도 비슷한 맥락의 설명이다.

## 민주화, 자율성, 공정한 경쟁

한국의 대표 수출상품인 반도체, 자동차, 선박, 휴대전화 등은
대부분 대기업이 개발하고 시장을 개척하면서 수출을 확대해 왔
다는 공통점이 있다. 이 기업들 뒤에는 부품, 소재 들을 공급하는
중소기업들도 존재한다. 하지만 수출시장의 맨 앞에서 마케팅
전략을 세우고 수출 계획을 추진한 것은 대기업들이었다. 대기
업들은 우리 경제의 압축성장 과정에서 가장 빠르고 효율적으로
수출 경험을 축적한 집단이었다.

그런데 한류드라마를 비롯한 대부분의 한류상품들이 해외로
진출하는 과정에서는 대기업들의 흔적을 찾기 어렵다. 1990년
대 영상산업에 진출했던 대기업들은 IMF 금융 위기를 계기로 대
부분 시장에서 철수했다. 남은 대기업들이 주목한 것도 영화였
다. 수익성이 높지 않다는 점 때문에 대기업들은 드라마 시장을
넘보지 않았다. 드라마 수출의 물꼬를 트고 시장 확대를 밀고 나
간 것은 작은 무역 에이전시들과 방송국이 채용한 상사 맨의 후

예들이었다. 드라마 테이프를 들고 아시아 시장을 누비던 이들은 대기업의 체계적 전략과 지원이 있었다면 시장 확대가 좀 더 용이하지 않을까 아쉬워했다.

아마도 대기업이 든든히 시장에 버티고 있었다면 초기 시장 진출 과정은 조금 달랐을지도 모른다. 하지만 대기업이 없었기에 한국 드라마 산업은 누구나 성공할 수도, 누구나 실패할 수도 있는 공정한 경쟁의 장이 되었다. 대기업의 부재 덕분에 운동장은 평평했다. 향후 한류드라마 수준이 빠르게 향상된 데는 평평한 운동장에서 동등하게 경쟁하면서 키운 힘의 영향도 있었다.

여기서 정책이 기여한 가장 큰 역할을 들자면, 1990년대 민주화 분위기 속에 통제와 검열을 없애는 등 드라마 산업에 대한 간섭을 줄이고 자유로운 제작 환경을 보장한 것이었다. 이러한 분위기 조성은 향후 전개될 치열한 경쟁을 위한 스타트라인 정비에 도움이 되었다. 적어도 문화산업에 대해서는 제작자들에게 자유로운 창작 환경을 보장하는 것이 가장 중요하다는 점을 확인한 셈이다. 기대하지 않았던 분야에서 성공이 나타나자 오히려 정부가 조금 당황하기도 했다. 2003년 문화관광부가 발표한 〈2002 문화정책백서〉에는 다음과 같은 구절이 있다.

한류가 대중음악, 드라마 및 게임 등 국내 문화산업의 일방적인 진출 방식과 경제적 수익 창출에만 몰두하고, 상호주의 차원의 전반적인 문화예술 교류가 이루어지지 못하고 있다는 점에서 비판이 제기되고 있다. 이는 한류가 국가 간 진정한 상호이해와 신뢰의 기반이 되는 장기적인 비영리 문화 교류 차원의 전통문화나 순수예술, 고급문화의 소개는 미약하고, 다양한 장르와 소재가 부족한 데서 기인한다.[10]

당시 문화상품 수출에서 드라마 등이 늘어나자 담당 부처에서 우려할 정도로 한류드라마의 해외 성과는 정부가 지향한 방향이 아니었다. 정부 관료들은 '순수한 문화'와 거리가 먼 드라마나 가요가 해외에서 먼저 인정받는 현실을 걱정해야 했다.

물론 정부의 지원 사업 가운데 수출 확대에 기여한 것도 많다. 드라마 수출을 위해선 번역 자막을 만들어야 하는데 그 비용이 매우 높았다. 정부는 '재제작 지원'이라는 형태로 자막 번역비 지원 사업을 오랜 기간 유지했다. 지금까지도 여전히 중요한 사업이기는 하나 지원 규모가 크게 늘지 않아 아쉽다. 해외 마켓 참가 지원 등도 사업자들에게 요긴했으나, 시장 성장 속도를 따라가기 어려웠다. 관련 예산은 큰 폭으로 늘어나기 어려운데 우리 수출은 해마다 큰 폭으로 늘어났기 때문이다.

한류드라마의 성공도 여러 요인이 우연히 결합되면서 탄생한 설계되지 않은 성공에 가까웠다. 아시아에 불어닥친 IMF 금융위기는 일본 상품을 대체할 가망을 보여줌으로써 1차 시장 개척을 가능하게 했다. 초고속인터넷 보급으로 인한 인프라 환경 변화는 인터넷 플랫폼을 통해 팬들이 공동체를 만들 수 있게 했다.

위기는 늘 도래했지만 국내 시청자들의 높은 눈높이에 맞춰 끊임없이 드라마 질을 개선함으로써 실낱같은 기회를 포착할 수 있었다. 문화산업에서 국가의 중요한 역할은 세세한 계획과 지휘가 아니라 기간 인프라를 정비하고 자유로운 경쟁의 장을 조성하는 것임을 한국 드라마 수출사는 확인해 주었다. 수익이 높지 않아 대기업이 시장에 진입하지 않은 점도 주효했다. 덕분에 시장은 늘 평평했고 참여자들은 누구나 동등했다. 이런 경쟁의 힘들이 축적되었기에 이후 OTT 중심으로 산업이 재편될 때에도 한국 드라마는 새로운 기회의 창을 열 수 있었다.

# 4장

\*

# 낭만의 시대에서
# 투자의 시대로,
# 벤처 투자 대상이 된 영화

# S#4

## 지방 배급업자 김 사장이
## 한숨을 쉰 이유

"이런 분위기라면 60개 영화사 중에 연말까지 살아남을 곳은 다섯 손가락 안에 꼽아야 할지도 몰라."

1993년 8월 말, 춘천에서 영화를 배급해 온 김 사장은 오랜 거래처인 ○○극장 대표와 맥주 한잔을 두고 마주앉아 한숨을 쉬었다. TV 뉴스에선 금융실명제 영향으로 명동 사채시장 골목이 한산하다는 보도를 하고 있었다. 얼마 전 김영삼 대통령이 "이시간 이후 모든 금융거래는 실명으로 이뤄집니다"라고 선언할 때만 해도 그 말이 자신에게 어떤 영향을 미칠지 알지 못했다. 김 사장의 고민은 오로지 미국 영화사들의 직접 배급에 쏠려 있었기 때문이다.

몇 년 전 직배 영화 〈사랑과 영혼〉이 크게 성공하면서 UIP코리아나 워너 브러더스, 컬럼비아 등 미국 영화사들이 속속 영화 직접 배급을 시작했다. 한국영화보다 외화의 극장 수익이 월등히 높았기에 영화 직접 배급은 업계 전체를 흔들었다. 이제까지는 국내 영화사들이 수입해 온 외화를 김 사장 같은 지역 업자들을 통해 배급하는 형태였다. 그런데 직배사들이 흥행이 될 만한 외화를 직접 배급하면서 국내 배급업자들에겐 쭉정이 같은 영화만 돌아왔다. 이렇게 되면 기존 배급 라인을 유지할 수 없었다. 이제까지는 영화사와의 의리로 직배 영화를 외면해 왔다고 해도 형편이 힘들어지면 직배 영화를 받기 위해 달려갈 극장들이 한둘이 아니었다.

영화사들도 뾰족한 수가 없었다. 미국영화는 이제 들여올 게 없다며 홍콩영화 쪽으로 눈을 돌리는 영화사들도 있었다. 그렇게 수입한 〈황비홍〉이 큰 성공을 거둬 김 사장도 함께 재미를 본 터였다. 하지만 이후 너도나도 홍콩영화를 들여오겠다고 나서는 통에 홍콩영화 수입 가격이 많이 올랐다는 소문이었다.

〈슈퍼 마리오〉 사태도 치열해진 경쟁 때문에 벌어졌다. 직배 영화가 늘어나자 직배가 아닌 외화는 수입 가격이 치솟았다. 〈슈퍼 마리오〉는 킴 베신저 출연 소식에 수입가가 20억 원까지 올랐다. 그런데 막상 뚜껑을 열어보니 킴 베신저는 출연하지 않았고, 영화 내용도 기대와 달랐다. 흥행 참패로 수입 영화사는 문을 닫고 말았다. 직배사들의 진출로 영화계는 이처럼 전쟁통이 되었다.

그런 상황에 금융실명제라는 복병까지 더해진 것이다. 다들 현금이 넉넉지 못한 지역 업자들이 영화사와 계약할 때 현금거래를 하는 경우는 거의 없었다. 은행을 이용하면 좋겠지만 김 사장처럼 이른바 '딴따라 업자'들에게는 은행 문턱이 높았다. 업자들은 어쩔 수 없이 3~6개월짜리 어음을 끊어 선급금을 치르곤했는데 그 어음이 돌고 돌아 영화사로 흘러들어 가면 영화 수입도 하고 제작도 한 것이다.

그런데 금융실명제가 발표되면서 명동 사채시장이 얼어붙었다. 3,000만 원 이상을 인출할 때에는 자금 출처를 조사받아야했기 때문이다. 사채업자들이 굴리는 돈 가운데는 출처를 밝히기 어려운 검은돈이 많았기에 사채시장은 마비됐고, 영화 쪽 어음은 아예 받지 않았다. 영화계 자금줄도 마비돼 영화사 부도가늘어나는 형편이었다.

"형님, 삼성이나 대우 같은 대기업들이 영화에 투자한대요. 극장들도 미국 직배 영화 받으려고 줄을 설 거고. 우리도 살길을찾아야 해요."

○○극장 대표 말이 맞았다. 이제까지는 영화판에서 김 사장같은 지방 배급업자의 역할이 중요했으며, 지역 업자들이 영화를 사줘야 한국영화 제작이 가능하다는 자부심이 있었다. 하지만 시대가 변했다. 김 사장은 곽정환 사장이 대표로 있는 합동영화사가 전국 극장들을 모아 서울극장 중심으로 배급 체계를 새

로 꾸린다는 소식에 솔깃했다. 그마나 기존 업자들이 지킬 수 있는 것은 극장 배급 체계뿐이라 김 사장도 곽 대표의 새 배급 체계에 들어가야 할 듯했다. 부가세를 내는 이번 10월을 넘기지 못하고 문을 닫을 영화사와 배급업자가 한둘이 아니라는 이야기가 괴담처럼 떠돌았기 때문이다.

## 자본조달을 위한 유일한 선택지

특정 분야가 산업화되기 위해서는 자본이 뒷받침되어야 한다. 영화의 경우도 작가와 감독이 쓴 시나리오로 배우가 연기를 하고, 카메라가 이를 촬영해야 하며, 촬영된 필름을 상영하려면 영사 시설을 갖춘 극장이 필요하다. 특히 필름 프린트 수를 늘리기 어려웠던 과거에는 특정 극장에만 상영을 보장하는 필름 '배급'이 중요했다. 즉 영화는 촬영, 배급, 상영 과정에서 자본투자의 필요성이 높아 산업화에 다가서도록 유인하는 면이 강했다.

그런데도 영화계의 산업화가 더뎠던 이유는 워낙 '자본'이 귀했기 때문이다. 다른 산업에서는 금융기관에서 자본을 조달해 산업화를 이뤘다. 그런데 문제는 금융기관의 문턱이 높다는 점이었다. 금융기관은 대출금을 돌려받을 수 있는지를, 즉 상환 가능성을 깐깐히 따졌으며, 상환 가능성을 정확히 예측하기 어려운 경우에는 원금 대신 받을 수 있는 담보물을 확보했다. 덕분에 공장과 설비, 부지 등을 담보로 설정할 수 있는 제조업은 금융에 다가서기가 쉬웠다. 반면 담보로 제공할 토지나 시설이 부족한 문화산업 분야에서는 금융기관을 이용하기 어려웠다.

이런 영화계가 고안한 자본조달 방식은 지역 간접 배급의 활용이었다. 영화산업에서는 특정 영화관에 필름을 배급하는 것이 중요했다. 간접 배급 방식은 영화를 만들기 전 영화 제작사가 각 지역 업자들에게 미리 영화 배급권을 팔아 제작 자금을 모으고, 영화가 제작되면 지역에 배급을 전담하는 형태였다. 배급권을 매개로 영화 투자금을 조성하는 일종의 프로젝트파이낸싱Project Financing, PF이라 할 수 있다.

이러한 방식은 실패 위험을 분산함으로써 제작 자본을 지속적으로 조달할 수 있다는 장점도 있었다. 영화 제작사가 예상 수익을 미리 분할해 지역 배급업자에게 분담하는 형태였기 때문이다. 영화가 예상보다 성공하면 지역 배급업자들은 투자금보다 높은 수익을 거둘 수 있었다. 실패하면 손해를 보지만 배급업자들이 투자한 선급금 안에서의 실패였다. 성공도 실패도 모두 지역 배급업자들이 나눠 갖는 형태라 성공의 크기는 작지만, 실패를 해도 투자금을 계속 조달할 수 있었다. 지속적인 자본조달이 중요했던 시기에 적합한 방식이었던 셈이다.

## 삼성, LG, 대우, 영화시장에 진격한 대기업들

간접 배급 방식을 유지하기 위해선 몇 가지 전제 조건이 있었는데 그중 하나가 수익을 독점할 만한 자본력 높은 참여자가 없어야 한다는 것이었다. 외화의 상영 수익이 압도적으로 높던 때라 제작사는 질 좋은 외화의 배급권도 가지고 있어야 했다. 지역 업자들에게 안정적 수익을 보장해야 영화 제작에 계속 투자하게 할 수 있었기 때문이다. 하지만 1980년대 말부터 할리우드 영화사들이 한국에 진출했고 이들이 지역 배급업자들을 거치지 않고 알짜 외화들을 직접 배급하는 형태로 바뀌었다. 이제까지 유지해 온 시스템에 변화가 올 수밖에 없었다.

이즈음 영화시장도 변화하고 있었다. 극장 상영에만 의존하던 영화시장이 1980년대 말에는 비디오 대여 사업, 1990년대 중반에는 케이블방송으로까지 확대되었다. 1988년 서울올림픽을 계기로 컬러 TV와 비디오 보급이 빠르게 늘어나 가구당 VCR 보급률이 1988년 21.2%, 1992년 57%, 1997년 80%까지 증가했다. 1996년 비디오 시장 규모는 약 1조 원으로 극장 시장의 다섯 배에 달할 정도였다.[*] 1993년에는 캐치원, DCN 등 영화 전문 케이

---

[*] 비디오 대여점 수도 1988년 1만 8,322개에서 1992년 3만 3,000개까지 늘어났다.(장용호, "비디오 산업의 경제적 메카니즘에 관한 연구", 〈한국언론학보〉 제29호, 1993. 5; 김미현, 《한국영화 정책과 산업》, 커뮤니케이션북스, 2013; "가전기기 보급률 및 가정용전력 소비행태조사", 국가통계포털에서 발췌 및 정리)

블 채널들도 등장했다.

비디오와 케이블방송이 성장하자 영화 공급 규모도 커졌다. 할리우드 영화사들이 한국에 진출한 것도 이런 미래를 내다보았기 때문이다. 이에 따라 국내 대기업들도 이 시장에 뛰어들었고 1980년대 말 삼성, LG, 대우 등 가전 3사는 영화 제작 투자에 나섰다. 대체로 비디오 판권을 확보하면서 영화에 투자하는 형태였다. 대부분 VCR을 제작하는 가전업체들이었던 이들은 소프트웨어를 함께 생산할 필요가 있다고 판단했다.

대기업들은 지역 배급업자들과 달라서 자본과 인력이 있었으며, 산업을 성장시키는 방법도 알았다. 대기업들은 영화산업에 기획, 홍보, 마케팅 등 할리우드식 전략을 도입했다. 1992년 삼성이 비디오 판권 구매 형식으로 투자한 〈결혼 이야기〉가 대표적인 사례다. 이는 기획자들이 시장조사를 통해 젊은 세대들의 사고방식과 생활 트렌드를 분석하여 시나리오를 만든 새로운 감각의 영화였다. 〈결혼 이야기〉가 크게 성공하자 벽산, 해태, 한보, SKC, 새한, 진로 등 20여 개 대기업들도 대거 영화산업에 진출했다. 대기업들은 점점 입지를 넓혀, 외화 수입과 배급, 극장, 영화 채널, 홈비디오 업체까지 통합하여 운영하기 시작했다.

영화시장에 할리우드 직배사와 대기업이 진출하자 지방 배급업자들의 입지도 달라졌다. 영화사들은 이제 지방 배급 라인을 통해 자본을 조달할 필요가 없었다. 흥행력 있는 외화는 할리우드 직배사들이 공급했고, 한국영화는 대기업 자금으로 제작할 수 있었다. 그러던 차에 1993년 금융실명제가 도입되자 영세한 지방 배급업자와 영화사는 속속 문을 닫았다. 금융실명제가 아니었어도 시장 재편을 피하기 어려웠던 데다 금융실명제의 등장으로 사채시장에 의존하던 토착 영화 자본들은 더 빠르게 자리를 내줄 수밖에 없었다.

지역 배급업자들의 입지는 축소되었다. 자본조달자로서의 입지는 사라지고 단순히 영화를 상영만 하는 것으로 역할이 줄어들었다. 살아남은 배급업자들은 이합집산을 거듭하며 새로운 배급 체계를 형성했다. 이들 가운데 일부는 서울극장 중심의 '충무로 배급 라인'으로 모였다. 이것이 이후 강우석 감독이 출범시킨 영화 제작·배급사 시네마서비스 등으로 이어지면서 대기업에 맞서는 중요한 토착 세력으로 남는다.

## IMF로 인한 1차 퇴각

대기업들은 영화계를 변화시켰다. 가장 먼저 달라진 점은 영화 제작비 증가다. 1990년대 초반까지만 해도 한국영화의 평균 제작비는 5억~6억 원 수준이었다. 그런데 대기업 진출 이후 평균 영화 제작비가 15억~20억 원 대로 상승했다. 반면 영화 제작 편 수는 줄었다. 1년 평균 100편대를 유지하던 한국영화의 제작 편 수는 1993년 이후 60편대 내외로 줄어들었다. 대기업들은 선택과 집중, 합리적인 예산 기획과 운영 원칙으로 상업성 높은 영화들을 집중적으로 만들었다. 돈이 되는 영화를 만들기 위해 제작비가 올라갔고, 한정된 예산 안에서 제작비 높은 영화를 만들다 보니 제작 편 수는 줄었다. 대기업들은 제작, 배급, 상영, 비디오 및 케이블방송에 이르는 분야들을 수직으로 통합하기도 했다. 재벌들이 특정 산업에 진출했을 때 관련 분야들을 통합함으로써 효율성과 수익을 높이던 방식과 유사했다.

그러나 예상과 달리 대기업은 이 시장에서 빠르게 퇴각했다. 1997년 갑자기 다가온 IMF 금융 위기의 영향이었다. 위기가 닥치자 대기업들은 전 사업에서 불필요한 군살들을 제거하려 했다. 조정 과정에서 가장 중요한 기준은 수익성이었고, 영화는 조정 1순위에 올랐다. 대기업들은 주먹구구로 운영하던 기존 영화 업자들보다 훨씬 높은 수익을 거두리라 기대했다. 기존 업자들의 비효율을 제거하면 당연히 수익이 올라갈 거란 생각이었다. 하지만 예상과는 달리 이들보다 획기적으로 높은 수익을 거두지는 못했다. 사업을 수직통합하고 배급 제도를 손보는 등 산업의 하드웨어를 바꾸었지만, 수익에는 한계가 있었다.

영화산업에서 가장 중요한 것은 소프트웨어를 만드는 능력, 즉 더 재미있는 영화를 만드는 것이었기 때문이다. 대기업은 사업을 합리적으로 관리했지만 획기적 제작 능력을 보유하지는 못했다. 오히려 늘어난 제작비로 인해 영화가 실패할 때 더욱 큰 손실을 입었다. 장기적 전망을 가지고 진출한 것이 아니었기에 실패가 몇 편 이어지면 곧바로 투자가 위축되기도 했다. 국내 영화 투자 손실을 외화로 보전하려고도 했으나 수입 경쟁이 치열해져 외화 가격만 크게 올라가는 형편이었다. IMF 금융 위기로 인한 환율상승으로 외화 수입도 어려운 상황에 빠졌다.

대기업들은 냉정하게 성적표를 검토했다. 국내 영화 제작에선 성공보다 실패가 많았고, 수익을 보전하던 외화 수입을 유지하기는 어려워졌다. 시장 확대를 기대한 케이블방송이나 위성 TV는 예상보다 더디게 성장 중이었다. 긴 안목으로 시장에서 버텨보는 방법도 있지만 당시로서는 그럴 만한 여유가 없었다. 대기업들은 퇴각을 시작했고, 〈쉬리〉와 〈건축무한육면각체의 비밀〉 배급을 마지막으로 1999년 삼성영상사업단이 해체되면서 1990년대에 영화산업에 진입했던 대기업들은 모두 시장에서 철수했다. 가전업체 중심 대기업들은 모두 퇴각했고 1996년 뒤늦게 진입한 제일제당(현 CJ)만이 시장에 남았다. 제일제당은 이들과는 성격이 조금 달랐다.*

**새로운 영화 세대가 등장하다**

대기업들이 산업에 남긴 영향은 컸다. 대기업은 당시 한국에서 가장 선진적 조직이었으며, 사업을 검토하고 추진하는 방법을 알았다. 꼼꼼한 관리로 실패 리스크를 줄여나가는 것이 이들

---

* 이 부분에 대한 자세한 설명은 이 책 6장에서 하기로 한다.

의 방식이었다. 당시 영화계는 이 중 하나도 갖추지 못했으며, 최소한의 기획안도 없이 투자를 진행하는 경우가 많았다. 기획과 마케팅 개념이 희박했고, 제작비를 쌈짓돈처럼 쓰는 제작자들도 있었다.

하지만 영화계에 이런 구태의연한 업자들만 있는 것은 아니었다. 1970~1980년대 프랑스문화원이나 독일문화원 등에서 영화를 감상하며 새로운 영화를 꿈꾼 젊은 인재들,[*] 대학에서 마당극이나 민중문화 운동을 하다가 예술 기획자로 나선 신진 세대들이 존재했다. 이들의 영화 세계관은 과거의 업자들과는 달랐다. 주먹구구였던 이전 한국영화 제작 시스템이 아닌 변화한 토대에서 새로운 영화 시대를 만들고 싶었던 이들은 당시 영화시장을 바꾸어나가던 대기업 문을 두드렸다. 대기업의 자본에 자신들의 기획력을 더해 새로운 영화를 만들어보고자 한 것이다.

자본도 있고 사업의 방식도 알았지만 영화에 문외한이던 대기업들도 이들을 반겼다. 영화를 잘 아는 파트너가 필요했지만 기존 영화업자들과는 정서가 너무 달랐는데 새로운 영화 세대들과는 대화가 통했다. 그들은 투자 여부를 결정하게끔 영화 기획안을 만들어서 왔고, 투자자가 신뢰감을 유지할 수 있도록 제작 상황을 보고할 줄도 알았다. 이들은 대기업이 원하는 스타일로 영화를 기획하고 제작을 이끌었으며, 대기업은 이들을 믿고 시장

---

[*] 영화관이 드물던 1970년대와 1980년대에 독일문화원과 프랑스문화원에서 새로운 영화를 학습한 인물들로 정성일, 한상준, 강한섭, 김홍준, 안동규 등이다.

한류 외전

에 자본을 투여했다. 새로운 영화 세대들은 전문 기획사를 차리거나 전문 기획자 이름을 내걸고 대기업과 함께 영화를 만들었다.* 〈결혼 이야기〉(1992년), 〈미스터 맘마〉(1992년), 〈101번째 프로포즈〉(1993년), 〈투캅스〉(1994년) 등이 그 결과물이다. 이런 영화들이 흥행에 크게 성공하면서 영화산업은 한 단계 향상되었다.

이처럼 전문 기획자와 대기업 자본이 함께 만든 영화를 '기획영화'라 불렀다. 이는 전문 영역으로 분업화된 시스템을 갖추고, 모든 것을 시장 중심으로 사고해 제작하는 영화를 일컫는 말이었다. 기획자들은 시장조사를 기반으로 제작할 영화를 결정했으며, 홍보 전략을 세우고 언론을 활용하기도 했다. 목표 관객에 맞춰 극장을 선택하는 등 과학적 기획도 했다. 이 과정에서 기획 부분이 전문화되면서 한국영화산업에 프로듀서 시스템이 정착되었다. 이들 덕분에 한국영화산업에는 본격적인 '상업영화' 시스템이 자리 잡았다. 영화 제작의 공정 과정을 철저하게 산업적 마인드에 맞추었고, 이에 따라 기획, 투자, 제작 분야 전문 인력도 생겼다.

반면 문화적 측면에서는 우려하는 눈길도 있었다. 영화가 산업이 되면서 예술에서는 멀어졌다는 비판이었다. 하지만 동시대의 공감대를 잘 포착한 영화에 높은 흥행이 따르는 현상이 나타나면서 기획자들은 단순히 흥행 공식에 맞춘 상업성만 좇을 순

---

* 신철(신씨네), 이춘연(씨네2000), 유인택(기획시대), 안동규(영화세상), 심재명·이은(명필름), 차승재(우노필름) 등이 이때부터 한국영화산업에 기획 시스템을 뿌리내리게 한 이들이다.

없었다. 관객들이 당대의 현실에서 무엇을 보고 싶어 하는가, 어떤 인물과 호응하고 싶어 하는가를 찾아내는 것, 거창한 의미로는 '시대정신'을 드러내는 일이 기획자들 역할이었다. 그들은 이를 솜씨 좋게 찾아 천만 관객이 드는 흥행 영화의 대기록도 만들어냈다.

## 문화산업 투자를 위해 총대를 멘 정부

IMF 금융 위기로 대기업이 철수한 영화 투자시장을 빠르게 채운 것은 금융자본이었다. IMF 금융 위기 이후 등장한 김대중 정부는 새로운 경제성장 패러다임으로 벤처 투자와 문화산업 진흥을 내걸면서 이 분야 지원을 강화했다. 이때 가장 큰 변화를 이끈 지원정책이 문화산업진흥기금 설치와 문화산업전문투자조합 등에 대한 세제 지원 혜택이었다.

김대중 정부는 1999년 500억 원을 출자해 문화산업진흥기금을 설치했다. 이 기금을 통해 문화상품 개발과 시설현대화 등에 대출을 제공하고 문화산업전문투자조합에 출자도 했다. 문화산업진흥기금은 2006년 폐지 결정 때까지 1,905억 원 규모로 확대됐는데, 규모도 컸지만 우리나라 문화산업정책사에서 갖는 의의가 지대했다. 문화산업은 고위험 분야라 일반 금융권에서의 투자가 원활하지 않았다. 때문에 정부가 금융권 대신 위험을 안고 신축적 지원을 위해 별도로 기금 형태를 마련해 지원에 나선 것

한류 외전

이다. 특히 이 기금은 당해 연도에 모두 지출해야 하는 일반회계 예산과는 달리 지출 후 남은 예산을 계속 적립하며 재원을 활용할 수 있어 장기적 운용이 가능했다.

문화산업진흥기금은 문화산업 투자를 위해 전문투자조합에 출자하기도 했다. 해외 기업의 OEM 주문으로 제작하는 애니메이션이 수출의 대부분을 차지하던 초기에는 애니메이션 투자 비중이 높았고, 이후 캐릭터, 음악, 게임, 영화, 드라마 등 문화콘텐츠 전 분야로 투자 분야를 넓혔다. 2006년 기금 폐지 결정* 때까지 문화산업진흥기금은 총 14개 투자조합에 1,853억 원의 투자금을 민간과 함께 조성해 1,974억 원의 투자를 집행했다.[2]

민간투자 촉진을 위해 문화산업 분야 펀드 투자에 대한 세제 지원도 도입했다. 1999년부터 중소기업창업투자조합, 신기술사업투자조합, 문화산업전문투자조합 같은 펀드들이 문화산업에 투자할 경우 제조업 투자와 동일한 세제 혜택을 부여한 것이다. 당시 수출 진흥 등을 위해 제조업에 투자할 때에만 세제 혜택을 부여했기에 이 제도의 확대는 매우 중요한 문화산업 투자유인책이었다.

물론 세제 지원이 이때 처음 생긴 것은 아니다. 1995년에도 영

---

* 정부의 기금 개혁 기조하에서 문화산업진흥기금은 별도 재원이 없고 운영 성과가 미흡하다는 기획예산처(현 기획재정부) 권고에 따라 2006년 폐지되었다. 이후 기금액은 투자조합 출자 재원으로만 활용되는 모태펀드로 통합되었다. 모태펀드는 문화 계정과 영화 계정을 별도로 마련해 문화산업 분야 조합에 출자를 하고 있다.

상산업 투자에 법인세 감면이나 세무조사 유예 등의 혜택을 부여한 바 있다. 그런데 여러 제도에서 규정하는 영화산업의 산업 분류 기준이 달라서 지원이 이뤄질 수 없었다. '향락'을 위한 산업이라는 이유로 여신 규제 업종으로 분류된 서비스업에는 금융 자본의 투자가 불가능했기 때문이다. 결국 오랫동안 여러 부처가 공동 협의를 거쳐 영화를 '준제조업'으로 조정함으로써 투자 지원이 가능해졌다.* 그만큼 서비스업에 대한 당시의 시각은 부정적이었다.

## 영화로 눈을 돌린 투자자들

특히 당시는 벤처 투자 지원정책이 크게 확대되던 때였다. 김대중 정부는 IMF 금융 위기 극복을 위해 IT 벤처기업 육성을 목표로 내걸었고, 이를 위해 1999년 '코스닥 시장 활성화 방안'을 발표했다. 기업의 코스닥 시장 등록 요건을 완화하고 코스닥 등록 중소·벤처기업에 세제 혜택을 주는 내용이었다.

코스닥의 인기가 높아지면서 창투사에 자금도 많이 몰렸다. IMF 금융 위기 이후 실물경제 회복을 위한 경기부양 정책으로

---

* 김영삼 정부는 '신경제 5개년 계획('93~'97년)'을 수립해 서비스산업으로 분류돼 오던 영화산업을 '기타 제조업'에 포함시켜 제조업 수준의 세제, 금융 지원을 받도록 했다. 그러나 영화산업을 '서비스업'으로 규정한 한국표준산업분류 기준이 우선시되어 세제 혜택을 받을 수 없었다. 서비스업은 여신 규제 업종 대상이었기 때문이다.(김금동, "외환위기 이후 금융자본 및 영상전문 투자조합이 한국영화산업에 미친 영향", 〈현대영화연구〉 제15권 1호, 2019. 2)

시중에 돈이 많이 풀렸기 때문이다. IMF 금융 위기가 한창이던 1998년 4월 우리나라의 은행 수신금리는 13% 수준이었는데 1999년 1월에는 6%대로 떨어졌다. 저금리로 풍부해진 시중 자금은 코스닥 시장에 흘러들었다. 특히 미국 나스닥에서 일어난 IT 붐은 우리나라에도 여파를 미쳤다. 인터넷이 보급되면서 메일, 포털, 쇼핑 서비스 등이 폭발적으로 늘어나던 때라 코스닥 투자 열기는 뜨거웠다.

이런 상황에서 문화산업 분야 투자에 세제 지원을 발표하자 많은 창투사들은 이 분야를 적극적으로 검토했다. 벤처캐피털의 시각에서 볼 때 문화산업 투자에는 여러 이점이 있었다. 우선 시장의 큰손이던 대기업이 IMF 금융 위기를 계기로 철수해 영화계에 뚜렷한 투자자가 없었다. 투자를 위해 경쟁할 대상이 거의 없다는 것은 우호적인 점이었다. 이미 대기업들이 투자하면서 보여준 투자 히스토리도 있었다. 흥행 리스크 예측은 어려워도 몇 번에 한 번은 높은 투자수익을 기대할 수 있었다. 대기업은 투자를 하면 반드시 성공해야 한다는 관점에서 접근했지만, 몇 개 가운데 하나만 성공하면 된다는 포트폴리오 관점이 자리 잡은 벤처투자에서는 수익을 보는 시각이 달랐다. 특히 영화 배급권 선판매 수익과 비디오 판권 가격 수준도 상당해서 두 수익을 합하면 대략 영화 제작비 80% 수준이었다. 평균 제작비 80% 정도를 미리 확보할 수 있으므로 다른 산업에 비해 터무니없이 위험부담이 높은 것도 아니었다.

영화 분야는 투자 기간이 1년 안팎으로 짧은 것도 매력적이었다. 벤처 펀드는 한번 조성하면 보통 5~7년 동안 운용됐다. 이 기간 내에 펀드 안 투자금이 계속 투자에 쓰이는 경우는 많지 않았다. 투자 대상을 찾는 기간이 길어지면 투자금은 펀드 안에서 잠시 쉬어야 하는데, 돈을 마냥 묵힐 수는 없었다. 이런 경우 펀드의 주력 투자 분야에 상관없이 잠깐씩 영화에 투자하고 회수한다면 투자금 활용 측면에서 나쁘지 않아 보였다. 영화의 경우 제작 후반부에 투자하는 경우라면 3~4개월 내에도 투자금 회수를 달성하곤 했다.

IMF 금융 위기로 많은 벤처기업들이 도산하면서 제조업 투자 대상 기업들이 줄어든 점도 중요한 변화였다. 투자의무비율에 따라 펀드 조성 2년 이내에 보유 자본금 50%를 투자해야 했는데 투자 대상이 줄어들면서 벤처캐피털들이 이를 채우지 못하는 경우가 많아 새로운 투자 대상 발굴 문제가 절실했다. 결국 많은 벤처캐피털들이 영화산업 투자에 발을 내딛게 되었다. 당시 한국영화가 보여준 성공 가능성은 참신한 아이디어를 믿고 투자하는 벤처자본의 속성과도 잘 맞아떨어졌다.

영화산업에 처음으로 진출한 금융자본은 정부의 세제 지원 발표 전인 1995년부터 영화 〈은행나무 침대〉에 투자한 일신창투였다. 이 영화가 1996년 서울 관객 70만 명을 동원하는 성공을 거두면서 여러 창투사가 영화산업에 진출했다.[3] 1996년 장은창투, 한림창투, 1998년 미래창투, 국민기술금융, 삼부파이낸스,

1999년 무한기술투자, KTB네트워크 등이 영화 투자를 시작했다.

벤처캐피털들의 영화 투자 진출이 순조롭기만 한 것은 아니었다. 여전히 영화는 '딴따라'라는 인식이 강했다. 정부 담당 부처에서 영화에 투자하는 창투사들에 곱지 않은 시선을 보낼 정도였다. 1995년 일신창투에서 영화 투자를 시작한 뒤 영화배급사 튜브엔터테인먼트 대표까지 역임한 김승범은 당시 분위기를 다음과 같이 회고하기도 했다.

> 일신창투가 영화 투자를 시작했더니 통상산업부 담당 공무원이 저를 불러요. 그분이 하는 말이 창업 투자면 중소기업이나 제조업체에 해야지 왜 유흥업인 영화에 투자하냐는 거예요. 그럴 정도로 사고가 경직돼 있었어요. 그래서 금융계나 정부 부처에 가서 영화산업이 얼마나 연관 산업이 많은 분야인지 직접 설명 많이 하고 다녔지요.[4]

벤처캐피털들은 영화산업에서 황급히 철수한 대기업들과는 여러 면에서 달랐다. 우선 조직이 작고 가벼워 순발력 있게 투자를 결정할 수 있었다. 결재 라인이 복잡한 대기업은 의사 결정에 몇 개월씩 걸리는 반면 창투사에서는 심사 역들 서너 명이 신속하게 의사 결정을 진행했다. 영화는 트렌드에 민감한 분야이므로 제작 결정까지 오랜 시간을 지체하기 어려웠다. 신속한 의사 결정은 투자 과정에서 성공을 좌우하는 중요한 조건이었다.

산업자본인 대기업과는 다르게 금융자본인 벤처캐피털들은 철저하게 투자수익에만 관심이 있었다. 가전을 생산하면서 유통과 배급 등 여러 분야에 영역을 확대하던 대기업들은 함께 고민할 문제가 많았다. 그들은 영화 배급권과 비디오 배급권의 행사방법 및 케이블방송에 영화를 판매할 시기와 가격 등 여러 단계 수익을 동시에 생각해야 했다. 하지만 벤처캐피털들은 기타 부가 수익권 등에 관심이 거의 없었다. 오로지 투자한 자본에서 수익을 얻으면 됐고, 개봉 이후 빠르게 수익을 취하는 편을 선호했다. 제작사들은 영화의 모든 권리를 확보하려는 대기업보다 벤처캐피털들이 마음에 들었다. 투자수익만 챙겨주면 제작사가 산업에서의 영향력을 계속 유지할 수 있었기 때문이다.

## 투자 촉진의 마중물이 된 영상전문투자조합

벤처캐피털들의 영화 투자가 급물살을 탄 것은 1998년 9월 미래창투의 '미래영상벤처1호'라는 영상전문투자조합 결성부터였다. 미래영상벤처1호는 현 미래에셋금융그룹 박현주 회장이 미래창투 사장으로 재직할 때 영화 기획사 신씨네와 함께 50억 원 규모로 결성한 우리나라 최초의 영상전문투자조합이다. 영화등에 전문적으로 투자하는 펀드인 영상전문투자조합은 세제 혜택을 받는 대신 해당 분야에 일정 비율 이상을 투자해야 한다는 규정이 있었다. 즉 조합 결성액 50~70%를 영화에만 투자해야

지역 배급업자들의 시대가 끝나자 영화계에는 새로운 투자자들이 몰려들었다.
〈결혼 이야기〉에 투자한 삼성, 〈은행나무 침대〉에 투자한 일신창투가 대표적인 사례였다.

했다.

영화계 입장에서 볼 때 영상전문투자조합은 장기적 영화 제작 자금의 마련이라는 점에서 큰 의의가 있었다. 영화계에서는 줄곧 영화는 흥행 리스크가 크기 때문에 거대한 자금을 안정적으로 확보하고 그 안에서 장기적으로 투자하는 형태가 필요하다는 주장이 있었다. 서너 편 연속 실패할지도 모르는 분야가 영화인데 단기투자로 성공과 실패를 따지면 투자자가 곧바로 쉽게 손을 뗄 가능성이 있었고, 대기업의 철수에도 영향을 미쳤다. 따라서 영화 투자가 안정적으로 이뤄지려면 장기자금 안에서 여러 편을 투자한 뒤 성공한 한두 편 수익으로 나머지 적자를 보전하려는 시각이 필요하다고 했다. 이른바 벤처 투자자들의 포트폴리오 투자 방식이었고, 영화계에서 이 방식을 차용하자는 아이디어가 나와 영상전문투자조합이 탄생한다.

정부는 이를 위한 법적 근거를 마련하고, 투자 활성화를 위한 혜택도 부여했다. 예를 들어 정부가 조합에 출자할 때에는 실패 위험을 더 부담하기 위해 '우선 손실 충당 조건'으로 출자했다. 투자조합 해산 시점에 손해가 나면 민간투자자보다 국가가 손해를 먼저 감수하는 조건으로 조합에 참여한다는 의미다. 영상산업 프로젝트파이낸싱을 중소기업창업지원법상의 투자로 인정하기도 했다. 일반적으로 벤처 투자는 기업에 투자하는 것을 말하는데 영화는 대부분 영화 한 편의 '프로젝트'에 투자하는 방식이었으므로 이 또한 동일한 혜택을 받도록 한 것이다. 한번 결성된 조합은 5~7년 동안 유지되었기에 영상전문투자조합 신설로 영화계 숙원인 장기투자금을 자연스레 확보했다.

정책 차원에서 보면 영상전문투자조합 도입을 통해 문화산업에 대한 금융·투자정책의 기본 방향을 '민간투자 활성화'로 설정했다는 점이 중요했다. 정부가 모든 것을 지원하기보다는 민간투자 활성화를 유도하면서 산업 성장을 견인하려 한 것이다. 영화를 비롯한 콘텐츠산업은 흥행 리스크 때문에 민간의 자발적 투자가 원활하지 않은 점이 가장 큰 문제였다. 이런 부분을 돈과 지원으로 메우려 하지 않고, 정부가 함께 투자함으로써 위험을 부담하고 민간투자를 유인해 투자의 선순환 구조를 정착시키는 것을 목표로 삼았다.

전문적 투자 결정과 관리의 어려움을 투자조합이라는 외부 조직에 위탁하는 형태로 풀어가려 한 것도 중요한 선택이었다. 문화산업 분야에서는 어떤 분야보다도 전문가들 안목이 필요했는데 이 문제의 해결을 위해 도입한 것이 김대중 정부의 팔길이 원칙이다. 이 관점은 영상전문투자조합 결성에도 이어져 정부는 출자만 하고, 펀드 운용은 매칭 투자를 한 민간 창투사에 맡겼다. 결국 이때부터 운용했던 벤처캐피털들이 경험을 축적하며 계속 영화에 투자했으므로 정부가 적절한 마중물을 제공한 셈이다.

영상전문투자조합 사업은 2006년 모태펀드 형태로 바뀌면서 중소기업청(현 중소벤처기업부)으로 주관 부서가 이관되었다. 모태펀드는 정책 목적을 가진 펀드에 출자하는 상위 펀드로, 펀드에 출자하는 '엄마 펀드'라는 의미다. 즉 정부가 기업에 투자하는 펀드에 직접 출자하지 않고 모태펀드(엄마 펀드)에 출자하면, 이 펀드에서 민간 창투사 자금을 매칭해 목적별로 자펀드(아들 펀드)를 여럿 결성한다. 문화산업 분야와 관련해서는 모태펀드 안에서도 문화 계정과 영화 계정으로 나누어 운용한다. 정부가 문화 계정과 영화 계정 조합 결성액의 40~50%를 출자하면, 민간 벤처캐피털들이 나머지 자금을 매칭해서 출자하여 전문투자조합을 조성한다. 이렇게 결성한 펀드에서는 영화, 뮤지컬, 애니메이션 등에 투자한다.

2013~2014년에는 한국영화 총제작비 절반 이상이 모태펀드에서 조성한 펀드 투자금이었을 정도로 이 펀드의 역할이 컸다. 2021년의 경우 우리나라 전체 벤처 투자액 가운데 영화 등 문화산업에 투자된 금액이 대략 4,000억 원이 넘는데 이 중 모태펀드 출자 펀드에서 투자한 금액은 대략 2,000억 원 수준이며, 모태펀드 투자액 2,000억 원 가운데 정부 출자액이 대략 절반 이하다. 즉 정부가 문화산업 전반에 투자하는 금액이 연간 1,000억 원 정도라는 이야기로, 꽤 큰돈으로 보이지만 최근 상업영화 평균 제작비가 100억 원을 넘어선 우리나라 문화산업 규모를 생각하면 그다지 높은 수준은 아니다. 하지만 여태까지의 문화산업 성장에 버팀목 역할을 하며 투자를 촉진하는 데 모태펀드가 큰 기여를 해온 것만은 분명한 사실이다.

## 더 이상의 주먹구구는 없다,
## 금융계와 영화계의 신뢰 구축

자본의 이익을 가장 우선시하는 벤처캐피털과 영화를 예술로 여기는 영화인들의 만남이 순조로울 수만은 없었다. 벤처캐피털들은 대기업보다도 리스크관리에 철저했지만 영화계는 그러지 못했다. 흥행은 하늘에서 내린다 여겼고, 촬영 현장에는 예상치 못한 변수들이 자주 발생했다. 회계에 능숙하지 못해 회계 처리 과정은 불투명하거나 미숙했고, 모든 것을 계획대로 진행하는 건 불가능하다고 보았다.

벤처캐피털들은 이런 점들을 가벼이 여기지 않았다. 영화 제작 현장에서 제대로 예측하지 못해 제작비 상승을 불러오는 경우가 너무 많아 보였다. 때론 장부에서 누락된 숫자들을 발견하기도 했다. 이런 점들로 인해 서로 불신이 높아졌다. 벤처캐피털 시각에서는 제작자들이 뭔가 뒷주머니를 찬 듯해 불안했고, 제작자들은 시시콜콜 시어머니 노릇을 하는 벤처캐피털들이 불편했다.

그렇다고 서로 갈라설 수도 없는 처지였기에 벤처캐피털들과 제작자들은 투자와 제작 영역을 구분해 서로 믿을 수 있는 구조를 만들기 위해 힘썼다. 벤처캐피털들은 그러려면 정확한 관객 수치와 티켓 수익을 반드시 공유해야 한다고 주장했다. 투자한 영화에서 돈을 얼마나 벌었는지 확인할 수 없는 경우가 흔했기 때문이다. 그런 차원에서 도입한 것이 영화관입장권 통합전산망이었다.

이는 영화계의 오랜 숙원이었다. 당시엔 극장 일부만 전산화된 실정이었기에 정확한 흥행 실적을 집계할 수 없었고, 지방에선 그때까지도 단매*가 존재했다. 특정 영화의 전국 관객 수는 배급사에서 자체로 어림짐작해 집계할 뿐이었다. 이조차 서울 관객 수에 지역마다 배수를 곱하는 형태라 엿장수 마음대로라는 평이 많았다.

따라서 흥행 영화 관객 수는 필요에 따라 고무줄처럼 늘고 줄었다. 서울 관객 100만 명을 달성하면 성공작으로 여겼기에 가짜 100만 영화가 수두룩했고, 수익배분을 줄이기 위해 관객 수를 줄이는 관행도 많았다. 2000년 한국영화 최대 흥행 기록을 놓고 〈쉬리〉와 〈공동경비구역 JSA〉가 벌인 논쟁은 이런 환경에서 벌어진 해프닝이다. 〈쉬리〉 측이 직접 배급 관객 기준으로 전국 580만 명을 달성해 역대 최대 흥행작이라고 발표하자 〈공동경비구역 JSA〉 측은 지방 단매 관객을 서울 관객 수에 비례해 계산하면 전국 583만 명이라며 맞받아쳤다. 최고 흥행 기록을 놓고 벌인 신경전인데 서로 계산 방식이 달라 검증할 수가 없었다. 서울 관객 수는 〈공동경비구역 JSA〉, 전국 관객 수는 〈쉬리〉가 조금

---

* 배급사가 특정 지역 영화 판매 금액을 미니멈개런티처럼 정해 극장에 배급권을 판매한 뒤 흥행 수익에 따라 추가로 수익을 배분하는 방식. 주로 극장 관객 수의 정확한 집계가 어려운 중소 도시에서 체결했다.

더 높아 서로 유리한 방식으로 추정했기 때문이다.

영화산업 수익 투명화를 위해서라도 영화관입장권 통합전산 망은 절실했다. 영화산업에서는 영화관 티켓 판매액으로 최종 매출액이 결정되면 제작자와 배급사가 일정한 비율로 수익을 정산한다. 따라서 영화의 최종 관객 수와 매출액을 관계자들이 공유하는 것이 필수였다. 영화계의 불투명한 정산 구조에 불만이 많았던 벤처캐피털들은 실시간 통계를 보여주는 영화관입장권 통합전산망 없이는 더는 투자하지 않겠다고 강하게 밀어붙였다.

결국 오랜 진통 끝에 2004년 5월 영화관입장권 통합전산망을 구축했다. 2006년 12월 전국 영화관 91%, 2007년 12월 전국 영화관 97%가 가입한 통합전산망 구축으로 입장권 구입의 편의성이 늘어나면서 관객 수가 증가하는 효과도 나타났다. 입회인[*] 비용 감소 등으로 영화 배급 비용도 줄어들었다. 무엇보다 투자를 위한 가장 기초적 데이터를 투자자들이 투명하게 공유하게 되었다는 점이 중요했다. 과거에 어떤 영화에서 얼마를 벌었는지 알아야 이후 투자를 할 때도 수익을 예측하고 가늠할 수 있기 때문이다.

---

[*] 2000년대 초반까지만 해도 서울과 부산을 제외하고는 극장 지정 좌석제가 정착되지 않아 정확한 관객 수를 집계할 수 없었다. 극장에 따라서는 세금 등을 줄이기 위해 관객에게 판매한 표를 다시 돌려 판매하는 편법도 썼다. 이런 문제로 인해 극장에 실제로 입장한 관객 수를 세는 '입회인' 아르바이트가 존재했다. 극장이 제시하는 티켓 판매 수를 영화사가 신뢰하지 못해서였다. 입회인 일당은 서울·경기 3만 8,000원, 지방 5만 2,000원 수준이었다. 영화 〈쉬리〉의 경우 입회인 비용만 2억 원에 이르렀다.(오태진, "관객동원 기록 저마다 '고무줄 집계'", 〈조선일보〉, 1999. 4. 1)

금융자본이 영화계에 도입한 또 다른 신뢰 구축 장치는 문화산업전문회사Special Purpose Company, SPC 제도였다. 영화, 드라마, 뮤지컬 같은 분야의 투자는 프로젝트 단위로 투자하는 프로젝트파이낸싱 방식으로, 프로젝트의 사업성을 보고 투자자들이 모여 사업을 완성한 뒤 사업 종료 후 지분율에 따라 발생 수익을 나눠 갖는 형태였다. 보통 프로젝트파이낸싱을 위해서는 해당 사업에서 발생하는 현금흐름과 자산 등을 관리하기 위해 별도의 프로젝트 회사를 설립하는데 별도 회사라고는 해도 서류상으로만 존재하는 회사다.

그런데 영화의 경우 한 영화사 안에서 여러 영화 프로젝트가 동시에 진행되기도 했다. 이때 영화사가 영화별로 엄격한 회계 처리를 하지 못해 현금흐름이 뒤섞이는 일이 생기곤 했다. 회계가 미숙하거나 급한 마음에 비용을 뒤섞어 처리했기 때문이다.

투자자 입장에서는 난감한 상황이었다. A라는 영화에 투자했는데 B라는 영화를 위한 관리비나 마케팅비를 A의 투자금에서 지출하는 경우가 있었기 때문이다. 이렇게 되면 A가 성공하더라도 B의 실패 때문에 수익을 충분히 배분받지 못하기도 했다. 창투사들은 영화사의 투명한 회계 처리, 프로젝트별 현금흐름 관리를 요구했지만 잘 해결되지 않자 이런 관행의 방지를 위해 프로젝트 단위로 별도 회사를 설립하는 문화산업전문회사 도입을 주장했다.

정부도 이런 취지를 받아들여 문화산업전문회사 제도에 대한 법적 근거를 마련했고, 2007년 드라마 〈태왕사신기〉 제작부터 이 제도를 활용했다. 이후 영화계에서도 이 제도를 도입해 많은 영화와 드라마를 문화산업전문회사 형태로 제작했다. 프로젝트 관리는 사업관리자가 하지만 자금관리 업무는 회계법인 등의 자산관리자에게 위탁하는 문화산업전문회사를 이용하면 자금관리가 투명해질 수밖에 없고, 투자자의 불안도 그만큼 해소된다. 투자자 입장에서는 투자하는 영화 이외의 이유로 인한 피해를 방지하는 안전망 효과가 있었다. 이후 문화산업전문회사 설립은 늘어났고 벤처캐피털의 신뢰도 함께 커졌다.

## 한국영화 르네상스의 씨앗들

금융실명제를 비롯한 금융 제도 개혁은 영화계 토착자본을 퇴조시키고 대기업 산업자본을 부상시키며 영화 투자 자본 교체를 앞당겼다. 여기에 1980년대에 영화 운동 등을 하면서 혁신적 아이디어를 키워나가던 젊은 기획자와 감독이 결합하면서 영화계는 새로운 시대로 접어들었다. 이 과정에서 문화산업 투자를 위한 벤처 투자 제도를 정비해 투자를 지원하면서 한국영화산업은 새로운 기틀을 마련했다. 금융자본의 유입으로 한국영화 투자가 늘어나면서 〈쉬리〉와 〈공동경비구역 JSA〉 같은 새로운 흥행 영화들이 탄생하고, 한국영화에 대한 인식에도 변화가 왔다.

한국 문화산업의 성공이 정부의 전폭적 지원 덕분이라고 주장하는 외국 학자들은 이때의 정부정책과 자금 지원에 대해 많이 이야기한다. 정부의 자금 지원이 커다란 역할을 한 것도 사실이지만 이보다는 정책 방향이 더 중요했다. 정부자금을 지렛대 삼아 민간투자가 늘어나도록 슬기롭게 정책을 짰기 때문이다. 모태펀드 등을 통해 투자 경험을 쌓은 벤처캐피털들은 스스로 투자 규모를 늘려갔고 영화산업에 투자하는 자금도 점차 풍부해졌다. 벤처캐피털들은 금융자본 특유의 위험관리 방식을 영화산업에 정착시켰고, 그 결과 더 많은 투자자들이 유입될 수 있었다. 벤처캐피털들이 영화에 투자하는 나라는 전 세계에서도 흔치 않다. 한국 정부는 벤처캐피털들에 영화라는 새로운 '위험산업'을 제시하면서 당근을 던졌고, 작전은 성공이었다.

금융자본 투자가 본격적으로 늘어난 2000년대 초반은 다양한 한국영화들이 탄생하는 시작점이기도 했다. 많은 영화평론가들이 한국영화 최고의 르네상스라 일컫는 2003년은 금융자본 유입으로 제작비 조달 환경이 어느 때보다도 좋았던 해다. 2003년 개봉한 봉준호 감독의 〈살인의 추억〉, 장준환 감독의 〈지구를 지켜라〉, 박찬욱 감독의 〈올드보이〉는 모두 그런 시대의 산물이다. 세 사람 모두 지금은 세계에서 내로라하는 감독들이지만, 당시엔 전작에서 흥행 실패를 경험하거나 데뷔작을 만든 30대 초짜 감독에 불과했다. 지금이라면 영화 제작 기회를 다시 얻기도 어려울 상황이었다. 이런 감독들에게도 기회가 올 정도로 당시 환경은 제작사들에 우호적이었다. 물론 이런 풍요로운 시기 탓에 이후 한국영화 투자수익률은 몇 년간 마이너스를 기록하기도 했지만, 그때의 씨앗이 지금 와서 결실을 맺는 중이다.

이후 영화산업에 깊이 뿌리를 내린 몇몇 대기업들이 멀티플렉스 영화관 사업과 배급에서 경험을 쌓으면서 영화산업은 규모의 경제를 더 키울 수 있었다. 하지만 그 기저에는 위험 분야에서 부지런히 투자 기회를 찾아내고 투자에 적합한 산업구조를 만들기 위해 노력한 금융자본이 있었다. 좋은 영화를 만들기 위해 분투한 영화 제작자들만큼이나 이들을 믿고 따르면서 혹은 싸우면서 자금을 공급한 금융자본의 역할도 중요했다.

# 5장

✳

# K팝 제조 시스템의
# 역동적인 시장 개혁

## 베이징 공인체육관을 불태운
## H.O.T.

2000년 2월 1일 베이징 공인체육관工人体育场 앞. H.O.T. 콘서트 오프닝 시간은 한참 남았지만 체육관 주위엔 오후부터 청소년들이 몰려들었다. 이날 콘서트 입장권 가격은 최저 80위안(당시 환율 약 1만 400원)에서 최고 1,000위안(당시 환율 약 13만 원)으로 당시 중국 노동자 평균 월급이 1,000위안에 못 미쳤으니 청소년들이 구입하기엔 비싼 수준이었다. 하지만 콘서트 좌석 9,000석이 예매 시작 일주일 만에 매진되는 등 분위기가 예사롭지 않았다.

"공인체육관 역사상 그런 일은 없었습니다. 긴장하지 않으셔도 됩니다."

중국 관계자들은 1만 2,000석이나 되는 체육관이 꽉 찰 일은 없다고 장담했다. 그런데 〈베이징만보北京漫步〉가 "베이징 청소년들이 춘절에 받고 싶은 최고의 선물은 H.O.T. 콘서트 입장권"이라고 보도하는 등 여론의 움직임이 심상찮았다. 체육관을 바라보던 SM엔터테인먼트 이수만 대표는 중국 콘서트가 성사되기까지 겪은 우여곡절을 떠올렸다.

1997년쯤이었다. H.O.T.로 큰 성공을 거둔 이후 이수만 대표는 걸 그룹 S.E.S.를 통해 일본 진출을 시도하는 등 바쁜 나날을 보냈다. 그때 중국에서 한국 드라마 〈사랑이 뭐길래〉가 인기를 끌고 대만, 홍콩에서 한국 댄스 그룹 가수들이 소개되면서 한국 가요에 대한 관심이 높아지고 있다는 소식을 접했다. 특히 중국에서도 우리나라처럼 청소년들의 영향력이 커지면서 댄스음악에 대한 수요가 늘어나는 게 눈에 뜨였다.

때마침 중국에서 사업하는 우전소프트라는 한국 기업이 중국 내 독점판매권을 주면 H.O.T. 음반 1, 2집을 판매해 보고 싶다는 연락을 보냈다. 언젠가는 중국에 진출하고 싶었으니 마다할 이유가 없었다. 논의 끝에 1998년 5월 중국에서 H.O.T. 음반을 공식 출시했다. 반응은 뜨거웠고, 무려 5만 장이나 되는 음반을 판매했다. 불법복제가 많은 중국 시장에서 이 정도면 한국 시장 100만 장과 비슷한 수준이라는 귀띔도 받았다.

음반 판매로 자신감을 얻은 이수만 대표는 중국 공연을 한번 추진해 보고 싶은 생각이 들었다. 대만에서 클론 같은 한국 가수들이 인기를 끌고 있으니 해볼 만하다는 판단이었다. 그러나 교류가 많지 않은 중국에서 처음 하는 공연이라 걱정스런 부분들이 많았다. 믿을 만한 파트너사를 찾기 어려웠고, 병역미필인

H.O.T. 멤버들을 중국에 데려가는 것도 쉽지 않았다. 수소문 끝에 문희상 당시 국가정보원 기획조정실장을 소개받았다. 문희상 실장은 중국 문화계 동향과 관계자들을 알려주고, 정부가 최근 한류 흐름에 관심이 많다며 박지원 당시 문화관광부장관과의 회동을 주선했다.

며칠 뒤 이수만 대표는 H.O.T. 멤버들과 함께 박지원 장관을 만났다. 대중 가수와 장관의 만남이 흔한 일은 아니었다. 이수만 대표는 멤버들이 병역미필이라 중국 공연을 추진하기 어렵다는 이야기를 꺼냈다. 중국에서 한국 대중음악에 대한 관심이 높아 지금이 진출의 적기라는 것도 강조했다. 박지원 장관은 애로사항을 듣고 병무청에 연락해 각서를 쓰는 형태로 이들의 출국 문제를 해결해 주었다.

내친김에 이수만 대표는 해외 홍보용 공동 음반 제작에 나서 달라고 박지원 장관에게 요청했다. 중국 음반을 발표한 경험을 통해, 정식 음반 발매가 해외 영향력 확대에 중요하다는 사실을 깨달았기 때문이다. H.O.T.를 소개하는 것도 중요하지만 지금은 해외시장에서 한류 기반을 키우는 것이 급선무라고 보았다. 그런 흐름이 있어야 H.O.T.라는 그룹도 더 많이 소개될 수 있기 때문이다. 하지만 특정 회사가 독자적으로 해외용 음반을 제작하는 것은 너무 어려운 일이었다.

마침 IMF 금융 위기 이후 문화산업에 대한 중요성을 강조하던 때라 그의 생각은 정부 시각과도 부합하는 면이 많았다. 박지원 장관은 공동 음반 제작 요청을 수락했고, 문화관광부는 H.O.T.와 여타 한국 대중 가수들 노래를 수록한 홍보용 음반 6,000장을 제작해 해외 관계 기관에 배포했다. 한류라는 이름으로 묶인 한국 대중음악을 최초로 해외에 공식적으로 알리는 순간이었다.

드디어 2000년 2월 1일 H.O.T.는 베이징 공인체육관 무대에 올랐고 중국 청소년들의 우레와 같은 함성이 터져 나왔다. 공연 다음날 중국 주요 일간지들은 "H.O.T., 공인체육관을 불사르다"라는 헤드라인으로 넘쳐났다. H.O.T.의 역사적 첫 해외 진출이자 K팝 해외 전파의 첫 단추를 끼우는 날이었다.[1]

## 신조어 '한류'는 어디에서 왔을까?

'한류'의 기원을 이야기할 때면 1997년 중국 CCTV에서 방영한 TV 드라마 〈사랑이 뭐길래〉가 거론된다. 이 드라마 이전에도 대만, 홍콩, 일본 등지에 한국 드라마와 음악이 꾸준히 진출했지만 해외에서 한국 대중문화의 위력이 강하게 발현되면서 한류의 흐름이 시작된 계기는 이 드라마에서 찾을 수 있기 때문이다.

한류라는 단어가 처음 등장한 시점에 대해서는 다양한 주장들이 있다. 대략 1990년대 후반 한국 드라마와 가요의 인기가 높아지면서 아시아 여러 나라에서 동시다발적으로 한류라는 단어를 쓴 것으로 보인다. '-류流'라는 표현은 '-식', '-스타일'이라는 의미의 일본식 조어로 이미 다양한 쓰임새가 있었다. 1980년대에는 일본을 중심으로 홍콩영화가 유행하면서 '홍콩류' 또는 '항류港流' 흐름이 일기도 했다. 1990년대에는 아시아 지역에 일본 TV

드라마나 애니메이션, 게임 등이 유행하면서 '일류日流'라는 단어
를 많이 썼다. 대만 TV 드라마가 인기를 끌 때에는 '대류臺流'가
떠올랐고, 중국 영화가 인기를 끌면 '화류華流'가 등장했다.

한류 단어의 중국 기원설은 1999년 11월 〈쿵따리 샤바라〉로
유명한 클론이 베이징의 공인체육관에서 공연했던 때로 거슬
러 올라간다. 당시 클론의 공연 후 〈베이징청년보〉 1999년 11월
19일 자 기사에 한류라는 말이 가장 먼저 등장했다는 주장이 있
기 때문이다.[2] 그런데 이보다 앞선 1999년 가을, 한국 문화관광
부에서 〈韓流-Song from Korea〉라는 음반을 중국어로 제작해
배포했다는 사실이 알려지면서 한류 단어에 대한 한국 기원설도
제기되었다.[3] 이 음반은 문화관광부의 지원을 받아 홍보용으로
약 6,000장 제작했으며, 중국에서 활동하던 우전소프트와 미디
어플러스라는 기업이 제작과 배포를 담당했다.

시기적으로 가장 앞선 것은 대만 기원설이다. 1995년 대만 일
간지 〈자유시보〉와 1998년 12월 17일 〈연합만보〉에 이미 한류
라는 단어가 등장했다는 연구가 있다.[4*] 1998년 IMF 금융 위기
이후 한국 드라마가 수출되면서 대만에서 '하일한류夏日韓流(여름
에 부는 한국 바람)', 중국에서 '일진한류—陣韓流(한바탕의 한류)' 같은

---

* 이 연구에서 대만 언론인 쥬리시는 다음과 같이 밝힌다. "나는 학생에게 '한류' 자료를 검색하
라고 했습니다. (그렇게 찾은 자료 중) 가장 일찍 나온 기사는 1998년 12월 17일 '들어봐, 한
류가 왔어'입니다. 이는 〈베이징청년보〉보다 1년이 빠릅니다. … 사실 나는 1995~1997년 대
만의 〈자유시보〉에서 한류라는 말을 사용한 것으로 알고 있습니다. 다만 〈자유시보〉의 온라인
자료는 2000년 이후 기사부터 디지털화되어 당시 자료를 찾을 수 없습니다."

표현이 자주 등장한 것은 그 이전부터 대만에서 쓰던 단어이기 때문이라고 했다.

여러 설들을 종합하면 두 가지 사실을 확인할 수 있다. 첫째, 한류는 한문을 공유하는 아시아 문화권에서 1990년대 후반 자연스럽게 쓰던 단어라는 것이다. 둘째, 드라마 등을 통해 한국 대중문화의 저변이 확대되던 중 클론, H.O.T. 같은 한국 대중음악 가수들이 기폭제가 되어 한류라는 단어가 확실하게 자리 잡았다는 점이다.

### 빌보드 이전에 길보드가 있었다

2000년대 이후 K팝은 세계적으로 인기를 끌면서 한류의 대표 분야로 정착했다. K팝이란 한국의 대중가요, 즉 '코리안 파퓰러 뮤직Korean Popular Music'의 줄임말로 한국 아이돌그룹들이 특유의 퍼포먼스와 함께 보여주는 음악이라 할 수 있다. 일반적으로 "완벽한 외모를 갖춘 멤버들이 각기 춤과 보컬, 랩 등을 담당하는 시스템을 갖추고, 세계 유행 음악 흐름을 발 빠르게 반영하면서 '칼군무'가 대표하는 역동적 무대구성을 보여주는" 하나의 음악 스타일이라고 이야기한다. 음악 장르로는 록 음악이나 힙합, 발라드, R&B 등을 일부 포함하기도 하지만, 대체로 댄스음악, EDM처럼 화려한 군무와 퍼포먼스를 뒷받침할 수 있는 장르가 비중이 큰 편이다.

K팝의 원형이 왜 댄스 중심 음악인지 의문을 가져봄 직하다. 대략 1990년대 초반까지 우리나라 가요시장을 돌아보면 댄스 음악이 가요계의 중심은 아니었다. 1960년대의 최희준, 패티김을 비롯해 1980년대의 가왕 조용필, 1980년대 후반 발라드 시대를 연 이문세, 변진섭 등을 한번 떠올려보자. 한국 가요계의 대세는 대체로 곱게 서서 가창력을 뽐내는 가수들이 주도하는 멜로디 중심 음악들이었다. 때때로 화려한 댄스를 선보이는 가수들이 등장했어도 가요계 주류로 부상한 적은 없다.

댄스 중심 음악이 한국 가요계에서 대세로 자리 잡은 것은 1990년대 초반 '신세대 댄스 가요'가 등장한 이후로, 음악을 전달하는 중심 매체가 라디오에서 TV로 넘어가며 세계적으로 비디오형 음악이 떠오를 때부터다. 비디오형 음악이라 해도 대부분 안무가 노래를 뒷받침하는 형태였지만 한국에서는 안무가 주가 되는 퍼포먼스형 음악이 가요계 대세로 안착하고 그 전통이 K팝까지 내려온다.

1990년대 초반 이후 댄스 가요가 우리나라에서 주류가 된 것은 한국 가요계의 수익 구조 때문이었다. 가수들 수입은 크게 음반·음원 수익, 공연 수익, 출연료와 광고료 등을 포괄한 저작권 관련 수익 등으로 구분한다. 이 가운데 출연료나 광고료 수익 등은 스타가 되기 전에는 미미할 수밖에 없어 대부분의 가수들에게는 음원과 공연 수익이 중요하다. 해외 밴드들은 공연 수익을 높이기 위해 음원을 무료 배포할 정도로 공연 수익 비중이 매우 크다. 하지만 과거 한국에서는 콘서트 등 유료 공연 시장이 크지 않아 공연 수익 비중이 높지 못했다. 이를 대체하는 게 '행사'였다. 학교 축제, 지역 축제, 기업 행사, 문화 행사 등에서 초청 가수로 벌어들이는 수익이 해외 밴드들의 공연 수익에 맞먹는 수준이었다.

특히 우리나라 가요시장은 IMF 금융 위기를 계기로 크게 변화했다. 그 이전에는 레코드나 테이프를 제작하는 음반사들이 가요계 중심이었고, 음원 수익 비중이 높았다. 음반사에 소속된 가수들은 음원 수익을 기본으로 하면서, 때때로 밤무대나 나이트클럽 공연 등으로 추가 수익을 올렸다. 그런데 IMF 금융 위기를 거치면서 영세했던 음반사들이 대거 몰락하고 가요 기획사들이 그 자리를 대체한다. 새로 들어선 가요 기획사들은 가수들의 밤무대 공연을 줄여나갔다. 밤무대나 나이트클럽 공연에서 종종 불미스러운 사건, 사고 들이 생겼기 때문이다. 대신 수익을 보전할 곳이 필요했는데, 때마침 1990년대 중반 지방자치제도 시행과 함께 지역별 행사가 늘어났다. 가수들은 각종 축제와 행사장에서 수익을 올리기 시작했다.

문제는 이런 지역 행사 무대들은 연주나 음향 시설이 변변치 않은 경우가 많다는 점이었다. 관객들도 전문 공연처럼 특정 가수 중심으로 모인 사람들이 아니었기에 집중도가 떨어졌다. 이렇게 빈약하고 산만한 무대에서 장악력을 높이고 시선을 끌기 위해서는 화려한 춤과 퍼포먼스가 필요했다. 즉 행사 의존도가 높은 수익 구조에서 열악한 무대 환경을 극복하기 위해 탄생한 것이 화려한 군무 중심의 K팝이라는 이야기다.[5]

거리에서 판매하는 불법복제 테이프, 이른바 '길보드' 테이프의 영향으로 비트가 큰 댄스음악이 주류로 등장했다는 주장도 있다. LP에서 CD로 넘어가는 과도기였던 1990년대에는 불법복제 카세트테이프 유통이 많았다. 음반 복제 기술은 빠르게 발전했으나 저작권보호는 그다지 강력하지 않았기에 음성적 길보드 테이프 시장 규모가 컸고, 유행 음악을 불법복제한 카세트테이프를 가득 실은 리어카들이 시내 중심지 곳곳을 차지했다. 이들은 정품의 절반 이하 가격에 불법복제 테이프를 판매하곤 했다.

노점상으로 자리 잡은 길보드 테이프 판매상들은 지나가는 사람들 관심을 끄는 것이 중요했다. 복잡한 도심 거리에서 대중의 관심을 끌려면 소리가 크고 비트가 자극적인 음악이 효과적이었기에 이들은 가능한 한 음악을 크게 틀었다. 길거리에서 많이 노출된 음악은 나이트클럽이나 TV 방송에서도 인기를 끌고, 궁극적으로는 수익 증대로 이어졌기에 길보드의 영향력도 매우 컸다. 이에 따라 가요계에서는 이 같은 흐름에 맞춰 비트가 센 음악 제작을 늘렸다. 당시의 음반 기획자들도 이러한 판매상들의 영향으로 흥겨운 댄스음악을 많이 만들었다고 회고한다.[*]

## 10대 소비자를 위한 아이돌 제작 시스템

댄스음악의 전면 부상 속에 한국 가요계의 새로운 시작을 연 그룹은 서태지와 아이들이었다. 이 그룹은 1992년 〈난 알아요〉로 데뷔 후 은퇴를 발표한 1996년 1월까지 10대들의 '문화 대통령'으로 군림하며 숱한 신드롬을 남겼다. 특히 댄스와 랩, 힙합과 헤비메탈을 접목한 음악을 선보이면서 발라드와 트로트 중심이던 한국 대중음악 지형에서 힙합, 랩, 댄스음악을 주류로 변화시켰다. 10대 청소년층이 한국 대중음악계에서 가장 중요한 소비자 집단으로 떠오른 것도 중요한 변화였다.

하지만 이 그룹이 1996년 1월 갑작스럽게 은퇴하면서 '10대들의 우상' 자리는 잠시 비워둬야 했다. 이때 이들의 자리를 넘겨받은 아이돌그룹이 H.O.T.였다. 이수만 프로듀서가 이끄는 기획사 SM엔터테인먼트**에서 탄생한 H.O.T.는 이전 그룹들과는 다른 시스템의 산물이었다. 완벽한 가창력의 노래 담당 메인보컬, 화려한 댄스 담당, 힙합 스타일의 랩 담당, 그룹의 얼굴인 외모 담당, 방송에서 입담을 책임질 예능 담당 등 각각의 역할에 맞춰 멤버를 선발했고, 치밀한 계획에 따라 각 멤버들에게 역할을 배

---

* SBS 특집방송 〈전설의 무대 아카이브〉 3회, "90's 나이트 DJ와 댄스음악" 편(2021년)에서 댄스 그룹 클론의 강원래 등 다수의 댄스음악 가수들이 이 같은 분위기를 회고했다.
** 이수만은 1989년 2월 개인기업으로 SM기획을 창업해 현진영과 와와, 한동준, 김광진, J&J 등을 선보였고, 이를 모태로 1995년 2월 SM엔터테인먼트를 설립했다.

정했다.

이들의 타깃은 철저하게 10대였다. 시장은 이미 10대 중심으로 움직인다는 것을 서태지가 입증했기에 멤버들을 완벽하게 10대들이 좋아할 만한 스타일로 꾸몄으며, 연령대도 10대 후반에서 20대 초반으로 구성했다. 흥겨운 댄스음악에 맞춰 화려한 퍼포먼스를 펼치는 친근한 오빠들에게 10대 팬들은 열광했다. 이렇게 시장세분화가 이뤄지면서 '국민 가수'는 더 이상 필요치 않게 되었다.

퍼포먼스 중심으로 변모함에 따라 기획사의 중요성은 더욱 커졌다. 이전에도 춤과 노래를 잘하는 사람을 가수로 선발하곤 했으며, 클럽에서 춤을 추다가 기획사 사장 눈에 띄어 가수로 데뷔하는 경우도 흔했다. 하지만 이제 멤버 개인기에 의존하는 무대가 아닌 퍼포먼스 중심 무대를 펼치려면 멤버 여러 명이 완벽한 합을 맞춰야 했다. 이를 위해서는 오랜 기간 연습하고 훈련하는 과정이 필요했고, SM엔터테인먼트는 이런 작업들을 하나의 시스템으로 조직했다. 10대 청소년 멤버들을 강력하게 통제하면서 가수로서 완벽한 실력을 구비하도록 하기 위해 기획사들은 기꺼이 이 방식을 선택했다.

한편 10대를 타깃으로 하는 시장으로 변모하면서 아이돌그룹 멤버들의 연령대도 점점 낮아졌다. 여러 기획사들이 우후죽순으로 아이돌그룹을 만들면서 유망 아이돌 후보군 확보를 위한 경쟁도 치열했다. 결국 기획사들은 '더 어린' 청소년들을 '연습생'

형태로 선발해 강도 높게 훈련했다. 10년 가까이 연습생 기간을 거치는 아이돌 멤버들이 생겨난 것도 이런 시스템의 후과였다.

아이돌 시스템에서 훈련이 중요해진 것은 이전 세대 가수들의 한계를 넘어서기 위해서였다. 1990년대에 등장한 초기 아이돌 그룹들은 춤과 퍼포먼스에 중심을 두다 보니 노래 실력이 형편없는 경우가 많았다. 그러자 춤만 추는 것이 가수냐는 비판이 쏟아졌다.[*] 기획사들은 한층 더 경쟁력 있는 '상품'을 내놓기 위해 더 많은 연습과 훈련을 하도록 체계적 시스템을 갖추었다. 그런 과정에서 아이돌의 춤과 노래 실력이 크게 향상되어 현재 K팝 경쟁력의 전통과 근간이 되었다. 대한민국 경제성장을 가능케 한 압축성장 비결을 아이돌 시스템에도 도입한 것이다.

## 유통기간 7년의 아이돌

SM엔터테인먼트의 아이돌그룹 제조 방식은 이후 K팝 아이돌 시스템의 원형이 되었다. 연습생 기간은 길면 5~6년을 넘길 정도였다. 그 기간 동안 기획사는 연습생들에게 춤과 노래 레슨, 숙식, 성형수술, 언어교육 등을 제공하며 훈육에 들어갔다. 제조업

---

[*] 1990년대에 아이돌그룹들이 등장하면서 외모와 춤을 내세우고 립싱크로 노래하는 것에 대한 논란이 일었다. 이런 논란 탓에 KBS〈가요톱10〉등의 프로그램에서는 립싱크를 하는 가수들이 출연하면 화면 구석에 테이프가 돌아가는 모양으로 립싱크라는 사실을 표시하기도 했다. 이에 대해 1999년 SM엔터테인먼트 이수만 프로듀서는 "립싱크를 하는 가수도 엔터테이너로 인정해야 한다"고 주장하는 등 아이돌그룹의 립싱크에 대한 찬반 논란이 이어졌다.

으로 치면 상품기획 및 개발기간인 셈이다. 이 과정에서 10대 연습생들의 사생활이나 다이어트까지 관리했다. 기획사 입장에서는 폭탄과도 같은 10대 연습생들을 다잡기 위해 규율은 늘 엄격했다.

청소년 연습생들을 5~6년간 관리하는 건 보통 일이 아니다. 연습생들은 대부분 아이돌가수가 되고 싶다며 부모와 한판 대결을 벌인 뒤 집을 나온 아이들로 소속사의 세세한 관리를 마음에 들어 할 턱이 없었다. 하지만 자유로운 분위기에서는 음주, 연애, 마약 등 다양한 사건, 사고가 터질 위험이 너무 높았다. 해외에서 거론하는 K팝 연습생들의 인권침해 논란은 대부분 이 기간 기획사와의 갈등 관계에서 비롯되었다.

연습생 기간이 길어지면서 계약 문제도 발생했다. 소속 가수와의 10년 이상 장기계약 체결이나 부당한 수익금 분배 등을 담은 불평등 전속계약, 이른바 노예계약이 문제가 되었다. 데뷔 전 오랜 투자를 해야 하는 기획사는 데뷔 이후의 계약기간을 늘리길 바랐고, 나이 어린 연습생들은 데뷔 이전에 체결하는 불공정한 계약에 사인하는 경우가 많았다. 남자 아이돌의 경우 군 입대 문제까지 걸려 있어 많은 그룹에서 계약 문제가 터져 나왔다.

오랜 논란 끝에 2009년, 계약기간을 7년 이내로 제한하는 표준계약서가 도입되면서 노예계약 문제는 많이 개선됐다. 데뷔 이후 수익에서 과거에 투자한 비용을 정산하지 못하게 하는 등의 개선책도 도입했다. 덕분에 한국의 아이돌그룹들은 7년이라는 유통기간을 가진 기간 한정 상품으로 변모했다. 데뷔 7년이 되는 재계약 시점에 아이돌그룹의 인기가 탄탄하고 모든 멤버들이 비슷한 상황이면 그룹의 수명을 연장할 수 있었다. 하지만 그다지 인기가 없거나 멤버들 저마다 다른 계획이 있을 경우 그룹은 해체 수순을 밟았다. 기존 기획사와의 순조롭지 못한 재계약 때문에 멤버들이 한꺼번에 다른 기획사로 옮겨 새 이름을 걸고 활동하는 것도 익숙한 풍경이 되었다.

## MP3가 불러온 악몽

여러 아이돌이 탄생하고 경쟁하는 가운데 아이돌 시스템을 처음 도입한 이수만 프로듀서의 SM엔터테인먼트, 가수 박진영이 세운 JYP엔터테인먼트(1996년 설립), 서태지와 아이들의 멤버 양현석이 세운 YG엔터테인먼트(1998년 설립) 등이 2000년대 이후 가요계의 3대 기획사로 자리 잡았다. 2000년대 초반 3대 기획사가 다른 기획사들과 구분되었던 점은 작사와 작곡 등을 비롯한 콘텐츠 창작 기능의 상당 부분을 회사 내 조직으로 내부화했다는 점이었다.[6] 세 회사에는 모두 대표적 작곡가인 유영진(SM엔터테인먼트), 박진영(JYP엔터테인먼트), 테디(YG엔터테인먼트) 등이 대표나 이사 등으로 재직했다. 이외에도 다양한 작곡가와 편곡자, 녹음 엔지니어, 매니저, 안무가, 코디네이터, 디자이너 등을 인하우스 시스템으로 보유하면서 해당 기획사 특유의 색깔을 가진 음악과 아이돌그룹을 제작해 갔다.

인하우스 시스템을 갖추면 규모의 경제 효과를 이루며 효율적으로 콘텐츠를 제작할 수 있다. 해당 기획사만의 독특한 스타일, 지향점들을 시장에 보여줄 수 있어 경쟁에서도 유리하다. 하지만 이런 시스템을 유지하려면 계속 시장 확대가 가능해야 한다. 기획사가 보유한 에이스 그룹이 잠시 활동을 접으면 다른 아이돌이 대체하고, 동시에 다음번 데뷔할 그룹들이 출격 준비를 해야 순조롭게 회사를 유지할 수 있었다. 이 가운데 하나라도 어긋나면 내부 인력 증가가 기업에 부담으로 작용한다.

그런데 2000년대 접어들면서 한국 대중음악계는 위기를 맞이한다. 세계적으로 디지털 기술과 인터넷이 확산되면서 음악산업에도 디지털화 바람이 불었기 때문이다. MP3 파일이 카세트, CD 플레이어를 대체하면서 음반시장은 크게 위축되었다. 이 과정에서 불법복제 유통으로 인한 문제도 불거졌다. 또 디지털 음원 형식으로 음악을 듣다 보니 앨범 중심보다 단곡 중심으로 판매가 늘어나기도 했다. 모두 음반 제작자 입장에서는 수익이 크게 줄어드는 변화로, 전 세계 음반시장이 다 함께 겪는 문제였다.

한국 대중음악계는 1990년대에 최고의 호황을 누렸던 탓에 이런 변화를 더 아프게 느껴야 했다. 김건모, 조성모, H.O.T., 신승훈 등 1990년대 가수들의 앨범은 100만 장 이상 판매되는 것이 다반사였다. 10대들의 팬덤 문화가 확산되면서 아이돌그룹 앨범의 구매량도 크게 늘어난 상태였다. 하지만 디지털 음원으로 음악을 듣는 비중이 늘어나면서 2000년 약 4,104억 원이었던 국내 음반시장 규모는 해마다 25% 이상씩 줄어들어 2004년 1,338억 원 수준으로 위축됐다.[7] 2004년 이후에는 오프라인에서 50만 장 이상 판매된 음반이 단 한 장도 없을 정도였다.*

실물 음반시장이 줄어드는 대신 디지털 음원시장은 커졌다. 1997년 MP3 파일이 처음 선보인 후 음원을 다운로드하거나 실시간으로 스트리밍하는 서비스들도 늘어났다. 2000년 약 450억 원이었던 국내 디지털 음악 시장 규모는 2004년 2,014억 원으로 4배 이상 성장했다.[8] 하지만 숨겨진 시장이 더 크다는 게 문제였다. MP3 파일을 서로 공유하거나 복제해 유통하는 경우가 늘어나면서 음악저작물 불법복제 문제가 불거졌다. 2003년에 있었던 소리바다와 음악저작권협회 간의 저작권침해 소송이 대표적이었으며, 그만큼 음반 수익 감소 문제는 심각했다.

**세계화 외에는 방법이 없다**

기획사들에도 음반 수익 감소는 심각한 위기였다. 음반과 공연이 수익의 양대 축인데, 우리나라에서 공연 수익을 획기적으

---

* 1995년 김건모의 〈잘못된 만남〉이 330만 장으로 최대 판매 신기록을 기록한 뒤 2001년 이후 100만 장 이상 판매되는 음반은 나오지 않았다. 2016년에 이르러서야 BTS가 〈WINGS〉를 133만 장 판매함으로써 2001년 이후 처음으로 100만 장을 넘어선 음반이 되었다. 2020년 역시 BTS가 〈BE〉로 366만 장을 판매해 김건모의 신기록을 넘어섰고, 2020년 〈Map of the Soul: 7〉을 452만 장 판매하는 등 신기록을 갈아치우는 중이다.

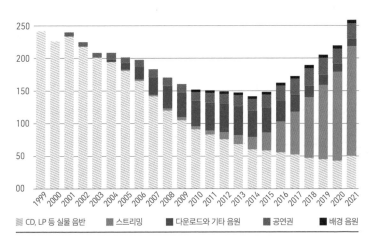

**1999~2021년 전 세계 음반산업 규모**

(억 달러)

자료: 국제음반산업협회(IFPI), 〈글로벌 음악 보고서 2022(Global Music Report 2022)〉.

로 끌어올리기란 어려운 일이었다. 국내시장의 한계가 명확하다면 답은 해외시장밖에 없었다. SM엔터테인먼트 이수만 프로듀서는 동아시아 국가로의 시장 확대가 길이라고 판단했다. 그는 중국, 일본 등 아시아 시장에서 모두 활동하는 '아시아 네트워킹'을 고민했다. 한중일을 합치면 15억 명 시장 규모이므로, 아시아 1등이 세계에서 1등이란 생각이었다.

이와 관련해 가장 먼저 시도한 것은 H.O.T.를 통한 중국 진출이었다. 1997년 드라마 〈사랑이 뭐길래〉가 중국에서 방영되면서 한류 분위기가 우호적이었고, 클론 등의 댄스음악이 대만과 홍콩 등에서 큰 열풍을 일으키고 있었기 때문이다. 1998년 중국판 음반 발매, 2000년 베이징에서의 H.O.T. 단독 콘서트 등을 통해 성공 가능성도 확인되었다. 하지만 실제로 중국에서 거둔 수익은 미미했다. 불법복제 음반 비중이 높았기 때문이다. 모두 10만 장 가까이 판매된 H.O.T. 음반의 판매 수익으로 SM엔터테인먼트에 송금된 금액은 고작 250만 원 정도였다.[9]

SM엔터테인먼트는 일본 시장으로 눈을 돌렸다. 세계에서 두 번째로 큰 일본 시장은 음반은 물론 공연시장도 탄탄한 것이 매력이었다. 1998년 기준 일본 음악시장 규모는 대략 한국의 30배 정도였다. 국내와 비슷한 규모로만 공연해도 환율 차이 등으로 몇 배 이상 수익을 올릴 수 있었다. 하지만 일본 시장은 진입장벽이 높다는 것도 잘 알려져 있었다.

이에 대비하기 위해 SM엔터테인먼트는 1997년 걸 그룹 S.E.S.를 기획했다. 일본 시장 진출을 위해 재일 교포로 멤버를 구성하는 등 글로벌을 지향하며 준비한 그룹이었다. 그런데 이때 일본 현지 파트너를 잘못 선택하면서 결과가 그다지 좋지 못했다.* 일본 시장에 대한 철저한 분석의 미비로 SM엔터테인먼트는 일본 시장에서 철수해야만 했다.

SM엔터테인먼트는 2000년 보아의 데뷔와 함께 다시 일본 시

---

* 당시 소니뮤직이 SM엔터테인먼트에 제시한 계약조건은 7년이었다. 그런데 S.E.S.와 SM의 계약기간은 5년이었고, 이미 한국 데뷔로 1년 반이 경과한 시점이어서 소니뮤직과 계약을 할 수 없었다. 결국 일본 내 5위 수준의 기획사인 스카이플래닝과 계약했는데, 스카이플래닝은 연기자 중심의 기획사라 S.E.S.에 대한 마케팅 포지셔닝을 적절히 해내지 못했다.(안윤태·공희준, 《이수만 평전》, 정보와사람, 2012)

장 진출의 꿈을 펼쳤다. 여러 분석 결과 일본 시장은 한국보다도 더 어린 가수에 대한 관심이 높았고 가수의 언어가 완벽해야 했다. 언어를 자유롭게 구사하려면 최소한 3년 이상 집중적으로 일본어를 학습해야 했기에 열네 살 보아는 도쿄 시내 가정에서 홈스테이를 했다. 정확한 일본어 발음과 일본 문화를 배우기 위해서다. 보아는 일본에 머무르면서 노래, 댄스, 무대매너, 언어 등에 대한 혹독한 트레이닝을 받고, 데뷔 때에도 굳이 한국인임을 부각하지 않기 위해 일본어 음반을 출시했다.

결과는 대성공이었다. 2001년 5월 일본에서 첫 싱글 음반을 낸 보아는 진출 1년 만에 오리콘 차트 1위를 차지하면서 일본 시장 정상에 올랐다. 보아의 일본 진출 전략은 여러 가지 면에서 기존 K팝 전략과는 차별적이었다. 신인 캐스팅부터 트레이닝은 한국의 SM엔터테인먼트가 담당하지만, 이후 마케팅 등은 일본 현지 스태프들이 완성했다. 일본화를 위해 철저하게 현지어로 가창하는 점도 큰 차이였다. 'K팝을 부르는 한국인 가수'도 아니고, 'J팝을 부르는 일본인 가수'도 아닌 'J팝을 부르는 한국인 가수'라는 독특한 지위를 지닌 글로벌 상품이었다.[10] 데뷔 당시에는 일본인으로 각인시킨 뒤 일본 성공 후에 한국인임을 부각해 '아시아 스타'로서의 입지를 강화했다. 한류의 해외 진출에 있어 새로운 전략으로 전환함으로써 낳은 결과였다.

전혀 다른 문화의 시장에 진출한다는 건 쉬운 일이 아니다.
SM엔터테인먼트는 일본 진출을 위해 현지 문화를 철저히 분석해야 했다.

## 난공불락의 미국 시장

2000년대 이후 K팝 아이돌산업은 더 번성했다. 보아의 성공 이후 일본과 중국 등 아시아 지역 진출이 크게 늘어나면서 성공 사례와 경험도 더 축적했다. 흔히 이 시기 아이돌을 2세대로 구분한다. 아이돌 세대 구분*에 따르면 1세대 아이돌은 대체로 H.O.T.가 등장한 1997~2004년 활동하던 아이돌이다. H.O.T. 외 젝스키스, S.E.S., 핑클, 신화 등 K팝 아이돌의 원형을 보여주는 이들이 1세대에 속한다. 이 시기 후반부에 활동한 보아까지 1세대 아이돌로 보거나 보아, 비(2002년 데뷔) 등을 묶어 1.5세대라 하기도 한다. 해외로 확장하기 시작했다는 의미에서 조금 구분해 1.5세대라고 하는 것이다.

보아 이후 2004~2011년 활동하던 아이돌을 2세대라 일컫는다. 이때 등장한 아이돌이 동방신기, SS501, 빅뱅, 슈퍼주니어, 소녀시대, 카라를 비롯해 원더걸스, 2NE1 등이다. 2세대는 아시아 지역을 중심으로 팬덤을 확장해 한류 영토를 더 넓힌 아이돌로 평가받는다. 국내외 대형 팬덤 구축에 성공하면서 지금은 일반화된 월드 투어도 이 세대부터 보편화되었다.

이렇게 1세대 아이돌을 국내 중심, 2세대 아이돌을 아시아 지역으로의 확장이라는 키워드로 정리할 때 고민스러운 대상들이

---

* 아이돌 세대 구분 및 특징에 대해서는 이 책 7장에서 더 자세히 설명하기로 한다.

있다. 한국과 일본 성공에 힘입어 미국 시장 진출을 꾀했지만 기대만큼 성과를 거두는 데 실패한 비, 보아, 원더걸스 같은 아이돌이다. 미국 시장은 K팝 발전 단계로 볼 때 외면할 수 없는 시장이었다. 홍보 효과가 큰 미국 시장 진출의 성공은 '월드 스타'를 보장했다. 미국 공연은 월드 투어 공연과 맞먹는 수익을 가져다주었고, 음원 판매나 광고계약 수익 등도 컸다. 그만큼 진입장벽도 높다는 것이 문제였을 뿐이다.

2008년 SM엔터테인먼트는 보아가 일본에서 거둔 성공 방식 그대로 미국 진출을 준비했다. SM USA를 설립하고, 어셔, 퍼프 대디 등 유명 힙합 뮤지션들의 음악을 제작했던 맥스 구스를 미국 내 매니저로 택했다. 북미 최대 에이전시인 CAACreative Artists Agency와 전속계약을 맺고 음반, 공연, 광고 대행을 맡기기도 했다. 하지만 소프트웨어가 여전히 발목을 잡았다. 일본 시장은 우리와 친숙한 부분이 많았지만 미국 시장은 시장 포지셔닝 기준부터 달랐다. 당시 미국 대중음악 시장에서 여성 솔로 뮤지션은 크게 세 범주로 나뉘었다. 첫째는 섹스어필하는 댄스 힙합 뮤지션이고, 두 번째는 에이미 와인하우스나 더피처럼 재즈나 소울, R&B 등을 부르는 폭풍 가창력의 뮤지션이다. 이도 아니라면 브리트니 스피어스나 크리스티나 아길레라처럼 소녀들의 우상이 될 틴 팝 아이돌 형태가 있었다.[11]

보아는 '역동적 춤을 추며 노래하는 작은 소녀'라는 콘셉트였다. 첫 번째 범주와도 거리가 멀고, 두 번째 범주로 가기엔 성량이 부족했다. 세 번째 범주가 있지만 20대 중반 '동양 여성'이 미국 10대 소녀들의 동경심을 자아내기엔 역부족이었다. 보아는 어느 범주에 들어가기에도 만족스럽지 못했다. 미국 여성 솔로 가수에 대한 철저한 분석이 부족했다는 평가였다. 물론 기존에는 없던 새로운 아이돌로 부각되거나 일본에서 그랬듯 기획사 프로모션에 따라 새로운 카테고리가 탄생할 수도 있었다. 하지만 미국 매니저 맥스 구스는 당시 인디 레이블의 CEO로 자리매김하는 중이었다. 안타깝게도 보아는 그러한 포지셔닝에서 폭발력을 보여줄 만한 스타일은 아니었다.

미국 시장에서 실패를 경험한 SM엔터테인먼트는 이후 중국과 일본 등 아시아 시장에 더 초점을 맞추었다. 이수만 프로듀서는 종종 "중국이 미국 된다"라고 말했다. 중국, 일본과 한국을 연결하는 아시아 네트워크가 활성화되면 미국, 유럽에 견줄 최대 규모 시장이 된다는 이야기였다. 그런 시장을 두고 굳이 어려운 미국 시장을 위해 고생할 필요가 없다는 의미이기도 했다. 이후 SM엔터테인먼트는 일본 시장을 겨냥한 동방신기, 중화권 시장을 겨냥한 슈퍼주니어를 기획했다. 아시아를 선택한 SM엔터테인먼트의 전략은 성공했다. 아시아 지역에 더 특화된 멤버들*로 구성한 2세대 아이돌은 아시아 지역에서 팬덤을 확고하게 넓혀갈 수 있었다.

---

* 2세대 아이돌부터 멤버를 구성할 때 중국, 일본, 필리핀, 태국 등 진출하려는 타깃 국가 출신 멤버를 한 명 이상씩 포함시키는 것이 아이돌 구성의 주요 원칙이 된다.

## '미국식'으로 자리 잡고 싶었던
## JYP엔터테인먼트

SM엔터테인먼트와는 다른 방식으로 미국 시장에 접근한 기획사도 있었다. 박진영 대표가 이끄는 JYP엔터테인먼트는 한국 프로듀서 시스템을 가지고 미국 시장에 진입하는 길을 택했다. 한두 명의 스타 마케팅에 의존한 진출은 일회성으로 그칠 수 있어도 한국 프로듀서 시스템이 미국에 자리 잡으면 한국 아티스트들이 더욱 쉽게 진출할 수 있다는 생각이었다.

2004년 미국으로 떠난 박진영 대표는 현지 아티스트들의 앨범 프로듀싱이나 곡 제작 작업에 참여해 인맥을 넓히는 방식으로 미국 시장에 파고들고자 했다. 프로듀서가 미국 주류 음악계에 자리 잡아야 주류 시장에 진입할 여지가 생긴다고 본 것이다. 박진영 대표는 개인기를 활용해 그들의 폐쇄적 리그 안에 들어가고자 했다. 자신이 주목받는 프로듀서로서 입지를 굳힘으로써 JYP엔터테인먼트가 '글로벌 레이블'로 자리매김하기를 바랐기 때문이다. 노력 끝에 JYP엔터테인먼트는 2006년 2월 뉴욕 매디슨 스퀘어 가든에서 한국 가수 최초로 비의 단독 공연을 성사시키는 등 일부 성과를 거두었다. 하지만 프로듀서 시스템을 성공적으로 안착시키지는 못했다.

JYP엔터테인먼트는 2009년 걸 그룹 원더걸스의 미국 진출을 선언하며 방법을 바꾸었다. 2007년 데뷔한 원더걸스는 〈Tell

Me〉, 〈Nobody〉 등을 연거푸 성공시키며 최고의 인기를 누리고 있었다. 원더걸스는 철저하게 아래에서 올라가는 전략을 취했다. 미국 가수들이 지역 클럽 등 작은 무대에서 활동하다 서서히 메인 무대에 올라가는 '미국식'을 따른 것이다. 이를 위해 CAA와 제휴를 맺고 미국 인기 아이돌그룹 조나스 브라더스의 전미 투어 콘서트를 따라다니며 오프닝 무대를 펼쳤다. 8~14세 정도인 로틴lowteen층을 공략하기 위해 미국 아동복 브랜드와 계약을 맺고 의류 매장에서 CD를 판매하기도 했다. 한국 톱스타 지위를 버리고 열악한 조건에서 직접 부딪치는 방식을 고수한 것이다.

성과는 있었다. 〈Nobody〉 영어 싱글 앨범이 한국인 가수 앨범으로는 처음으로 '빌보드 핫 100' 76위에 오르고, 미국 지상파 방송프로그램에 출연하기도 했다. 하지만 미국 내 인지도를 그다지 높이지 못했고, 수익도 적어 기대에 미치지 못하는 결과였다. 비의 경우 배우 활동도 했기에 어느 정도 수익을 거뒀지만 원더걸스의 미국 활동 수익은 손익분기점에도 미치지 못했다.

이렇게 원더걸스의 미국 진출은 실패로 마무리되었다. 미국 가수들의 성장 방식을 따르기 위해 철저하게 '미국식'으로 밑바닥을 훑었지만 아시아 가수에게 적합한 해법은 아니었다. 2008년 금융 위기가 터지면서 미국 음반사들이 투자 약속을 철회한 것도 악재였다. 결국 한국 가수들에 대한 인식을 전면적으로 바꿀 계기나 대중적 인지도를 높일 결정적 '한 방' 없이는 두터운 미국 시장 장벽을 무너뜨리기 어렵다는 교훈을 다시 한번 새겨야 했다.

## 〈강남스타일〉의 대성공,
## 미국은 한국에서 진출하면 된다

YG엔터테인먼트는 상대적으로 해외 진출에 적극적이지 않았다. 2008년 가수 세븐이 미국 시장 진출 과정에서 고전한 탓에 해외시장에 그다지 큰 매력을 느끼지 못했다. 하지만 2000년대 중반 음원 수익 감소 위기를 YG엔터테인먼트만 피해 갈 수는 없었다. 그래서 눈을 돌린 것이 뉴미디어 분야였다. YG엔터테인먼트는 시간과 장비의 한계가 있는 TV 방송프로그램 출연으로는 아티스트들의 실력과 잠재력을 보여주기 어렵다고 판단했다. TV는 음악만으로 승부하겠다는 YG엔터테인먼트의 정체성과도 어울리지 않았다.

그 대신 시간과 장비의 한계 없이 아티스트들의 진면목을 대중에 전면적으로 보일 수 있는 인터넷을 이용하기 시작했다. 2000년대 중반 한국의 초고속인터넷 환경은 세계 최고 수준이었고, 해외 팬들도 인터넷으로 K팝 스타들을 찾는 경우가 늘어났다. 특히 인터넷을 활용하면 팬과의 소통량이 늘면서 해외 팬덤도 빠르게 증가하는 것을 경험할 수 있었다. 인터넷 확산과 스마트폰 보급으로 10대들의 중심 매체가 TV에서 인터넷으로 급속하게 변화한다는 사실을 YG엔터테인먼트는 깨닫고 있었다.

특히 2006년 구글이 인수한 유튜브는 이미 K팝 글로벌 확산의 중심 매체로 떠오르는 중이었다. 유튜브에 오른 동영상을 트위터나 페이스북 같은 소셜 미디어를 통해 전 세계인들이 공유하면서, 유튜브가 음악산업에 미치는 영향력도 커져갔다. 어떤 기획사도 스스로 해내기 힘든 음악의 공유와 확산 그리고 추천과 공감이 유튜브를 통해 팬들의 손으로 이루어지는 중이었다. 특히 유튜브에서는 노래하고 춤추는 동영상이 인기를 끌었고, K팝은 그런 매체에 적합한 스타일이었다.

SM엔터테인먼트, JYP엔터테인먼트, YG엔터테인먼트 등을 비롯한 대부분의 한국 기획사들은 유튜브에 공식 채널을 마련하고 뮤직비디오를 올렸다. 굳이 해외에 나갈 필요 없이 한국에서 노래와 뮤직비디오를 업로드하면 순식간에 해외 팬들에게 소개되고 추천을 받았다. 이는 지난 10여 년간 K팝 아이돌이 일군 노력이 축적된 결과이기도 했지만, 그 노력의 몇 배를 넘어서는 성과가 유튜브와 SNS로 만들어지고 있었다. 이런 환경에 힘입어 YG엔터테인먼트의 빅뱅, 2NE1 등이 북미에서도 주목받는다. 몇 년 전 원더걸스가 미국 아동복 매장 앞에서 노래를 부르던 것과는 완전히 다른 환경이었다.

그러던 2012년 7월 15일, YG엔터테인먼트 유튜브 채널에 소속 가수 싸이의 신곡 〈강남스타일〉 뮤직비디오가 등장했다. 싸이는 파격적 퍼포먼스와 가사 등으로 국내에서 명성이 높았지만 일반적인 K팝 아이돌과는 거리가 있었다. 연습생을 거친 화려한 외모의 K팝 아이돌도 아니고 해외 팬덤을 가지고 있지도 않았다. 〈강남스타일〉 역시 국내 팬들을 타깃으로 만든 코믹 콘셉트의 뮤직비디오였다.

하지만 소셜 미디어를 통해 마술 같은 일이 벌어졌다. 〈강남스타일〉이 공개되자 2NE1의 멤버 산다라박이 이 뮤직비디오를 트위터에 올렸다. 한 해외 팬이 이 트위터를 공유했다. 이 트위터를 통해 약 보름 동안 공유와 확산이 이뤄졌지만 그때까지만 해도 트위터 안에서 언급량이 다소 늘어난 것에 불과했다. 그런데 첫 트위터 공유로부터 약 보름이 지난 8월 1일, 스쿠터 브라운이라는 유명 인플루언서가 그의 트위터에 〈강남스타일〉의 뮤직비디오 링크를 공유한 것이 기폭제가 되었다. 스쿠터 브라운이 "어떻게 내가 이 친구와 계약을 안 했지?"라며 사람들에게 〈강남스타일〉을 알렸다. 그러자 이날을 기점으로 트위터 안에서 〈강남스타일〉의 언급이 엄청나게 증가했다. 순식간에 〈강남스타일〉 뮤직비디오 조회수가 1,000만 건을 넘어섰다.[12]

이후 여세는 폭발적이었다. 뮤직비디오 발표 두 달 뒤, 〈강남스타일〉은 아이튠즈 음원 차트에서 1위를 차지했다. 2012년 9월 22일에는 한국어 가요로는 처음으로 싱글 차트 '빌보드 핫 100' 64위에 올랐고, 9월 말에는 이 차트 2위까지 올랐다. 유튜브에서는 단일 동영상으로는 처음으로 조회수 10억 건을 돌파했다.[*]

---

[*] 〈강남스타일〉 뮤직비디오는 2022년 4월 말 현재 조회수 44억 건을 넘어서는 등 공개 10년이 지나도록 막강한 조회 지속성을 나타낸다.

영국, 독일, 프랑스, 호주, 캐나다 등 30개국 이상 음원 차트에서 1위를 기록하기도 했다. 그해 연말 미국 뉴욕 타임스퀘어 새해맞이 무대의 주인공은 싸이였다. 새해가 시작되자마자 싸이는 세계인들과 함께 〈강남스타일〉을 부르며 흥겹게 말춤을 췄다. 그 야말로 세계적 열풍이었다.

## K팝 시스템과 소셜 미디어의 케미스트리

유튜브를 통해 이뤄진 〈강남스타일〉 성공은 가요계 내외부 모두에 충격이었다. 〈강남스타일〉은 전형적 K팝 스타일이 아니었고, 싸이도 K팝 시스템으로 훈련된 아이돌이 아니었다. 뮤직비디오의 내용은 B급 정서로 충만했고, 우스꽝스런 아시아인의 모습이 불쾌하다는 비판도 있었다. 하지만 솔직하고 유쾌한 형태는 세계인들의 호응을 끌어냈고, K팝의 존재를 수면에 드러내는 계기가 되었다. 세계시장에서 '소수 열성팬들이 즐기는 마니아 음악'이라는 성격이 강했던 K팝의 대중적 인지도는 〈강남스타일〉 이후 크게 높아졌다.

〈강남스타일〉을 제외하고 우리가 보여줄 수 있는 K팝의 모습이 다소 빈약했더라면 그 성공도 한 번의 해프닝으로 지나갔을지 모른다. 하지만 해외 팬덤을 일구며 성공 사례를 만들어가던 K팝은 〈강남스타일〉 성공 이후 더 활발히 유튜브와 인터넷을 활용하며 확장세를 이어갔다. 국내시장의 한계를 벗어나기 위해 해외로 펼쳤던 날갯짓은 점점 더 빨라지고 폭도 넓어졌다.

K팝 아이돌은 때로 '공장에서 생산되는 상품' 같다는 비판도 받았다. 하지만 그런 속에서 K팝은 천편일률적 모습에서 벗어나기 위해 시스템을 더 고도화하며 진화했다. 수익성 한계를 벗어나기 위해 해외 진출을 꾸준히 시도했으나, 아시아 시장을 벗어나게 된 것은 SNS가 확대된 후였다. 유튜브, 인터넷 등을 통해 해외 팬들과의 접근성이 높아지면서 북미와 유럽까지 시장이 확장되었다. 여기에 유럽의 최신 전자음악, 미국 기반의 최신 힙합이나 R&B 등 서구 유행 음악을 빠르게 받아들이고 결합해 글로벌한 세련미를 갖추어나간 점도 주효했다.

그렇다면 초기 K팝 성장과정에서 정부는 어떤 역할을 했을까? 1990년대 K팝이 중화권과 일본 등지로 처음 확장되던 때 기업과 정부가 협력관계를 가져가고자 했음은 분명하다. 경험이 적은 두 집단은 모두 한류라는 낯선 이름이 세계에 잘 알려지기를 바랐다. 하지만 K팝이 더 빠르게 알려지면서 두 집단의 공동 목표는 사라졌다. 세계에 잘 알려진 K팝 기업들을 더 활용하고 싶어 한 것은 오히려 정부 쪽이었다. K를 공유하며 한배를 탔던 두 집단은 이제 조금은 어색하게 함께 항해를 유지하게 되었다.

# 6장

✳

# 엔터테인먼트도
# 안정적 산업이
# 될 수 있다

## S#6
### 삼성그룹을 제치고
### 스필버그의 파트너가 된 남매

1995년 세계 영화계는 할리우드의 스타 감독 스티븐 스필버그의 행보를 주시했다. 그가 〈알라딘〉, 〈라이온 킹〉 등을 만든 애니메이션 제작자 제프리 카젠버그, 걸출한 음반 사업가 데이비드 게펜과 함께 1994년 10월 영화사 드림웍스 SKG를 세웠기 때문이다. 이들이 뭉쳤다는 사실만으로도 뉴스가 되는데 이 회사가 투자자를 물색한다고 알려지자 어떤 기업을 투자자로 선택할지 관심을 모았다.

이 소식에 먼저 드림웍스 문을 두드린 것은 삼성그룹이다. 당시의 이건희 회장은 6,000여 편의 영화를 소장할 정도로 영화광이었다. 삼성그룹은 단독 투자자라는 조건을 내걸고 10억 달러 가까운 출자 금액을 제시했다. 하지만 드림웍스 3인방은 삼성전자와의 협상 뒤 이 제안을 거절했다. 당시 〈동아일보〉 기사에 따르면 두 회사는 원하는 방향도 달랐고, 문화도 이질적이었던 것으로 보인다.

한류 외전

스필버그는 "삼성그룹 측이 통역을 통해 그들의 목표를 설명했을 때 배가 뒤틀리는 통증을 느꼈다"면서 그날 저녁 만남은 완전한 시간 낭비였다고 토로했다. "이날 저녁 대화에서 반도체라는 단어가 족히 20번은 나왔다. '그토록 반도체에 빠져 있는 사람들이 영화 사업을 어떻게 이해하겠는가'라는 생각이 들 정도였다." …결렬 원인에 대한 양측의 설명은 조금 다르다. 삼성그룹은 "스필버그가 출자만 하고 경영에는 손대지 말라는 조건을 고집해 협상이 깨졌다"고 주장하고 있다. …제프리 카젠버그, 데이비드 게펜은 "우리는 한 그룹이 너무 많은 경영권을 갖는 것을 원하지 않는다. 9,000파운드의 고릴라 한 마리보다는 3,000파운드의 고릴라 세 마리와 있는 편이 더 좋다"고 말했다.(백우진, "드림워크스 영화사 출자 협상 '결렬 비화' 타임지 소개 '삼성은 반도체만 얘기… 시간 낭비였다' 스필버그", 〈동아일보〉, 1995. 3. 25)[1]

삼성그룹과 드림웍스의 협상이 결렬됐다는 소식이 전해지자 예의 주시 하던 제일제당이 나섰다. 제일제당이 1993년 삼성그룹에서 분리된 이후 제일 먼저 추진한 것이 바로 드림웍스 투자 건이었다. 1995년 3월 말 이재현 제일제당 상무는 누나 이미경 이사와 함께 협상 실무팀을 꾸려 미국 LA로 날아갔다. 이들은 삼성그룹의 협상 결렬에서 몇 가지 힌트를 얻었다. 한국에서 급히 날아간 30대 젊은 남매는 청바지에 티셔츠, 운동화 차림으로 스필버그의 개인 스튜디오를 찾았다. 여기에 할리우드 문화에 맞춰 간단히 피자를 먹으며 대화를 나누면서 협상에 임했다.[2]

이들의 제안은 삼성그룹과 달랐다. 이들은 드림웍스에 투자만 하는 것이 아니라 영상 사업을 전개해 나가는 드림웍스의 체계적 도움을 받고 싶다고 이야기했다. 영화 유통부터 시작해 점차 영상, 음악 등 콘텐츠를 직접 제작함으로써 아시아의 할리우드로 도약하고 싶다는 꿈도 이야기했다. 이러한 제안이 드림웍스 측을 솔깃하게 만들었다. 제일제당이 콘텐츠를 만들어내는 시스템과 노하우를 전수받고 싶은 롤 모델로 드림웍스를 바라보고 있다는 느낌이 강했다.

결국 1995년 4월 드림웍스는 제일제당을 투자자로 선택했다. 계약이 성사되자 제일제당은 사내공모와 외부 특별 채용을 통해 30여 명의 인재들을 모아 멀티미디어 사업부를 신설했다. 영화, 방송, 음악, 게임 등을 아우르는 이 조직을 멀티미디어를 줄인 '멀미'로 불렀다. 이재현 상무와 이미경 이사가 직접 진두지휘를 하는 데다 배급 노하우, 마케팅 방식, 원가관리, 영화 흥행 예측, 제작 현황 보고 방식 등 엔터테인먼트 산업의 모든 것을 드림웍스에서 배워오느라 그야말로 '멀미'가 날 정도라는 의미였다.

영화산업에 투자를 시작한 지 7년째인 2002년 2월, 제일제당 멀티미디어 사업부에서 탄생한 CJ엔터테인먼트는 영화사로서는 처음으로 코스닥 시장에 등록했다. 주식공모에서는 경쟁률 170대 1을 기록하며 자금 420억 원을 모았다. 대한민국에서 영화사도 안정적으로 수익을 거두는 기업이 될 수 있음을 자본시장에서 인정받는 순간이었다.

## 충무로와 벤처 투자자의 의기투합

2000년대 들어 영화와 K팝을 비롯한 한국 대중문화는 본격적인 '산업화'의 틀을 갖추어나갔다. 1990년대에 WTO 체제가 들어선 후 세계시장 환경이 변하고, 인터넷 등의 보급으로 통신과 기술 환경도 변했다. 단군 이래 최대 위기라 일컬었던 IMF 금융 위기를 벗어나면서 정부는 문화산업에 대한 비전을 제시했고, 기업들도 시대 변화에 맞춰 신규 산업에 진입했다.

급격한 변화가 나타난 분야 중 하나가 영화계였다. 1988년부터 할리우드 영화사들이 본격적으로 직접 배급을 시작하고, 1993년 금융실명제 도입으로 충무로 자본의 변동이 일어나면서 삼성, 대우, SKC 같은 대기업들이 영상산업에 진출했다. 하지만 이들은 1997년 12월 IMF 금융 위기로 인한 구조조정과 함께 일제히 영상산업에서 철수했다. 이후 시장에는 대기업들과 호흡을 맞추던 영화 제작사들과 기획사들이 남았고, 영화 제작의 새로운 자금원이 될 벤처 투자자들이 진입했다.

충무로 제작사들과 기획사들은 이때를 기회로 보았다. 이들은 영화산업에 대한 깊은 이해 없이 산업계를 좌지우지하는 대기업들이 못마땅했다. 특히 IMF 금융 위기 때처럼 문제가 생기면 언제든 쉽게 자본을 철수할지 모른다는 사실에 심각한 위기의식을 느꼈다. 이들은 이 기회에 대기업 자본에 종속되어 불안정했던 영화 제작 환경을 개선하고 싶었다. 새로운 배급망과 투자 시스템을 도입해 안정적인 한국영화 제작 구조를 자리 잡게 하려는 것이었다. 특히 새로 시장에 진입한 벤처 투자자들도 영화산업 경험이 부족했던 터라 충무로에 오래 있었던 이들이 주도권을 쥐고 새판을 짤 기회이기도 했다.

이러한 배경 속에서 충무로에선 다양한 합종연횡이 펼쳐졌다. 대표적 제작사들이 자금조달과 제작, 배급 등을 함께하는 협의체를 구성하기도 했다. 강우석 프로덕션에서 발전한 시네마서비스는 투자, 배급사로 확장해 규모를 키워나갔다. 명필름, 강제규필름, 우노필름, 시네마서비스 등 흥행성 높은 영화들을 만들어낸 실력 있는 제작사들은 벤처캐피털들과 짝을 지어 영화 전문 투자 펀드를 결성하기도 했다. 금융권 투자자들은 충무로의 경험이 필요했고, 충무로 제작사들은 안정적으로 영화에 투자할 자본을 확보하고 싶어 했으므로 이들의 만남은 자연스러웠다.

특히 새로운 세기에 나타난 두 개의 흐름, 한국영화의 수준 향상과 코스닥 열풍이라는 거대한 바람 덕분에 충무로와 벤처 투자자들의 결합은 가속화되었다. 1999년 영화 〈쉬리〉가 전국 관객 600만 명을 동원하며 큰 성공을 거두면서 한국영화 관객 수는 1998년에 비해 두 배 이상 늘었다. 1990년대 내내 외화에 밀려 10% 수준이던 한국영화 시장점유율이 40%에 이르면서 한국영화 수익성이 새롭게 조명받았다.

한편 당시는 엄청난 코스닥 열풍이 일어 단순한 아이디어 하나만으로도 어마어마한 자금을 모으는 회사들이 날마다 신문을 장식하던 때였다. 호시탐탐 투자 대상을 찾는 벤처 투자자들에게 흥행력이 상승 중인 한국영화는 좋은 '재료'였다. 벤처 투자자들은 똘똘한 충무로 제작사를 골라 투자하거나 합병을 유도하며 코스닥으로 인도했다. 강제규필름은 브랜드가치 2,000억 원을 평가받으며 KTB네트워크에서 투자를 받았고, 우노필름(이후 싸이더스)은 시네마서비스와 함께 로커스홀딩스*에 인수돼 코스닥에 진입했다.

이후 로커스홀딩스는 영화 제작사 싸이더스, 제작 및 배급사 시네마서비스, 온라인 게임 포털업체 넷마블, 음반 유통사 예전

---

* 싸이더스와 시네마서비스를 모두 인수한 로커스홀딩스는 코스닥 열풍 속에 탄생한 새로운 벤처 신화였다. 1982년 가정용 변압기 등을 생산하는 중소기업으로 설립된 동보강업은 1999년 코스닥 시장에 등록한 뒤 2000년 코아텍시스템으로 개명했다. 이때까지 코아텍시스템은 평범한 제조업체였다. 그런데 2000년 벤처사업가 김형순이 운영하는 로커스가 코아텍시스템을 인수해 로커스홀딩스로 상호를 변경했다. 신생 업체가 코스닥에 등록한 중견 제조업체를 인수해서 코스닥에 우회등록하는, 당시 유행하던 투자 기법이었다.

미디어, 극장 체인 프리머스를 인수합병했다. 그런 다음 2003년
이 회사들 모두가 플레너스로 합쳐졌다. 플레너스는 당시로는
드물게 벤처회사가 중심이 되어 게임과 음악, 영화 제작, 배급,
상영을 수직통합한 회사였다. 이런 로커스홀딩스가 향후 누구와
손을 잡는가, 혹은 누구에게 사업을 양도하는가는 한국 엔터테
인먼트 산업 시장 재편에서 매우 중요할 수밖에 없었다.

## CJ, 오리온, 롯데,
## 영화시장에 2차로 진격한 대기업들

충무로 제작사와 벤처 투자자들의 짝짓기 행렬이 이뤄지던
때, 이들과는 성격이 조금 다른 회사들도 있었다. IMF 금융 위기
로 영상산업에서 퇴각한 대기업들과는 다소 구분이 되는 또 다
른 대기업들이었다. CJ엔터테인먼트가 대표적이었다. 식품업에
서 출발한 CJ엔터테인먼트는 제일제당이 1995년 스티븐 스필버
그 등이 설립한 드림웍스에 투자하면서 탄생한 회사였다. 이후
1998년 4월 외국 기업과 합작한 제일골든빌리지를 통해 우리나
라 최초의 멀티플렉스 영화관 CGV강변11을 세우는 등 영화 투
자, 배급, 상영 등을 수직통합했다.

CGV강변11은 CJ가 엔터테인먼트 산업을 해나가는 데 중요
한 기초가 되었다. 이전에도 스크린을 서너 개씩 가진 복합상영
관이 있었지만 멀티플렉스 영화관은 이와는 달리 영화관 건물에

다양한 상가와 식당을 갖춘 본격적 복합 위락 공간이었다. 당시 미국과 유럽 등에선 멀티플렉스의 등장으로 영화 관람과 쇼핑을 함께하려는 사람들이 더 많이 영화관을 찾으면서 기존 영화시장 규모가 증대되었다는 평가를 받았다. CJ 역시 멀티플렉스를 통해 영화 수요가 크게 늘어나리라 기대했다.

당시 CJ엔터테인먼트는 당분간 영화 투자와 배급에서는 수익을 내지 못한다는 전망을 공유하면서도 일단 사업을 더 밀어붙이기로 결정한 상태였다. 영상산업은 크게 영상물에 대한 투자 → 제작 → 배급 → 상영 순서로 가치가 창출된다. CJ엔터테인먼트는 멀티플렉스 덕분에 상영 쪽에서는 가능성을 확인했지만 투자와 제작에서는 실패를 거듭했다. 하지만 극장 수입과 배급에서 수익을 내고 있으므로, 할리우드 스튜디오 시스템처럼 효율화된 방식으로 계속 영화를 생산한다면 수직통합의 과실을 볼수 있을 듯했다. 어려움을 무릅쓰고 드림웍스에 투자한 이유가 바로 그것이었다. 따라서 당시의 부족한 제작, 배급 기반을 확보하기 위해 충무로의 실력 있는 제작사 명필름과도 손을 잡았다.

비슷한 시기 동양그룹도 영화 투자, 배급에 진출하며 엔터테인먼트 사업을 확장한다. 제일제당처럼 식품기업에서 출발한 동양그룹은 제과산업의 성장 정체를 극복하기 위해 1994년 오리온카툰네트워크를 설립해 케이블방송 사업에 진출했다. 이후 동양그룹은 1999년 바둑TV, DCN, 캐치원 등을 인수하면서 케이블 채널을 늘렸다.[*] 1999년에는 미디어플렉스를 세워 극장 사업으로 영역을 확장했다. 2000년에는 우리나라의 두 번째 멀티플렉스 영화관인 삼성동 메가박스 코엑스점을 개관했다. 마침내 2002년에는 영화 투자와 수입, 배급 등을 담당하는 쇼박스를 세우면서 영화산업의 수직 계열화를 완성하는 종합 엔터테인먼트 그룹으로 도약했다.**

당시 동양그룹의 극장 사업 진출에는 운도 작용했다. 영상산업에 진출했던 대우그룹은 IMF 금융 위기로 구조조정을 시작했는데 이때 대우그룹이 내놓은 매각 자산 가운데 하나가 케이블 영화채널 DCN이었다. 당시 케이블TV 채널 확장을 꾀하던 동양그룹은 대우그룹과 DCN 인수 협상에 들어갔다. 그러자 자금 사정이 어려운 대우그룹은 DCN뿐 아니라 강남 씨네하우스와 삼성동 아셈 컨벤션 센터에 건립 중이던 멀티플렉스 17개 관까지 동시에 인수할 것을 요구했다.

영화관산업에까지 진출할 것을 생각하지 못했던 동양그룹에 대우가 내놓은 제안은 좋은 기회였다. 하지만 준비된 인수 작업이 아니었던 터라 자금이 부족했다. 이때 동양그룹은 세계 최대 영화관 체인인 미국 LCELoews Cineplex Entertainment Corp.로부터 약 2,100만 달러(한화 약 250억 원)를 유치해 조인트벤처를 설립해

---

* 2000년 동양그룹의 케이블 채널들은 온미디어로 통합되었다. 이후 온미디어는 슈퍼액션, 온스타일, 캐치온, 캐치온 플러스, 스토리온, OCN, 온게임넷, 바둑TV, 투니버스, OCN 시리즈 등 총 10개 채널을 보유하게 된다.
** 2001년에는 동양제과, 미디어플렉스 등이 동양그룹에서 계열분리하여 오리온그룹으로 재출범했다.

영화관을 인수했다. 이때 LCE로부터 자금뿐 아니라 극장 운영에 대한 노하우도 전수받음으로써 영화관산업 진입의 리스크도 낮출 수 있었다.[3] 이런 작업을 통해 개관한 극장이 동양 최대 규모이자 우리나라 제2호 멀티플렉스라 불리는 삼성동 메가박스 코엑스점이었다. 과자를 구매하는 소비자와 시장 기반이 유사하다는 점에 착안해 케이블방송에 진출한 동양그룹이 IMF 금융 위기로 인한 구조조정 과정에서 우연히 영화관산업 진입 기회를 잡은 것이다.

롯데그룹도 멀티플렉스 영화관을 중심으로 영화산업에 진입했다. 1999년 10월 롯데쇼핑 시네마사업본부는 경기도 롯데백화점 일산점에 롯데시네마를 개관했고, 2003년 롯데엔터테인먼트를 설립해 영화 투자, 배급 사업으로 영역을 확장하며 본격적으로 영화 사업을 시작했다.* 롯데그룹은 앞서 시작한 두 그룹보다는 후발 주자였지만 백화점 등을 보유한 유통 전문 기업이라는 장점이 있었다. 롯데그룹은 멀티플렉스인 롯데시네마 전국 체인을 빠르게 확장하면서 영화산업 내에서도 영향력을 확대했다.

세 대기업은 1990년대 중반 1차로 영상산업에 진입한 대기업들과는 달리 IMF 금융 위기 이후 2차로 영화산업에 뛰어들었다는 공통점이 있다. 1차로 진입한 대기업들은 주로 TV, 비디오 등을 생산하는 전자산업을 기반으로 하면서 이에 탑재할 소프트

---

* 롯데엔터테인먼트는 2004년 투자/배급 사업을 시작했고, 2018년 현 사명인 롯데컬처웍스로 물적분할했다.

웨어로서의 영상물에 관심을 가졌다. 반면 2차로 진입한 대기업들은 모두 식품 사업 등에서 출발했고, 기존 사업의 성장 정체를 타개할 신산업으로서 엔터테인먼트 산업에 주목했다. 소비재를 판매하는 기업으로서 비슷한 고객 기반을 확장할 수 있는 분야로 엔터테인먼트 산업을 바라본 것이다.

이 기업들은 모두 영상산업 경험이 부족했지만 해외 자본을 유치하거나 투자하는 과정에서 노하우를 전수받는 형태로 리스크를 줄여나갔다. 과거 우리나라 대기업들이 신산업에 진출할 때마다 자주 취하던 방식 가운데 하나였다. 이들은 이런 방식을 통해 서구의 앞선 엔터테인먼트 사업 운영 기법을 압축적으로 배우고 체화할 수 있었다. 그런 한편 국내 충무로 제작자들과 연대하거나 제휴하면서 영화산업에 대한 이해도를 높여나갔다. 특정 산업 분야에 대기업들이 진출하면 기존 사업자들을 완전히 몰아내던 것과는 달리 영화산업에 진입한 대기업들은 소프트웨어 능력을 가진 작은 제작자들, 기획자들 손을 끝까지 잡아야 했다. 타분야와는 다르게 영화 제작이라는 소프트웨어 능력은 대기업이 자본으로 쉽게 얻을 수 없는 재화이자 핵심기술이고, 숙련된 노동의 집약체이자 창의성의 근원이었기 때문이다.

무엇보다 세 기업은 당시 도시의 성장과정에서 확산되던 멀티플렉스 영화관을 도입해 상영 분야에서 안정적 수익을 창출하면서 산업의 수직 계열화를 완성해 갔다. 1차로 영상산업에 진입한 대기업들은 안정적 수익 기반이 부족해 IMF 금융 위기가 닥치자 빠르게 퇴각해야 했다. 반면 2차로 진입한 대기업들은 극장 사업이라는 든든한 캐시카우를 쥐고 있어 이들보다는 더 깊게 산업에 뿌리내리는 게 가능했다. 그리고 깊게 내린 뿌리는 더 넓게 퍼져나갈 수 있었다. 이후 수직 계열화를 갖춘 세 대기업 중심으로 한국영화산업은 재편되었고, 한국영화의 수요와 공급도 늘어나면서 산업화가 완성되어 갔다.

## 단성사를 밀어낸 CGV

한국영화의 수익성 개선, 벤처 투자자들의 진입, 코스닥 열풍, 멀티플렉스를 중심으로 한 대기업의 진출 등으로 IMF 금융 위기 이후 영화산업계에는 다양한 주체들이 공존하는 형태가 되었다. 영화산업계를 이끌어가는 주체는 대략 세 범주로 나뉘었다. 전통적인 충무로의 인적 네트워크와 기획력, 제작력을 보유하면서 서울극장 중심의 전국 배급 라인을 확보한 시네마서비스가 한 축이었다. 그리고 CJ와 오리온처럼 식음료회사를 모기업으로 하면서 배급 라인과 극장을 보유한 상태에서 영화도 투자하는 대기업 계열들이 또 다른 한 축이었다. 마지막으로 영상전문투자조합을 중심으로 영화 투자를 시작한 벤처캐피털과 기관 투자자 등 금융자본도 한 축을 이루고 있었다.[4]

그런 가운데 멀티플렉스 영화관이 늘어가면서 영화산업 구조 안 힘의 관계도 변화하기 시작했다. 대기업 계열의 멀티플렉스 영화관이 늘어나고 기존 극장들도 개보수를 통해 스크린을 늘려가자 영화배급사가 극장에 비해 상대적으로 우월한 지위를 차지하게 되었다. 과거에는 특정 극장을 중심으로 배급 라인이 형성돼 있어 극장의 힘이 꽤 컸다. 주요 극장이 특정 영화를 상영하지 않겠다고 고집하면 오히려 배급사가 어려워지곤 했기 때문이다. 하지만 극장 스크린이 늘어남에 따라 이제는 여러 극장에 다양하게 영화를 공급하는 배급사의 힘이 더 커졌다. 배급사의 경쟁력은 얼마나 좋은 영화를 확보하고 있는가에 달려 있었다. 특히 과거와는 달리 한국 영화계에 뛰어난 제작자, 감독 들이 늘어나면서 배급 라인에 영향력을 줄 수 있는 좋은 한국영화들이 많아지자 배급사에 힘이 더 실리게 되었다.

멀티플렉스 영화관이 늘어나 한 영화를 400개 이상 되는 스크린에서 동시에 상영하는 광역 개봉wide release 방식이 증가한 것도 변화를 가속시켰다. 이로써 영화 상영 기간은 단축되고, 마케팅의 중요성이 더 커졌다. 과거에는 한 극장에서 한 영화를 한 달 이상 상영하는 경우도 흔했다. 하지만 멀티플렉스 체제에서는 한 영화를 여러 극장에 한꺼번에 올린 뒤 흥행 여부에 따라 상영 기간을 조절하는 경우가 많았다.

이런 형태에서는 입소문을 통한 흥행보다는 개봉 초기에 바람을 잡는 것이 중요했다. 즉 '무조건 첫 주에 개봉관을 많이 잡아' 단기간 흥행 수익을 극대화하는 형태가 필요했는데 그러려면 마케팅비가 많이 들었다. 영화 제작비 안에서 마케팅 비용 부담이 늘어나자 제작비도 상승했다. 대기업 계열 배급사들은 자신들이 투자한 영화를 계열 멀티플렉스 영화관에 더 많이 상영하고자 했고, 영화관을 소유하지 못한 중소형 배급사 영화들은 상대적으로 원하는 시기에 영화관을 잡기가 어려워졌다. 영화 상영 기간이 줄어들자 단기간 흥행으로 영화 성패가 결정되었고, 영화 몇 편을 실패한 후 갑자기 사라지는 제작사들도 늘어났다. 그리하여 제작사와 배급사 사이에서 양극화가 시작되었다.

이와 함께 케이블방송 가입 가구 증가, 초고속인터넷 보급 확대 등으로 1990년대 중반 크게 늘어났던 비디오 대여점들이 1만여 개 이하로 줄어들었다. 비디오시장 축소는 영화의 부가 판권 수익이 줄어드는 것을 의미했다. 다시 말해 한국영화 수익 구조에서 부가 판권 수익의 비중은 줄고 영화관 흥행 수익 비중이 더 커진다는 이야기였다. 이에 따라 영화관 중심의 흥행 전략은 더 중요해졌다. 이래저래 영화관을 소유한 배급사가 유리한 고지를 점령할 조건들이 늘어나고 있었다.

### 메인 투자 시스템의 확립

본격적 산업화가 진행되면서 영화에 투자하는 자본의 성격과 형태도 변모되었다. 1990년대 이전의 영화 투자 자본은 대부분 충무로 극장 자본들이었다. 금융실명제 이후 IMF 금융 위기 이전까지는 충무로 자본과 1차로 영화산업에 진입한 대기업 자본이 중심이었고, 1990년대 중반 이후 진입한 금융자본 등도 있었다. 그리고 IMF 금융 위기 이후 2000년대 들어서면서 일부만 남게 된 충무로 자본, 2차로 영화산업에 진입한 멀티플렉스 영화관 기반 대기업 자본, 벤처 투자 형태로 영화에 투자하는 금융자본 그리고 정부기금이나 각종 기관 투자자들의 자본이 공존하게 되었다. 이 자금들을 독자적으로 투자하는 경우는 드물었다. 2000년대 이후 벤처 투자자들 중심으로 영상전문투자조합이 결성되면서 충무로 자본, 대기업 자본, 금융자본, 정책자금 등이 함께 하나의 영화에 부분적으로 투자되는 경우가 늘어났다.

특히 정책자금은 비중은 크지 않지만 영화 투자 자본이 장기간 존재할 수 있도록 여러 안전장치를 만드는 역할을 했다. 영상전문투자조합 가운데 정부의 모태펀드 같은 정책자금과 함께 결성된 투자조합들은 투자의무비율이라는 것을 지켜야 했다. 예를 들어 2000년부터는 펀드 자본금 50% 이상을, 2004년부터는 90% 이상을 의무적으로 영화에만 투자해야 했다. 보통 특정 목적을 위한 투자조합이라면 100% 모두 특정 분야에만 투자한다고 생각되지만 그런 펀드는 거의 없었다. 그럴 경우 투자수익률 보장이 어려워 투자자들이 참여를 꺼리기 때문이다. 특히 영화 같은 경우는 더욱 그랬으므로 목적 분야 외에도 투자할 수 있도록 여유분을 보장했다.

투자조합의 존속기간도 늘어났다. 처음에는 5년이었지만 2006년 이후에는 7년으로 늘어났다. 적어도 5년 이상 유지되는 투자조합은 영화산업에 안정적으로 자본을 공급했다.[5] 지속적으로 투자를 하게 되면서 투자조합들이 투자한 영화들도 흥행에서 좋은 성적을 거두었다. 박찬욱 감독의 대표작 〈공동경비구역 JSA〉(2000년), 관객 800만 명 흥행 기록을 달성한 〈친구〉(2001년), 〈신라의 달밤〉(2001년), 〈엽기적인 그녀〉(2001년) 등이 연달아 흥행에 성공하면서 2001년 한국영화 평균 투자수익률은 40%를 상회할 정도로 좋았다.

하지만 좋은 성과가 독이 되기도 했다. 2002년 접어들면서 영화 투자수익률이 급격하게 떨어졌다. 전작의 성공들에 힘입어 영화 제작비는 계속 치솟은 데다 거대 제작비를 투자한 영화들이 예상과는 달리 극장 흥행에서 줄줄이 실패했다. 비디오시장이 축소되면서 부가 판권 시장이 줄어들어 영화관 흥행 실패를 보전할 수단이 없어진 것도 큰 이유였다. 무엇보다 영화 제작에 대한 이해도가 높지 못한 투자조합이 모든 제작 과정을 제작사에 일임할 수밖에 없었던 것도 투자수익률을 떨어뜨리는 원인이 되었다. 과거 영화 제작 과정에서 남아 있던 구태의 영향으로 충무로 제작 과정은 여전히 불투명했고, 투자금 정산 과정도 미덥지 못했다. 하지만 영화 제작 과정을 꿰뚫어 보며 정확히 문제 제기를 할 수 있는 심사역은 어느 투자조합에도 없었다. 2002년 한국영화 전체 투자수익률은 -8.9%였고, 투자조합이 투자한 영화의 수익률은 -18.4%로 그보다도 낮았다.

그런데도 투자조합은 투자의무비율 등에 따라 5년 동안 영화에 계속 투자를 해야 한다는 딜레마가 있었다. 이에 따라 투자조합들은 영화 제작에 관해 전적으로 제작사에 일임하던 시스템을 바꾸어갔다. 불투명한 투자 정산 시스템, 엉성한 제작 관리 능력을 가진 제작사들을 더 이상 신뢰할 수 없었기 때문이다. 투자조합들은 관리 능력이 떨어지는 제작사의 영화에 직접 투자하는 대신 대형 배급사들이 메인 투자를 하는 영화에 부분 투자자로 참여하는 형태로 투자 형태를 변경했다.

영화 투자에 있어 메인 투자 시스템은 삼성영상사업단이 한국 영화산업에 도입한 방식이었다. 극장을 기반으로 투자와 배급을 병행하는 대기업이 영화산업에 진입하면서 처음 등장한 형태였다. 메인 투자 시스템에서 제작사는 투자금으로 영화 제작만 담당한다. 대신 제작비의 50%를 투자하는 메인 투자사가 투자금 관리·감독, 배급 및 부가 판권 관리 등 영화 제작 완성을 위한 모든 과정을 총괄한다. 메인 투자사는 부족한 투자분을 금융권이나 영상투자조합 등에서 부분 투자 형태로 조달하는 역할까지 수행했다. 이런 역할을 책임지는 대신 메인 투자사가 영화의 IP, 즉 모든 판권도 소유했다.[6]

즉 영화 투자 구조를 만드는 것을 비롯해 제작, 회계에 관한 모든 관리를 메인 투자사인 투자 배급사가 주도하고, 제작사는 제작만 하는 형태였다. 50% 이상 투자 지분을 가진 메인 투자사가 관리 능력이 떨어지는 제작사가 해야 할 역할을 모두 담당하면서 대신 판권을 소유하는 형태였던 것이다. 금융권이나 투자조합은 메인 투자사가 조성하는 투자풀에 부분 투자자로 참여만 하면 됐다. 금융권이나 투자조합은 대기업 계열 배급사들의 관리 능력을 믿고 이들을 따라가는 투자를 함으로써 리스크를 줄일 수 있어 이 방식을 선호하게 되었다.

제작사 입장에서 영화 판권을 넘기는 것은 다소 불만스러울 수 있었다. 하지만 소규모 제작사가 직접 하기 어려운 투자 유치, 회계 관리 등을 메인 투자사에 일임한다는 장점이 있었다. 인력 두세 명이 전부인 소규모 제작사가 많은 현실이었다. 하지만 이로써 궁극적으로는 한국영화 투자 구조에서 메인 투자사 역할을 하는 대기업 투자 배급사의 힘이 지나치게 커지는 부작용을 낳았다. 이후 투자조합들이 메인 투자사가 투자 배급을 하는 영화에만 투자하려는 경향이 더욱 강화되었기 때문이다.

## 영화계를 통일한 CJ

대기업 중심의 메인 투자 시스템은 충무로 자본의 마지막 자존심이던 시네마서비스가 CJ그룹*으로 넘어간 2004년을 기점으로 더욱 강화되었다. 앞서 언급한 코스닥 시장의 총아 로커스홀딩스는 시네마서비스와 싸이더스를 인수한 뒤 2003년 이 회사들을 모두 플레너스로 합병시켰다. 시네마서비스는 영화 제작과

---

* 제일제당그룹은 2002년 그룹명을 CJ그룹으로 변경한다.

배급을 하고 있었고 싸이더스는 영화 제작사였다. 로커스홀딩스는 벤처자본으로 설립된 회사였지만 '충무로의 적자'인 시네마서비스와 싸이더스 등을 보유하면서 충무로의 적자로 나서게 되었다. 당시 시네마서비스는 우리나라에서 영화 배급을 가장 많이 하는 곳이었다. 시네마서비스는 2001년 한국영화 배급에서 약 45%의 시장점유율을, 2002년에는 약 33%의 점유율을 차지하고 있었다.[7]

그런데 2002년 이후 싸이더스와 시네마서비스가 투자, 제작한 영화의 수익률이 크게 떨어지면서 재정이 악화되었다. 2003년 기준으로 싸이더스의 누적적자는 약 14억 원, 시네마서비스의 누적적자는 약 18억 원이었다. 결국 로커스홀딩스는 이 회사들을 보유한 플레너스를 매물로 내놓았고 경쟁사였던 CJ그룹이 2004년 4월 플레너스를 인수했다. CJ엔터테인먼트와 CJ(구 제일제당)가 각각 420억 원과 380억 원을 출자해 플레너스의 지분 18.78%를 총 800억 원에 인수하는 조건이었다.

한국영화 배급의 양대 산맥이던 시네마서비스와 CJ엔터테인먼트는 제작사들을 붙잡는 방식도 조금 달랐다. 당시 경험과 실력이 있는 제작사가 만든 영화를 잡기 위한 배급 경쟁은 치열했다. 이런 상태에서 시네마서비스는 씨네2000, 태원, 쿠앤필름, 좋은영화 같은 영화사들과 전속계약을 맺고 영화를 배급했다. 충무로의 맏형답게 한 지붕 아래 영화사들을 모아놓고 함께 가는 길을 택한 것이다.

반면 CJ엔터테인먼트는 명필름, 강제규필름, 신씨네, 봄 같은 제작사들과 '제휴'를 맺어 배급하는 형태를 취했다. 영화사 입장에선 '전속'계약을 더 안정적으로 여겼을 수 있다. 하지만 CJ엔터테인먼트는 여러 제작사에 리스크를 분산하고 기동력 있게 투자를 결정하기 위해선 제휴 형태가 더 맞다고 보았다. 대신 CJ엔터테인먼트는 일단 영화 제작에 돌입하면 제작자에게 철저한 독립권을 주는 것을 원칙으로 삼았다. 영화를 잘 아는 경쟁 배급사인 시네마서비스에 대항할 힘은 그것밖에 없었다. 이런 방식을 선호하는 제작사들은 CJ엔터테인먼트를 선택했다. 결국 멀티플렉스 영화관에서 거둔 자본력 덕분일 수도 있지만, 힘의 우위는 점점 CJ엔터테인먼트로 넘어갔다.

CJ그룹 품에 들어간 플레너스는 2004년 6월 상호를 CJ인터넷*으로 변경했다. 로커스홀딩스는 2005년 극장 프리머스도 CJ엔터테인먼트에 매각했다. 이로써 CJ엔터테인먼트는 플레너스, 프리머스 등을 모두 품에 안으며 충무로를 통일한다. 우리나라 영화 배급 50%, 전체 극장 4분의 1을 소유하며 투자, 제작, 배급, 상영의 수직 계열화를 이룬 거대한 종합 엔터테인먼트 기업이 된 것이다.

---

* 이후 2004년 8월 플레너스가 보유했던 시네마서비스의 총지분 중 60%를 강우석 감독에게, 40%를 CJ엔터테인먼트에 다시 매각하는 계약을 체결했다. 이로써 CJ인터넷은 넷마블 중심의 게임 및 인터넷 전문기업으로 전환한다. 이후 시네마서비스는 제작사로만 역할을 한정하고 배급망은 CJ엔터테인먼트에 넘어갔다.

CJ그룹의 플레너스 인수가 완료된 2005년 이후 우리나라 엔터테인먼트 산업 지형에서는 CJ, 오리온, 롯데라는 세 대기업 중심 구도가 더 공고해졌다. CJ는 CJ엔터테인먼트와 CJ CGV, 오리온은 쇼박스와 메가박스, 롯데는 롯데엔터테인먼트와 롯데시네마를 가지고 있었다. 이들은 이 회사들로 투자, 배급, 상영의 수직 계열 체계를 완성했고, 영화 메인 투자 시스템을 통해 영향력도 확대했다. 3대 대기업 계열 극장의 스크린 점유율은 2005년 45.7%, 2006년 54.7%, 2007년에는 57.2%까지 확대되었다. 2000년대 초반 상대적으로 우위에 있던 충무로 제작사들은 메인 투자 시스템 안에서 제작만 수행하는 역할로 한정되었다.[*]

## 결국 천만 관객 영화가 등장하다

메인 투자 시스템이 공고해지면서 부작용들도 나타났다. 2006년 7월부터 스크린 쿼터제가 종전 146일에서 73일로 줄어들면서 한국영화 투자수익률은 곤두박질을 쳤다. 2005년 7.9%이던 투자수익률은 2006년 -24.6%, 2007년 -40.5%, 2008년에는 -43.5%까지 떨어졌다. 한국영화 제작 수가 1998년 연 49편

---

[*] 2021년 기준으로는 우리나라 전체 스크린 3,254개 가운데 CJ CGV가 1,312개(40%), 롯데시네마가 982개(30%), 메가박스가 706개(22%)를 소유하고 있다. 이처럼 메이저 3대 대기업 계열 극장의 점유율은 전체의 92%를 넘어선다. 메이저 3개사 외에는 영화 투자, 배급사인 넥스트엔터테인먼트월드(NEW)에서 운영하는 씨네Q의 스크린 49개가 더 있다.

한류 외전

에 불과하다가 2006년 108편으로 두 배 이상 증가했지만, 영화 평균 제작비는 세 배 가까이 증가할 정도로 제작비가 상승한 영향도 컸다. 이렇게 영화 투자수익률이 하락하자 메인 투자 시스템에도 변화가 생겼다.

메인 투자 시스템 아래에서 투자, 배급을 담당하던 메인 투자사들은 투자 비율을 줄였다. 이전에는 한 영화당 메인 투자사의 투자 비율이 50% 정도였으나 2006년 하반기부터 투자 비율이 30% 수준으로 떨어졌다. 또 배급수수료를 8%에서 10%로, 제작 관리 수수료도 1.5%에서 2%로 인상했다.[8] 투자 비율을 줄여 투자 실패 때 오는 손실액은 줄이고, 영화가 흥행에 성공할 때 얻을 수 있는 수익을 증대시켜 배급사의 수익성을 개선하고자 한 것이다.

또 흥행에 성공했을 때 제작사에 투자수익 40%를 제공하던 관행도 변화시켰다. 영화계에선 다른 산업과는 달리 투자수익이 발생했을 때 투자사와 제작사가 수익을 6:4로 나누는 관행이 정착해 있었다.* 영화가 흥행에서 성공하면 제작사는 제작 자금 외에 투자수익의 40%를 받아 이후 영화의 기획을 위해 쓰거나 투자를

---

* 이 부분은 우리나라 엔터테인먼트 산업에서도 영화 분야에만 존재하는 관행이다. 창투사들이 영화 투자를 시작한 초반기에 한 벤처캐피털이 제작사들의 협력을 끌어내기 위해 이런 관행을 만들었고, 대부분의 투자사에서 이를 계속 따르면서 유지되었다고 알려진다. 제작사에 다음 영화를 준비할 자금이 없으면 꾸준한 제작을 이어가기 어려워지기에 투자사에서 배려한 조치였다. 이후 영화 투자를 시작한 투자사들은 이런 관행을 매우 못마땅하게 여겼으나, 한번 정착된 방식이라 유지되고 있다. 금융권이 영화 투자를 시작한 1990년대 말~2000년대 초반에는 그만큼 제작사들에 힘의 우위가 있었던 것으로 보인다.

받기 어려운 다양성 영화의 제작 자금으로 쓰곤 했다.

하지만 영화 투자수익률이 저조해지자 메인 투자사들이 투자사의 부담이던 프로젝트 개발비를 공동 제작비로 전환했다. 프로젝트 개발비가 공동 제작비가 된다는 것은 이 돈을 낸 메인 투자사도 공동 제작사가 된다는 의미였다. 이에 따라 투자 성공 시 제작사에 주던 투자수익 40%를 메인 투자사와 제작사가 나누게 되었다. 결과적으로 제작사들의 자금 축적은 더 어려워졌다. 제작사들이 영화 개발을 위해 쓸 자금이 넉넉지 못하게 되자 영화의 다양성도 떨어졌다. 즉 돈이 될 영화에만 투자금을 쓰는 환경으로 변모한 것이다.

물론 메인 투자 시스템이 낳은 긍정적 변화도 많았다. 한 해 한국영화 100편 이상을 제작할 수 있는 투자 시스템을 갖추게 된 것이 가장 큰 변화였다. 그 결과 우리나라 영화시장에서는 2003년 〈실미도〉, 2004년 〈태극기 휘날리며〉, 2005년 〈왕의 남자〉, 2006년 〈괴물〉 등 해마다 천만 관객을 돌파하는 영화가 탄생할 정도로 관객 수가 늘어났다. 인구 5,000만 명 남짓한 나라에서 해마다 관객 천만 명이 보는 영화가 탄생하는 것은 자연스러운 일은 아니다.

천만 관객 영화가 나타나기 위해서는 영화의 질은 물론 배급과 상영 시스템의 뒷받침이 중요하다. 집중력을 발휘해 우리나라에서 가동 가능한 모든 시스템을 총동원할 때 탄생할 수 있는 것이 천만 관객 영화이기 때문이다. 그런 점으로 인해 천만 관객

제작과 배급을 모두 아우른 CJ는 한국 영화계의 제왕이 되었다. CJ그룹 이미경 부회장은
〈기생충〉이 아카데미 작품상을 수상하는 자리에서 직접 소감을 말하기도 했다.

영화가 탄생할 때마다 늘 스크린 독과점 같은 부작용에 대한 논의가 따른다. 배급사와 상영관이 합심해 될 만한 영화에 있는 힘껏 이른바 '몰빵'을 해주고, 심지어 경쟁사가 한 템포 쉬고 개봉하는 식으로 협력 정신까지 발휘해야 태어날 수 있는 기획상품이 바로 천만 영화였기 때문이다.

## 엔터테인먼트 전쟁의 승자

메인 투자 시스템에서도 메이저 3사의 경쟁은 치열했다. 대규모 자본을 동원한 경쟁 가운데 제일 먼저 시장에서 퇴각한 것은 오리온그룹이었다. 오리온그룹은 2007년 맥쿼리 계열에 메가박스 지분을 매각하면서 영화관 사업에서 철수했다. 2006년 이후 CJ그룹과 롯데그룹의 공격적인 출점으로 업계 3위로 내려앉으면서 더 이상 영화관 출점 경쟁에 대응할 자본력이 부족하다는 게 오리온그룹의 입장이었다. 2007년을 전후해 오리온그룹이 투자한 영화들이 흥행 실패를 겪은 후과이기도 했다. 이후 메가박스는 2010년 중앙일보 계열사인 제이콘텐트리가 운영하는 씨너스*에 합병되었고, 씨너스와 메가박스는 2011년 다시 메가박스라는 브랜드로 통합되었다. 이후 오리온그룹은 영화산업에서

---

* 씨너스는 2004년 강남 센트럴6, 분당 씨네플라자 등 군소 극장 업체들이 연합해 만든 공동 브랜드다. 이후 2008년 중앙일보 계열사인 ISPlus에 인수되었고, 2011년 ISPlus는 제이콘텐트리로 이름을 바꾼다. 2022년 3월에는 제이콘텐트리가 콘텐트리중앙으로 사명을 바꾸었다.

는 투자와 배급을 하는 쇼박스만을 보유하게 되었다.

오리온그룹은 2009년 12월 케이블방송 그룹 온미디어도 CJ그룹에 매각했다. 온미디어는 온게임넷, OCN, 수퍼액션, 투니버스, 온스타일, 캐치온, 캐치온 플러스, 스토리온, 바둑TV 등을 보유한 국내 최대 방송채널사용사업자였다. 오리온그룹의 온미디어는 2003년까지만 해도 케이블TV 시청점유율에서 약 30%를 차지하며 독보적 1위를 유지했지만, 경쟁사인 CJ미디어가 치고 올라오자 경쟁 회사에 채널들을 팔 수밖에 없었다. 당시 CJ는 tvN, 엠넷, 채널CGV 등을 보유했는데 온미디어가 보유한 10개 채널을 인수하면서 국내 최대 케이블방송 사업자가 되었다. 또한 18개 채널을 보유하면서 케이블TV 시청점유율 30%를 소유하게 되었다. 시청점유율로는 지상파 못지않은 영향력을 확보한 셈이다.

2011년 CJ그룹은 2004년 인수한 플레너스(당시의 CJ인터넷)와 CJ 산하 미디어 계열 4개 회사(온미디어, CJ엔터테인먼트, CJ미디어, 엠넷 미디어) 등을 모두 CJ ENM으로 통합했다. 2000년대 충무로의 대표적인 제작사와 배급사를 인수한 데 이어 오리온그룹의 케이블방송 채널까지 모두 인수한 뒤 종합 엔터테인먼트 기업 CJ ENM으로 완성한 것이다.

2000년대 이후 영화산업을 중심으로 벌어진 지각변동 속에서 CJ그룹은 경쟁사들과 치열한 전투를 벌여야 했다. 이 과정에서 CJ그룹은 기존 충무로 경험자들과 다양하게 제휴, 인수, 합병을 하면서 한국형 메인 투자 시스템을 발전시켰고, 결국 한국 대표 엔터테인먼트 기업의 왕좌를 차지했다. 2010년대 중반 이후 마침내 한국 엔터테인먼트 산업이 질적 도약을 하며 성장하자 CJ 그룹은 그 과실을 가장 많이 거두는 기업이 되었다.

## K팝 기업에 코스닥이 간절했던 이유

한편 K팝 산업에서는 2000년대 접어들면서 SM, YG, JYP의 3대 기획사 체제가 확고하게 자리를 잡는다. 이러한 체제의 정착에는 세 기업이 가장 먼저 주식시장에 공개된 영향이 컸다. 세 기업 모두 코스닥 시장에 등록하면서 이들 중심으로 투자자나 일반인을 대상으로 K팝 산업에 대한 풍부한 논의가 이어졌기 때문이다. 가장 먼저 코스닥 시장에 기업공개Initial Public Offering, IPO를 한 것은 2000년 SM이었다.

SM의 코스닥 시장 등록은 중요한 의의가 있다. 기업이 기업공개를 하는 것은 여러 가지로 의미가 크기 때문이다. 기업공개란 기업이 유가증권시장이나 코스닥 시장에 주식을 팔 수 있도록 인정받는 것이다. 기업공개를 하려면 주식 발행을 담당하는 주관 회사를 선정하고, 회사의 재무제표 검토를 거치는 등 까다로운 과정을 거쳐야 한다. 따라서 기업공개를 할 수 있다는 것 자체가 그 기업이 어느 수준 이상으로 외양을 갖추었음을 공표받는 셈이다.

이런 절차를 겪으면서까지 기업공개를 추진하는 가장 큰 이유는 자금조달을 위해서다. 비상장회사가 기업공개를 하면 대규모 자금을 회사에 조달할 수 있다. 증권시장에 공개된 후에는 필요할 때마다 증자 등을 통해 자금을 조달할 수도 있다. 상장기업은 뉴스에서 자주 언급되므로 회사의 인지도가 올라간다는 장점도 있다.

SM이 K팝 기획사로서 처음 코스닥에 입성한 것은 K팝 기획사가 정상적 수익모델을 가진 기업으로 인정받았다는 점에서 의의를 가진다. SM은 아이돌 육성과 해외 사업 확장을 위해 자본이 필요하다는 계획을 밝혔고, 시장이 이를 정상적 기업활동으로 인정했다는 의미기 때문이다. 즉 K팝 산업이 성장, 발전하기 위해 어떤 자본이 필요하고, 그런 활동을 하는 기업의 원형은 어떤 형태여야 하는지가 검증이 된 셈이다.

특히 한류산업 내에서도 K팝 기업들이 코스닥 등록에 더 적극적일 수밖에 없는 이유도 있었다.[9] 드라마의 경우 제작비 상당 부분을 방송사를 통해 조달하기 때문에 외부 자본조달이 중요한 과제는 아니었다. 영화는 CJ, 롯데, 오리온 같은 대기업과 벤처투자자들의 영상전문투자조합 등을 통해 제작비를 조달했다. 반면 K팝 기업들은 연예계 출신 창업자들이 세운 회사가 대부분이었기에 이들이 자금을 조달할 방법이 매우 한정적이었다. 한 단계 뛰어넘는 성장을 위해서는 직접 금융시장 문을 두드리는 것이 중요했다는 이야기다.

## 경제면에서 다뤄지기 시작한 K팝

하지만 문화산업 기업들의 코스닥 등록이 늘어나면서 우리의 시각도 변화하게 되었다. 2022년의 한 연구[10]에서는 우리나라 K팝 보도와 관련한 재미있는 사실을 밝혀냈다. 2001년 1월 1일부터 2021년 6월 30일까지 우리나라 54개 매체 총 23만 9,817건의 한류와 K팝 기사를 분석한 결과, 한류와 K팝 보도에는 금융 분야 정보원 비중이 꽤 높다는 사실이다. 특히 K팝과 관련된 경제 기사에서 주로 코멘트를 제공하는 것은 증권사 엔터테인먼트 산업 담당 애널리스트들이라는 분석이었다.

경제지 기자를 경험한 나는 고개를 끄덕였다. 특정 기업이 주식시장에 상장되면 그 기업과 관련된 기사가 늘어난다. 특정 기업과 관련된 모든 사건, 사고를 '정보'로 취급하기 때문이다. 음악 관련 기업일지라도 기업의 수익과 관련된 기사가 늘어날 수밖에 없다.

이 연구가 밝혀낸 것처럼 증권사 애널리스트가 정보원이 되는 K팝 기사가 크게 늘어난 것은 K팝 기업들이 코스닥에 등록하면서 나타난 결과로 볼 수 있다. 2022년 6월 현재 종합 엔터테인먼트 기업 외에 K팝 기획사 가운데 코스닥과 코스피에 등록된 곳은 SM엔터테인먼트(2000년), YG엔터테인먼트(2011년), JYP엔터테인먼트(2013년), FNC엔터테인먼트(2014년), 큐브엔터테인먼트(2015년), 하이브(2020년), RBW(2021년) 등 열 곳 내외다. 숫자는 많지 않지만 이 기업들에서 굵직굵직한 아이돌그룹들이 계속 탄생하고 새 노래도 발표된다. 만약 이들이 해외 공연 계획이라도 발표한다면 당연히 기업 주가에 영향을 줄 수 있다. K팝과 관련되었지만 '문화' 기사가 아니라 경제면에서 읽을 수 있는 '증권투자' 기사가 탄생하는 것이다.

특히 특정한 사건이 발생할 때 이에 대해 설명해 줄 정보원을 확보하는 것은 기자들에게 매우 중요하다. K팝 노래나 가수에 대한 분석, 사회적 반응 등과 관련된 문제라면 대중문화 전문가를 정보원으로 찾아야 한다. 하지만 기업의 주가에 영향을 주는 문제라면 찾아야 할 정보원도 달라진다. '투자' 기사를 쓰는 기자들이라고 하면 단연 증권사 엔터테인먼트 담당 애널리스트가 1순위로 떠오른다. 이들은 시기에 맞춰 해당 기업과 업종에 대한 보고서를 꾸준히 작성해서 제공하기 때문이다. 반면 K팝과 관련된 '문화' 기사를 써야 한다면 솜씨 좋게 설명해 줄 전문가를 찾는 것부터 쉽지 않다.

기사 생산 환경 차이로 인해 '문화' 기사보다 '투자' 기사가 더 많이 늘어난 것도 지난 20여 년간 K팝 산업화로 인해 나타난 변화다. 이렇게 늘어난 '투자' 기사로 인해 일반인들의 관심사가 문화상품의 질과 영향력보다는 '수익' 쪽으로 더 옮겨간 측면도 있다는 뜻이다.

# 7장

✳

# 팬덤이라는
# 세계화 전진 기지

## S#7

### BTS 노래를 신청하며
### 꽃다발을 보내는 소녀들

"정말 고마워요, 스티브. 저희가 신청한 노래 틀어주실 때마다 너무 기뻤어요. 덕분에 BTS가 이렇게 많이 알려졌다고 생각해요. 매우 감사드리고 앞으로도 행복하세요."

2018년 3월 미국 조지아주 링골드. 레이첼은 라디오 음악프로그램 DJ를 그만두는 스티브에게 보내는 꽃다발에 동봉할 편지를 썼다. 앞으로 연락할 일이 없다니 섭섭한 마음도 들었다. 레이첼은 3년 가까이 꾸준히 편지를 쓰고 전화를 했다. BTS 노래를 라디오에서 틀어달라는 요청을 위해서다.

처음 연락했을 때의 반응은 냉담했다. 이해 못할 일은 아니었다. 그에게 BTS라는 아시아 그룹은 너무 낯설었다. 한국 가수라고는 몇 년 전 전 세계를 뜨겁게 달군 〈강남스타일〉의 싸이밖에 몰랐던 스티브가 지금은 올바른 한국어 발음으로 '정국이'라고 친근하게 부른다. 레이첼은 이런 변화가 정말 뿌듯했다.

레이첼은 미국 내 50개 주에서 결성한 BTS 팬클럽 커뮤니티

'BTSx50States'의 멤버다. 이 팬클럽은 2016년경부터 라디오 홍보, 풀뿌리 캠페인, 광고 등을 통한 BTS의 인지도 상승을 목표로 결성한 BTS 공식 팬덤 '아미' 안의 커뮤니티였다. 미국 시장에서 인정받지 못하는 BTS가 안타까워 팬들이 직접 세상에 더 많이 알리고자 결성한 조직이었다.

이를 위해 BTSx50States는 BTS 노래의 유명 음악 차트 진입과 각종 시상식 도전을 목표로 삼았다. 그러려면 미국 음악산업 메커니즘의 이해와 조직적 활동이 필요했다. 예컨대 빌보드 차트에 진입하려면 디지털 스트리밍, 디지털 다운로드, 앨범 구매, 라디오 선곡 횟수, 유튜브 뮤직비디오 조회수 등이 모두 일정 수준 이상이어야 했다. 아미들이 힘을 합치면 디지털 스트리밍이나 다운로드, 앨범 구매 등은 충분히 높일 수 있었지만 라디오 선곡이 문제였다. 빌보드 싱글 차트에서 높은 순위에 오르려면 라디오에서 BTS 노래가 자연스럽게 흘러나올 정도여야 하는데, 미국 라디오에서는 웬만해서 외국어 노래를 틀지 않았다. 청취 연령층이 굉장히 다양해 모두가 이해하는 수준의 음악을 주로 선곡했기 때문이다.

BTSx50States는 미국 50개 주를 중부, 중남부, 중서부 상부, 중서부 하부 등으로 나눠 조직 체계를 꾸렸다. 이들은 각 지부 지역별로 빌보드 차트에 포함되는 라디오 방송국을 조사해 분류

했다. 그런 뒤 각 방송국에 전화나 메일을 보내 선곡을 요청했다. 물론 쉽지 않은 활동이었다. 전화를 차갑게 거절당하는 일이 다반사였고, 너무 많은 전화 때문에 BTS 곡의 신청을 차단한다는 방송국도 있었다.

하지만 레이첼을 비롯한 아미들은 굴하지 않았고, 오히려 다양한 대응 방식을 개발하며 활동에 박차를 가했다. 예컨대 '거절당할 때의 매뉴얼', '방송국이 BTS를 모를 때의 매뉴얼', '선곡되었을 때의 매뉴얼' 등을 만들어 짧은 전화 통화를 더 효율적으로 만드는 방법을 공유했다. 한편으로는 라디오 DJ들과 직접 교류하면서 BTS가 K팝 기획사의 '팩토리 아이돌'과는 다르며 음악적 재능이 뛰어난 아티스트라는 점을 어필했다. BTS 음악에는 미국의 다양한 인종을 포용하는 메시지가 담겨 있다는 점도 강조했다.

활동을 하면서 배운 가장 중요한 점은 DJ의 마음을 움직여야 한다는 점이었다. 이들은 DJ들에게 생일 선물도 보내고 감사 꽃다발도 보냈다. 요청한 노래가 라디오에서 선곡되면 방송 순간을 영상으로 찍어 DJ들에게 보내는 것도 잊지 않았다. 라디오에서 나오는 BTS의 노래를 들으며 환호성을 지르는 아미들의 영상을 받아본 DJ들은 확실히 변화했다. BTS 노래를 듣는 청취자층이 확실히 존재한다는 것을 깨달으면서 그들은 BTS 노래를 더 자주 선곡했다.[1]

BTSx50States의 활동은 마침내 결실을 맺었다. 2017년 8월 북미 최대 라디오 방송에서 BTS의 노래가 첫 전파를 탔고, 아미들의 열정적 활동이 쌓이면서 2017년 5월 빌보드 뮤직 어워드에서는 BTS가 '톱 소셜 아티스트상'을 수상했다. 2017년엔 싱글 차트인 빌보드 핫 100에 싸이 이후 한국 가수로는 처음으로 〈DNA〉(67위)와 〈MIC Drop〉(28위)을 진입시키기도 했다. BTSx-50States의 1차 목표를 달성한 것이다. 미국 음악계와 언론도 아미들의 이런 활동이 미국 시장 장벽을 무너뜨린 데 놀라움과 호기심을 보였다. 한국식 팬덤이 미국화에 성공한 순간이다.

## 1세대와 2세대, 국경 밖을 꿈꾸다

최근에는 K팝 아이돌을 4세대로 구분해 설명하곤 한다. 얼마 전까지만 해도 3세대로 구분했는데, 최근 변화 양상이 나타나면서 4세대로 늘어났다. 세대 변화 과정을 설명할 때 중요한 것은 구분 기준이다. K팝 아이돌의 경우라면 대체로 해당 그룹들이 어느 지역 시장을 타깃으로 보는가, 그런 점 때문에 어떤 공통 속성을 가지는가로 세대를 구분한다.[2] 이런 기준으로 나눈다면 우리나라 아이돌 1세대는 1997~2004년 활동한 그룹이라 볼 수 있다. 대표적으로 H.O.T., 젝스키스, S.E.S., 핑클 같은 그룹들이 SM엔터테인먼트와 대성기획(현 DSP미디어) 등의 기획사에서 탄생해 '아이돌'이라는 초기 모형을 완성하는 때다.

1세대 아이돌 이전에도 노래와 춤을 함께 선보이는 댄스가수들은 존재했다. 1세대 아이돌이 이들과 차이가 있다면 기획사가

**아이돌 세대 구분**

| 구분 | 시기 | 대표 가수 | 특징 및 타깃 지역 |
|---|---|---|---|
| 1세대 | 1997~2004년 | H.O.T., 젝스키스, S.E.S., 핑클, 보아 등 | K팝 아이돌 원형 마련 |
| 2세대 | 2004~2011년 | 동방신기, 슈퍼주니어, 샤이니, 카라, 원더걸스, 소녀시대, 2PM, 빅뱅, 2NE1 등 | 아시아 중심 한류 견인 |
| 3세대 | 2012~2018년 | BTS, 엑소, 세븐틴, NCT, 몬스타엑스, 블랙핑크, 레드벨벳, 트와이스, 마마무 등 | 북미, 유럽 등 서구 지역으로까지 확대 |
| 4세대 | 2019년~ | 스트레이 키즈, 에이티즈, 투모로우바이투게더, 엔하이픈, ITZY, 에스파, IVE, 케플러, 뉴진스 등 | 데뷔부터 글로벌 팬덤 |

연령이 더 낮은 멤버들을 선발해 강도 높은 트레이닝을 제공한 뒤 활동하게 했고, 그룹의 모든 활동을 기획사가 주도했다는 점이다. 예를 들어 1992년 등장해 문화 대통령으로 군림한 서태지와 아이들도 10대 팬들이 대부분이었고 춤과 노래를 모두 선보였다. 하지만 이들은 기획사가 주도하기보다 서태지라는 걸출한 '음악가' 주도로 활동한 그룹이었다. 반면 K팝 아이돌은 기획사가 주도력을 갖고 팀을 조성, 운영한다는 특징이 있다.

1세대 아이돌의 주요 시장은 한국이었고, 타깃으로 잡은 10대 팬들을 사로잡는 데 성공하면서 '아이돌 팬덤' 문화를 정착시켰다. 한국이 주요 무대였지만 중국과 일본, 대만 등 동아시아 일부 지역에서도 인기를 확대해 초기 한류 개념도 촉발했다. 보아의 경우 일본과 한국 시장을 동시에 공략하는 형태로 탄생했고, 두 지역에서 모두 성과를 거두어 1.5세대로 분류하기도 한다.

2세대 아이돌은 2004~2011년 활동한 그룹이다. K팝이 국내에서 성공을 거두자 여러 기획사가 우후죽순으로 비슷한 아이돌을 탄생시켰다. 많은 아이돌의 진입으로 경쟁은 치열해졌으나 국내시장의 규모로는 성장을 담보할 수 없었다. 이때 선도적 기획사들은 해외시장으로의 확대를 가속화했다. 일본과 중화권 시장을 타깃으로 기획한 SM의 동방신기, 슈퍼주니어 등이 대표적이다. 카라와 소녀시대는 일본에서 큰 성공을 거두었고 비, 세븐, 보아, 원더걸스는 과감하게 미국 시장 진출을 시도하기도 했다. 해외 진출을 염두에 두고 아이돌 멤버들 가운데 한두 명을 현지인으로 구성하는 등 현지화에 더욱 초점을 둔 것도 이때부터다.

한편 많은 K팝 아이돌이 탄생하면서 차별화 문제도 심각해졌다. 이에 따라 아이돌 다수가 TV 예능프로그램, 드라마 등에 출연하거나 자체 리얼리티쇼 등을 제작해 인지도를 높이고 독립적으로 팬덤을 구축하고자 했다. 그 결과 아이돌이 출연하는 한국 예능프로그램, 드라마 등이 아시아 지역에 동반 수출되는 등 K팝 아이돌이 한류를 이끌게 되었다. 인터넷 인프라 환경이 획기적으로 개선되면서 유튜브, SNS를 통해 아시아를 벗어나 더 넓은 지역까지 K팝이 확장되기도 했다. 그런 영향으로 빅뱅, 2NE1 등은 아시아 지역 외 북미, 유럽 등에서도 존재감을 드러냈으나 K팝의 중심 시장은 여전히 아시아였다.

2세대 시기는 한국 기획사들이 자체 역량으로 '기획'할 수 있는 시장은 아시아까지라고 한계를 절감하던 때였다. 해외 진출 역시 국내 팬덤 확보 뒤 타깃 지역 출신인 현지인 멤버를 앞세워 현지 시장에 특화된 음악을 통하는 경로가 일반적이었다. 하지만 북미, 유럽의 장벽은 여전히 두터웠고 국내 기획사들이 자체적으로 뚫기에는 역부족이었다. 2세대 후반부에 유튜브와 SNS 등을 통해 아시아 이외 지역으로의 확장도 조금씩 나타났지만 이런 일들은 기획사들이 의도해서가 아니라 '뜻하지 않게' 발생하곤 했다.

해외에서 한국 아이돌의 인기가 높아지면서 정부 유관 기관이나 공중파 방송국들이 K팝 공동 콘서트 등을 개최하기도 했다. 월드 투어를 자체적으로 직접 기획하기 힘든 그룹들은 이런 공동 콘서트를 통해 해외 팬들과 접점을 넓힐 수 있었다. 특히, 북미나 유럽 등지에서 이런 합동 공연을 통해 K팝의 존재감을 드러냈다. 하지만 이런 공연은 기존 팬덤을 유지, 확인하는 행사였다. 즉 이미 조성된 팬덤이 있기에 해외 공연이 성사되는 것이지, 공연 때문에 없던 팬덤이 생겨나지는 않았다는 의미다. 따라서 해외 학자들이 이런 합동 콘서트를 예로 들면서 "정부의 전폭적 지원으로 K팝이 발전했다"고 이야기하는 것은 조금 과장된 측면이 있다. 정부가 'K팝'이라는 슬로건과 함께 합동 공연의 장을 마련한 것은 분명 의미 있는 지원이었다. 하지만 그러한 슬로건이 붙었다고 해서 이들이 모두 정부의 기획으로 활동한 것은 아니다.

## 3세대와 4세대, 이제 국경은 없다

K팝의 탈영토화가 본격적으로 추진된 것은 BTS, 엑소, 블랙핑크 같은 3세대 아이돌이 탄생한 2012년부터다. 이들은 유튜브, SNS 등 플랫폼의 영향력이 커지면서 국내외에서 동시에 성장했다는 특징이 있다. 한국 및 아시아라는 지역적 한계를 벗어나 나라 안팎에서 함께 팬덤을 키웠고, 이들의 활동 타깃 역시 국내외 모두로 변화했다. 무엇보다 가장 큰 차이는 유튜브 같은 플랫폼으로 인해 K팝 전파 방식이 변모했다는 점이다. 유튜브 등을 통해 세계 팬들이 K팝 음악을 시차 없이 즐기면서 소통하는 것은 물론, 이들이 자발적으로 K팝 따라 부르기, 커버댄스, 가사 의미 분석 등 K팝 관련 콘텐츠와 영상 등을 만들면서 팬덤 문화가 확대되었다.

3세대 아이돌의 가장 큰 특징 가운데 하나가 '세계관'을 통한 스토리텔링 전략이다. 엑소가 처음 선보인 초능력 세계관을 필두로 BTS 등이 탄탄한 세계관 구축으로 큰 성공을 거두면서 3세대 아이돌에게 세계관은 매우 중요한 요소가 되었다. 그 이유 가운데 하나는 이 시기부터 팬들이 자발적으로 관련 콘텐츠를 만들고 소통량을 늘리는 것이 팬덤 구축에 중요한 요인이 되었다는 점이다. 이런 활동들을 늘리기 위해서는 기초가 될 이야기 구조를 가지는 것이 장점이 된다. 기획사가 이야기 배경을 제시하며 멤버의 캐릭터, 뮤직비디오, 노래, 영상 등을 생산하면, 팬들은 그 뒤의 숨은 의미를 찾아내고 유추하면서 자발적으로 2차, 3차 콘텐츠를 만들어냈다. 세계관을 공유하면서 팬들의 참여가 더 늘어나고 팬덤 소속감도 더 확고해졌다. 이는 다양한 굿즈 등 관련 상품을 만드는 데도 도움이 되었다. 이런 점 때문에 아이돌을 기획할 때 나름의 세계관을 구축하는 것은 필수 요소가 되었다.

기획사가 제시하는 아이돌의 서사가 세계관이라면, 팬들이 아이돌에게 직접 부여하는 서사도 있었다. 바로 선발과 육성이라는 의미를 담은 '양육' 팬덤 문화였다. 각종 서바이벌프로그램 등을 통해 데뷔 이전부터 팬덤을 확보하는 일은 2세대 아이돌부터 생겨났다. 그런데 3세대에 이르러 국민 프로듀서가 직접 아이돌을 선발하는 〈프로듀스〉 시리즈(2016년) 등이 큰 반향을 일으키면서 아이돌그룹 제작 주도권이 팬들에게 넘어가는 현상도 일어났다. 이러한 양육 팬덤 문화에서 팬들은 단순히 아이돌을 동경하고 숭배하는 데 그치지 않았다. 이들은 "내가 돈을 내고 데뷔시켰으니 이들의 성공을 위해서는 이렇게 활동해야 한다"며 기획사에 당당하게 여러 가지를 요구하곤 했다.

이런 변화는 K팝 팬덤의 연령대가 확대되면서 나타난 결과이기도 했다. 과거 10대 위주에서 20~40대 등으로까지 팬덤 연령대가 넓어지면서 소비 능력은 물론 주체성과 기획 능력을 가진 팬들이 늘어나면서 생겨난 변화였다.[3] BTS 팬클럽 아미의 경우도 넓게 보면 양육 팬덤의 한 형태다. 팬들이 나서서 아이돌의 미국 시장 진출을 개척하고 각종 기획을 펼치는 등 기존 팬들의 지지, 응원의 영역을 뛰어넘었기 때문이다.

한편 3세대 아이돌의 경우 2016년 한한령限韓令으로 이전 세대에서 가장 큰 시장이던 중국 진출이 봉쇄된 점도 중요하다. 아마도 아시아 시장 중심이던 2세대 시기에 한한령이 터졌다면 타격은 더 컸을 수 있다. 다행히 3세대에 이르러서는 유튜브, 트위터, 네이버 V앱같이 늘어난 SNS 수단을 통해 북미, 유럽까지 시장을 확대하던 때라 타격의 여파를 줄일 수 있었다. 한한령의 영향 속에서도 BTS와 블랙핑크 등 글로벌 K팝 아이돌이 탄생한 데에는 이러한 플랫폼의 역할이 결정적이었다.

2019년 또는 2020년 이후부터 탄생한 아이돌을 4세대 아이돌이라 일컫는데 이들의 경우 엄밀하게는 3세대 아이돌과 본질적 차이를 찾기 어렵다고도 본다. 딱히 특성을 찾기보다는 3세대 대표 주자인 BTS가 세계적으로 대성공을 거둔 이후 K팝 인지도가 달라진 상태에서 탄생한 아이돌로 보면 더욱 타당할 듯싶다. 대표적 4세대 아이돌로는 스트레이 키즈, 에이티즈, 투모로우바이투게더, 엔하이픈, 에스파, ITZY, IVE, 케플러, 뉴진스 등이 있다.

이들은 BTS, 블랙핑크 등이 세계적으로 K팝 인지도를 크게 올려놓은 덕에 데뷔 때부터 글로벌 팬덤을 보유했다는 특징이 있다. SM, JYP, YG, 빅히트엔터테인먼트(현 하이브) 등 대표 K팝 스타를 배출한 주요 기획사의 '동생 그룹들'이라는 공통점도 있다.

4세대 아이돌의 경우 팬덤 주도권이 더 이상 한국에 귀속되지 않는 경우도 많다. 국내 지명도보다 해외 인기가 더 높은 경우도 흔하다. 해외 차트나 해외 음원 사이트에서 1위를 기록한 K팝 아이돌이 탄생했는데 생소한 이름이라면 이들이 바로 4세대 아이돌일 가능성이 높다.

## 아미, 음악적 진정성이 만든 강력한 팬덤

K팝 역사에서 확고한 분기점을 만든 불세출의 스타를 꼽는다면 단연 BTS다. 2013년 7인조 남성 아이돌그룹으로 데뷔한 이들은 2015년 처음 미국 빌보드 200 차트에 진입한 후 K팝의 모든 기록을 갈아치웠다. 미국 빌보드 차트, 영국 오피셜 차트, 일본 오리콘 차트를 비롯해 아이튠즈, 스포티파이, 애플뮤직 등 세계 유수의 플랫폼 차트 정상에 올랐고, 음반 판매량과 뮤직비디오 조회수 등에서도 독보적 기록을 써내려 가는 중이다. 빌보드 200 차트와 빌보드 핫 100 차트 각각에서 모두 다섯 차례씩 1위를 차지하는 등 그야말로 전 세계적으로 어마어마한 BTS 열풍을 일으켜 '21세기 팝 아이콘', '지구상 최고의 보이밴드' 등으로 불리게 되었다.

BTS의 성공은 1990년대 이후 K팝 산업이 해결하지 못한 몇 가지 한계를 넘어섰다는 점에서 의의를 갖는다. 첫 번째로, BTS는 한중일 등 동아시아를 중심으로 발화돼 동남아시아를 점령한 뒤 미국, 유럽, 중남미 등으로 소소하게 퍼져나가던 한류 전파의 흐름을 바꾸어놓았다.[4] BTS의 경우는 팝 음악의 심장부라 할 미국에서 폭발적 반응을 얻은 뒤 아시아나 남미 등으로 번져나갔고, 이 성공이 다시 한국에 역수입됐다. 팝의 본고장 미국에서 먼저 두각을 보이면서 해외 성공이 국내로 유입된 형태인 셈이다.

두 번째로는 어떤 전략에 의해 기획되었다기보다는 유례없이 공고한 글로벌 팬덤의 지지에 기반을 둔 성공이라는 점이다.[5] BTS 해외 팬들은 K팝과는 다른 흐름 위에 있다는 점 때문에 BTS를 좋아하는 경우가 많았다. 기획사가 주도해 만들고, 기계적으로 노래와 안무를 하는 '팩토리 아이돌'과 다르기에 이들을 좋아한다는 것이다. 독창적 음악 세계가 있고, 멤버들이 자신들 음악에 주도권을 쥐고 직접 작사 작곡 등을 한다는 점에 매료되었다고들 했다. 멤버들이 초기부터 직접 음악을 만들면서 그 안에 본인들의 고민과 생각을 담아내는 '음악적 진정성'이 있다는 이야기였다. 이것이 미국 시장에서 어떤 K팝 아이돌보다 더 인정받게 된 측면 가운데 하나였다.

이런 점들에 기초해 형성된 BTS 팬덤은 자신들의 아이돌이 세계시장에서 활약하게끔 스스로 조직적으로 활동했고, 실제로 그 목표를 달성했다는 차별점이 있다. 음악적 진정성을 강조하는 형태는 그룹 초기부터 유지했으나, 기획사가 특정 시장을 타깃으로 하는 특별한 전략을 세운 적도 없었다. 모든 것은 팬덤을 통해 이루어졌고, 심지어 미국 시장 정착 과정 역시 팬덤의 지지 활동을 통해 성사된 셈이다.

2016년경부터 BTS의 노래를 더욱 효율적으로 홍보하기 위해 미국 내 아미들이 결성한 BTSx50States 활동이 대표적이다. 이들은 BTS 음반 구매가 용이하도록 월마트, 타깃, 베스트바이 같은 미국 대형 마트 매장에 BTS 앨범 판매를 요구해 성사시켰다. 미국 앨범 유통사 오처드와 소니뮤직이 BTS 소속사 빅히트 엔터테인먼트와 정식으로 앨범 수입 계약을 맺은 것도 이들의 노력에 힘입은 결과다. NBC 〈엘렌 쇼〉, ABC 〈지미 키멜 라이브 쇼〉, CBS 〈제임스 코든 쇼〉 같은 미국 공중파 프로그램에 잇달아 BTS를 출연시키기도 했다. 그 어떤 기획사도 못한 미국 시장 개척을 BTS의 '음악적 진정성'을 믿는 해외 팬덤이 스스로 해낸 것이다.

음악적 진정성은 국내 팬덤 조성 과정에서도 특별한 의미를 더했다. BTS가 국내시장에서 고전한 이유 가운데 하나는 3대 기획사 출신이 아니라는 점이었다. 이들이 데뷔한 2013년 무렵은 우리나라 아이돌 시장이 SM, YG, JYP라는 3대 기획사 중심으로 거의 산업화의 완성을 이루던 단계였다. 3대 기획사의 신인 그룹은 나오자마자 높은 팬덤을 확보하는 경우가 많았지만, 그 외 중소 기획사 출신 그룹은 상대적으로 경쟁에서 더 큰 어려움을 겪어야 했다. 그랬기에 BTS 역시 시작이 평탄치 않았고, '흙수저 아이돌'이라는 닉네임이 붙었다.

하지만 BTS는 여타 중소 기획사 출신 아이돌과 다르게 자신들의 노래와 세계관 등에 이런 상황을 반영하며 투명하게 드러내려 했다. 유튜브, SNS 등 팬들과의 소통 공간이 늘어난 상황에서 이들의 고민은 팬들에게 가감 없이 전달되었는데 이 또한 전략이라면 전략이었다. 당시 많은 K팝 기획사들은 SNS를 통한 아이돌 멤버들의 개인적 감정 노출을 제한했다. 개인 생활이 많이 알려지면 팬들과의 공감대는 높아지지만 개인적 일탈이 노출될 위험도 커지기 때문이다. 하지만 BTS 소속사는 이런 위험을 무릅쓰고 역선택을 했는데 이런 방식이 주효한 셈이다.

특히나 시대적 감수성의 변화로 흙수저 아이돌이라는 상황이 팬들의 공감대를 이끌어냈다. 흙수저라는 키워드는 당시 우리 사회에서 매우 강력한 호소력을 가진 단어였다. 청소년 세대에서는 이미 우리 사회의 기회가 '공정하지 않아' 능력이 출중해도 성공하기 힘들다는 인식이 만연했다. 청소년들에게 아이돌은 이런 사회에서 탈출할 수 있는 마지막 보루였다. 가난하고 성적이 나빠도 능력만 있으면 성공 가능한 분야는 아이돌뿐이라는 생각이 퍼졌고, 그래서 많은 청소년들은 아이돌을 꿈꾸었다.

그런데 아이돌 세계에서도 '흙수저 기획사 출신'이라 성공하기 힘들다는 상황이 부각되자 이러한 구조의 불합리함에 대한 공감대가 확산되었다. 이들은 BTS가 RM, 슈가 등 이미 랩으로는 시장을 평정했다고 평가받는 빼어난 멤버를 갖추고도 '공정하지 못한 출발점' 때문에 불이익을 당한다고 느꼈다. '공정사회'에 대한 시대적 감수성이 높아지던 시기, 흙수저 아이돌이 말하는 고민을 함께 공유하고 지지하는 팬덤은 매우 단단하게 만들어질 수 있었다.

## K팝도 변했고 미국 시장도 변했다

음악적 진정성은 견고한 북미 음악시장의 장벽을 깨뜨리는 가장 중요한 비기였을까? 즉 과거의 K팝 아이돌도 음악적 진정성만 갖추었더라면 북미 시장의 벽을 뚫고 더 빨리 진입할 수 있었을지가 문제다. 꼭 그렇지는 않았을 것으로 보인다. K팝이 변화한 것만큼 미국 시장도 변화해 왔고, 그런 변화가 있었기에 BTS 같은 아시아 아이돌에게도 기회가 생겼기 때문이다.

미국 시장의 가장 큰 변화는 과거에 비해 보다 다양한 음악을 받아들일 준비를 갖추게 되었다는 점이다. 가장 큰 원동력은 인구구성의 변화였다. 미국 인구 가운데 젊은 인구가 늘어나고 사회 분위기에도 변화가 일면서 음악취향도 다양화되었고, 이 과정에서 미국 음악시장에도 새로운 틈이 발생했다. 스웨덴의 문화경제학자 멜란더 연구팀이 실시한 '음악 선호도에 대한 미국인 취향 지도' 연구가 이런 실마리를 보여준다.[6]

이 연구팀은 미국인의 인구통계학적 정치 경제적 특성과 음악취향의 상관관계에 대해 실증연구를 진행했다. 분석 결과 소득과 학력, 창의성 지수가 높고 인구밀도가 높은 도시일수록 포크, 블루스, 재즈, 클래식, 세계음악 같은 '세련된 음악'과 랩, 소울,

레게, 펑크 같은 '현대음악'을 좋아하는 것으로 나타났다. 이 두 가지 취향이 강한 도시에서는 인종적으로는 백인 외 유색인종 비율이 높고 사회문화적으로는 게이의 비율도 높았다. 정치적으로는 민주당 지지도, 심리적으로는 '개방성'이 높았다.

반면 가스펠, 컨트리음악 등 '소박한 음악'과 헤비메탈 등 '격렬한 음악' 선호 취향이 강한 도시에는 저학력, 블루칼라 계층이 많은 대신 이민자, 게이, 싱글맘, 예술 종사자 비율은 낮은 것으로 나타났다. 특히 소박한 음악은 정치적으로는 공화당 지지도가, 심리적으로는 '성실성'이 강한 층이 많은 지역에서 강세를 나타냈다.

이 결과에서 BTS 팬들이 대략 미국에서 어떤 층위에 분포하는지 유추 가능하다. BTS의 음악은 장르로는 랩과 팝, 지역으로는 (미국 외) 세계음악에 속하므로 현대음악 또는 세련된 음악에 해당한다. 따라서 인구밀도가 높은 대도시, 소득과 학력이 높은 층 가운데 미국 이외의 음악에 마음을 열 준비가 된 개방적 사람들이 선호층일 가능성이 높다. 컨트리음악이나 헤비메탈을 즐겨 듣는 백인 공화당 지지자들이 BTS 음악에 관심을 가질 가능성은 매우 낮다는 말이다.

눈치 빠른 사람이라면 현대음악과 세련된 음악 취향이란 특성에서 밀레니얼 세대를 떠올렸음 직하다. 이는 기술이 급속도로 발달한 사회에서 태어나, 어린 시절부터 인터넷 등 정보 기술에 능통한 세대를 일컫는다. BTS의 주된 소통 통로인 SNS와 막역

한 셈이다. 이들은 정치사회적으로는 '욜로YOLO', '샌더스 지지', '월가 점령' 등의 단어와 깊은 연관성을 나타내며, 무엇보다 다양한 문화 공존을 중요하게 생각한다.

그런 밀레니얼 세대는 2010년대 중반 이후 미국 인구구성에서 베이비부머를 넘어서는 최대 세대로 부상했으며, 문화상품에 대한 소비력도 크다. BTS는 이런 변화에 맞춰 이들이 가장 익숙한 방식으로 소통했고, 이들이 겪는 것과 비슷한 고민, 즉 미국 밀레니얼 세대들도 똑같이 겪는 고민을 노래에 담아 접근했다. 밀레니얼 세대들은 과거와 달리 아시아 밴드의 음악에도 가슴을 열 준비가 되어 있었다. 이처럼 BTS의 매력도 중요했지만 이들을 받아들일 토대도 이전과는 달랐다. 즉 BTS의 미국 시장 안착은 K팝도 변했지만, 미국 시장 환경 역시 크게 변했기에 나타난 변화였던 셈이다.

## 대규모 해외 공연도 문제없다

BTS의 성공은 K팝 산업 측면에서도 중요한 변화와 의미를 남겼다. 우선 K팝 수익 구조 형태를 변모시켰다는 점이다. 대체로 K팝 기업이 거두는 수익은 1) 음원 및 음반 판매액, 2) 출연료나 광고료, 굿즈 판매액 같은 IP(지식재산권) 관련 수익 그리고 3) 공연 수익 등으로 나뉜다. 이 수익들은 팬덤의 성장에 따라 순서대로 발생한다는 특징이 있다. 예를 들어 A 아이돌의 팬이 된 사람이 제일 먼저 구입하는 것은 진입장벽이 가장 낮은 음원이나 음반이다. 이보다 팬심이 더 커지면 다양한 굿즈를 구매하고, 이보다도 팬심이 극대화되면 가장 비싼 공연장 티켓을 구입한다. 소비자 입장에서는 가격이 낮은 것부터 구매를 시작해 팬심을 키우면서 점점 더 고가의 상품 구매로 발전하는 것이다.

때문에 K팝 기업 입장에서 해당 아이돌의 성공 여부는 이 세 가지 수익이 어떻게 조화를 이루는가, 3단계까지 전이가 가능한가로 판단할 수 있었다. 1단계에 해당하는 음원과 음반 매출이야 기본적으로 발생한다 해도 2단계인 굿즈 판매액, 광고 모델 수익, 행사 수익이 어느 정도 발생해야 해당 아이돌그룹의 활동을 계속 유지할 근거가 마련된다. 3단계 수익은 아이돌이 '대박' 이상의 성공에 이르러야만 기대할 수 있었다. 국내 공연으로는 큰 수익을 기대할 수 없는 K팝의 경우 필수적으로 해외 공연을 기획해야 하는데, 이 단계 수익이 유의미하려면 해외 팬덤 규모가 일정 수준 이상이어야 했다.

과거에는 3대 기획사에도 단일팀 수준에서 해외 공연장을 채울 수 있는 아이돌이 많지 않았다. 때문에 해외 공연 수익을 발생시킬 팀을 하나라도 보유했는가, 어떤 규모의 공연장을 채울 수준인가는 기획사의 지속적 성장 가능성을 가늠할 중요한 척도였다. 3대 기획사의 매출 재무제표 안에서 공연 수익은 간헐적으로 등장하는 특수한 성격의 수익인 경우가 많았던 것도 이 때문이다.

그런데 BTS가 등장하며 드디어 안정적으로 3단계 수익을 발생시키는 아이돌이 탄생한 것이다. 과거에도 아시아 팬덤이 높은 아이돌이 있었으나 소비수준이 높지 않은 지역에서는 공연 수익으로 연결되지 않았다. 반면 서구 팬덤이 압도적으로 높은 BTS는 미국, 영국, 프랑스, 일본, 사우디아라비아 등 수만 명이 관람하는 대규모 해외 공연장을 꽉꽉 채워나갔다. 덕분에 BTS 소속사 빅히트엔터테인먼트는 1단계 음원과 음반 수익, 2단계 굿즈 등 IP 관련 수익, 3단계 공연 수익 모두를 대등한 수준으로 조화롭게 거둔 첫 K팝 기업이 되었다. 세 분야 수익이 대등할 뿐 아니라 해외 팬덤들이 구매하는 굿즈, 음반 등도 규모가 커서 수익의 절대 규모가 타 기획사와는 수준이 달랐다. 기업공개에 나서는 빅히트엔터테인먼트에 '대어'라는 수식어가 붙은 까닭도 이런 수익 구조 때문이었다.

### 팬덤을 수출하는 나라,
### 콘텐츠를 생산하는 팬덤

BTS의 성공은 우리나라 팬덤 문화를 해외로 수출해 성과를 이뤘다는 점에서도 의의가 있었다. 세계에서 유례없는 팬덤 문화를 보여준 BTS 팬클럽 아미의 활동은 대부분 국내 아이돌 팬클럽이 하던 활동들에 기반한다. 그중 대표적인 것이 음반을 비롯한 다양한 굿즈 구매 문화다. K팝 팬덤에서 팬들은 음반과 함

BTS의 해외 공연 수익은 이전의 K팝 아이돌과 비교해도 압도적인 수준이다.
이는 K컬처가 콘텐츠뿐만 아니라 팬덤 문화를 수출하는 데도 성공했음을 보여준다.

께 제공하는 포토 카드 수집을 위해 혹은 팬 사인회 참여 확률을 높이기 위해 음반을 다량 구매한다. 이런 문화가 해외에도 그대로 전이되어 K팝 해외 팬들은 한국 팬들처럼 많은 굿즈와 음반을 구매하며, 이런 활동을 통해 K팝 팬으로서의 소속감을 느낀다고 이야기한다.

그 결과 K팝 아이돌의 음반 수출액도 크게 향상됐고, 규모가 줄어들던 음반 판매액이 다시 높아지는 추세다. 2022년 상반기 기준 미국 음반 판매량 톱 10위 안에 BTS(1위, 32.8만 장), 스트레이 키즈(2위, 17.1만 장), 투모로우바이투게더(4위, 15만 장), 세븐틴(8위, 7.4만 장), NCT 127(9위, 6.6만 장), 엔하이픈(10위, 5.7만 장) 등 K팝 아이돌 음반이 6종이나 되는 현실은 불과 몇 년 전에는 상상하기 어려웠다.

팬들은 단순히 기획사들이 제작한 굿즈나 콘텐츠의 구매에서 한발 나아가 자발적으로 팬아트, 창작 영상물, 굿즈, 트위터나 SNS 글, 짤(이미지) 등 다양한 콘텐츠를 생산하면서 팬덤 자체를 풍성하게 하고 성장시키는 역할을 한다. 팬들의 자발적 활동으로 팬덤의 규모가 더 성장하고, 이들이 다시 기획사가 제공하는 다양한 상품들을 구매하며 수요 기반이 되는 식의 순환 고리가 형성된다. 이제 팬덤은 K팝 기업들의 매출 기반을 스스로 늘리는 역할을 하는 '무형자산'으로 변화한 것이다.

이미 1990년대부터 팬덤이 특별한 문화적 기능을 하는 공동체가 될 것으로 예측한 연구들이 있다. 예를 들어 미디어 학자

## 미국 음반 판매량 톱 10(2022년 상반기 기준)

| 가수 | 앨범 | 음반 판매량 |
|---|---|---|
| ❶ BTS | 〈프루프〉 | 32.8만 장 |
| ❷ 스트레이 키즈 | 〈오디너리〉 | 17.1 |
| ❸ 해리 스타일스 | 〈해리스 하우스〉 | 15.9 |
| ❹ 투모로우바이투게더 | 〈미니소드 2: 서스데이즈 차일드〉 | 15.0 |
| ❺ 아델 | 〈30〉 | 11.5 |
| ❻ | 〈엔칸토 사운드트랙〉 | 8.0 |
| ❼ 더 위켄드 | 〈던 에프엠〉 | 7.7 |
| ❽ 세븐틴 | 〈페이스 더 선〉 | 7.4 |
| ❾ NCT 127 | 〈스티커〉 | 6.6 |
| ❿ 엔하이픈 | 〈디멘션 : 앤서〉 | 5.7 |

자료: 미국 음반 판매량 조사회사 루미네이트(Luminate)의 〈2022년 미국 연례 반기 보고서(U.S. Midyear Report for 2022)〉를 시각화한 자료로 다음의 기사에서 인용했다. 안정훈, "미국 상반기 음반 판매량 톱 10에 하이브 소속 가수 4팀", 〈연합뉴스〉, 2022. 7. 19.

헨리 젠킨스는 미국 TV 드라마 〈스타트렉〉 팬들에 대한 분석을 통해 능동적 수용자로서 팬덤의 특징[7]에 대해 정리한 바 있다. 그의 분석에 따르면 특정한 문화의 팬덤은 다섯 가지 측면에서 특별한 차이를 갖는다. 첫째, 일반적인 수용자보다 더 세밀하고, 집중적이며, 중복적인 시청을 한다. 이렇게 해시 얻은 시각을 다른 팬들과 공유하고 토론하는 등 특별한 수용 양식을 갖는다. 둘째, 특정 팬덤의 구성원이 되기 위해 공동체가 선호하는 해독 방식에 대한 학습 과정을 거치는 등 비판적 해석 공동체를 이루는 경우가 많다. 셋째, 이들은 제작자에게 피드백을 요구하거나 시리즈 연장을 요구하는 등 자신들의 의견을 적극적으로 표현하는 소비자 행동주의를 취한다. 넷째, 팬덤은 원작의 세계관이나 캐릭터 등을 가져와 고유의 미학적 기준으로 팬 텍스트를 생산하는 등 고유한 문화적 실천을 한다. 다섯째, 팬 공동체의 이익을 위해 민주적으로 공동체문화를 형성하는 등 대안적 사회공동체로서의 가능성을 보여준다.[8]

젠킨스가 제시했던 팬덤 공동체의 특징은 현재 K팝 팬덤에서 모두 확인할 수 있는 요소들이다. 팬들은 함께 토론하고 해석하며, 세계관을 공유한다. 팬들은 기획사에도 여러 의견을 제시하고, 팬픽 등의 이야기를 만들어 함께 즐기곤 한다. 아울러 자신들의 아이돌이 좋은 평가를 받길 바라면서 헌혈, 기부, 봉사 등 '선한 영향력'을 행사하는 활동을 펼치기도 한다. 젠킨스가 제시한 능동적 수용자로서의 팬을 최근 우리나라에서는 '생산러'라고 부른다는 것이 차이점일 뿐이다. 생산러란 콘텐츠를 직접 생산하는 팬이라는 의미로, 팬 커뮤니티 활동을 더욱 즐겁게 만드는 데 핵심적 역할을 하는 팬들이다.

K팝 기업으로서는 이들 생산러의 존재가 향후 K팝 산업의 수익모델을 발전시킬 과정에서 매우 소중하다. 1990년대 이후 한류산업은 인터넷과 미디어의 환경 변화를 통해 발전해 왔다고 해도 과언이 아니다. 2000년대 중반 이후 초고속인터넷 환경이 갖춰지고 드라마 공유가 확산되면서 한류드라마 시대가 열렸다. K팝에서는 SNS와 유튜브 같은 플랫폼이 발달하면서 음악과 퍼포먼스를 적극 공유하게 되었다. 이렇게 플랫폼 중심의 콘텐츠

공유와 확산을 '웹 2.0'이라 한다. 웹 2.0 시대의 문제는 대부분의 수익을 플랫폼이 가져간다는 점이었다. 다시 말해 K팝 뮤직비디오를 유튜브에 공유했을 때 약간의 광고 수익을 제외한 수익 대부분을 유튜브라는 플랫폼이 가져가는 구조라는 것이 웹 2.0 시대의 한계였다.

그런데 최근에는 플랫폼 중심 공유경제의 틀을 깨고 크리에이터 중심 소유경제로 패러다임이 전환되는 '웹 3.0' 시대로 전환되고 있다. 블록체인, NFT 같은 기술의 발달로 플랫폼이 아니라 디지털콘텐츠 생산자가 소유권을 갖는 형태로 변모한다는 것이다. K팝 기업도 이러한 환경이 조성되는 것을 반긴다. 웹 3.0 시대에 돌입하면 자신들이 직접 생산하는 콘텐츠 및 생산러들이 만드는 다양한 콘텐츠를 통해 과거보다 더 높은 수익을 창출할 수 있다고 보기 때문이다.

이러한 점 때문에 SM, JYP, YG, 하이브 등 우리나라 대표 K팝 기업들은 모두 자체 커뮤니티 플랫폼이나 메타버스 같은 생태계 구축에 관심이 높다. 향후 K팝 산업에서도 실물 음반이나 굿즈 판매량보다 디지털콘텐츠 비중이 더 늘어날 가능성이 크다고 보는 것이다. 따라서 그러한 소비와 거래가 이뤄지는 디지털 공간을 자신들이 직접 확보하는 것이 중요해졌다. 아이돌그룹의 세계관 역시 이러한 점들과 관련이 깊다. 디지털 공간 안에서 팬들이 다양한 콘텐츠를 만들어내려면 서로 합의하는 세계관이 있어야 유리하기 때문이다. K팝 기업으로선 이제 팬덤은 그 자체로 중요한 자산이 되었다. 팬덤을 통해 세계시장 정복을 일군 K팝 산업은 이제 그 팬덤을 통해 미래 음악시장을 더 확대한다는 원대한 꿈을 꾸기 시작했다.

# 8장

✳

# OTT와 함께
# 언제 어디서나
# K콘텐츠를

## 봉준호 감독의 신작은
## 극장에서 상영할 수 없습니다

"넷플릭스와 극장계 입장을 모두 이해합니다. 이게 다 제 욕심 때문에 일어난 일 같아 마음이 편치 않네요. 모쪼록 원만한 결과가 나오면 좋겠습니다."

2017년 6월 봉준호 감독은 기자들 질문에 이런 답을 남긴 채 자리를 떴다. 지난 5월 영화 〈옥자〉가 칸 영화제 경쟁 부문 진출작에 선정될 때만 해도 국내 개봉 문제가 이렇게 꼬일 줄 몰랐다.

영화 〈옥자〉는 봉준호 감독의 여섯 번째 영화다. 〈살인의 추억〉, 〈괴물〉, 〈설국열차〉 등 작품을 내놓을 때마다 성적이 좋았기에 이번 영화에도 많은 관심이 쏠렸다.

〈옥자〉는 처음부터 해외시장을 대상으로 해외 자본으로 만들겠다고 마음먹은 영화였다. 400억 원이 넘는 예산 때문이었다. 이런 규모의 영화를 한국에서 제작하면 동료, 후배 들이 만드는 영화는 몇 편이나 중단되어야 했다. 한국영화 투자시장 규모가 그리 크지 못해서다. 〈설국열차〉를 제작할 때도 많은 후배들 작품이 '홀딩'되는 것을 지켜보아야 했다. 봉준호 감독은 후배들에게 이런 민폐를 끼치지 않기 위해 이번에는 해외투자자와 일하겠다고 마음먹은 터였다.

쉽지는 않았다. 미국도 예산이 문제가 되기는 마찬가지였다. 표현의 자유를 보장하는 독립영화계에서는 예산 부담으로 난색을 보였고, 자본이 충분한 메이저 스튜디오에서는 공장식 축산업의 현실을 비판하는 시나리오를 불편해했다. 그때 넷플릭스가 다가왔다. 〈옥자〉 시나리오를 본 넷플릭스 측은 "매우 좋다. 시나리오를 고칠 필요도 없고, 최종 편집권도 보장하겠다"는 답신을 보냈다. 이런 반응은 예산이 3,500만 달러(한화 450억 원) 이하일 경우만 감독에게 최종 편집권을 주는 할리우드에서도 아주 예외적이었다.

봉준호 감독은 고민에 휩싸였다. 넷플릭스와 계약하면 인터넷으로 영화가 전 세계에 제공되지만 극장개봉은 제한될 수밖에 없었다. 영화의 수명을 생각하면 극장개봉 기간이 차지하는 비중이 크지 않으니 상관없다는 생각도 들었다. 개봉 뒤 흥행 압박이 없다는 것도 마음에 들었다. 천하의 봉준호 감독도 흥행 부담에서 자유롭지 못했는데 넷플릭스는 이런 압박이 없고, 감독은 창작의 자유를 누리며 만들기만 하면 그만이었다.

넷플릭스 입장에서는 〈옥자〉 투자에 적극적일 수밖에 없었다.

봉준호 같은 세계적 감독이 자신들의 오리지널 영화를 제작한다는 점을 마케팅에 활용할 수 있기 때문이다. 할리우드 영화들과 경쟁하는 처지인지라 더욱 독창적 소재에 공격적 투자를 할 필요도 있었다. 봉준호 감독의 작품은 그런 측면에 잘 부합했다. 2016년부터 진출할 한국 시장을 위해서도 그의 작품이 요긴했다.

이런 상황이 맞아떨어져 봉준호 감독은 넷플릭스의 투자를 받아 〈옥자〉를 제작한다. 그런데 마음속에 극장개봉에 대한 미련이 계속 남았다. 넷플릭스는 극장과 동시 개봉 정도는 받아들인다는 태도였다. 하지만 극장 쪽이 완강했다. CGV, 메가박스, 롯데시네마 등 국내 멀티플렉스 영화관들이 모두 넷플릭스와 동시 공개 조건에는 〈옥자〉를 상영할 수 없다는 주장을 굽히지 않았다. 개봉영화 홀드백(유예기간) 조건 때문이었다. 새 영화를 내놓으면 극장에서 먼저 개봉한 뒤 2~3주 이상 홀드백을 거친 뒤에만 스트리밍 서비스에 공개한다는 원칙이 있었다. 홀드백은 영화산업을 이끌어온 영화사들과 극장들이 함께 지켜온 신사협정이다. 영화산업에서 극장의 힘은 매우 크기 때문에 오랫동안 전 세계에서 지켜왔다.

양쪽 입장을 모두 이해하는 봉준호 감독은 난감했다. 영화 한 편쯤 예외를 인정할 수도 있지만 그런 선례를 남기면 원칙이 무너질 게 뻔했다. 그렇다고 모든 제작비를 들인 넷플릭스를 설득해 극장에서 먼저 상영하게 해달라고 할 수도 없었다. 결국 논란 끝에 멀티플렉스 영화관에서는 〈옥자〉를 상영하지 않고 대한극장, 서울극장, 씨네큐브 같은 단관 극장과 예술영화 상영관 등 소규모 극장에서만 개봉했다.

이런 논란은 이후 세계 곳곳에서 터져 나왔다. 세계적 영화제에서는 OTT 영화가 심사 대상이 되는지 여부를 두고 갑론을박을 벌였다. 마침내 2022년 3월, 제94회 미국 아카데미상 시상식에서는 애플TV 플러스의 영화 〈코다〉가 작품상과 남우조연상, 각색상을 수상했다. OTT 오리지널 영화로는 처음으로 아카데미 작품상을 거머쥔 것이다. 반면 칸 영화제는 아직도 OTT 영화에 문을 걸어 잠그고 있다. 세계 곳곳에서 계속 원칙이 바뀌고 있었다.

## 오직 나만을 위한 극장

2020년 1월 이후 전 세계에 불어닥친 코로나19의 영향은 엄청났다. 많은 국가에서 도시를 봉쇄하고, 회사는 재택근무를 도입하는 등 우리 삶의 많은 부분에 큰 변화가 일어났다. 이때 생겨난 변화 가운데 하나가 넷플릭스 같은 OTT 서비스로 영화나 드라마를 보는 비중이 증가한 것이다. 야외 여가 활동에 제약을 받자 대체 서비스로 떠오른 OTT가 이제는 극장 관람을 위협하는 수준으로 성장한 것이다.

OTT, 즉 Over The Top이란 인터넷으로 제공하는 영상 스트리밍 서비스를 말한다. 이때 Top은 TV에 연결하는 셋톱박스를 의미하는데 인터넷 기반으로 TV, 스마트폰, 태블릿 등에 방송프로그램, 영화, 드라마 등을 제공하는 스트리밍 서비스를 모두 포괄한다. 넷플릭스, 유튜브를 비롯해 디즈니플러스, 애플TV 플러스, 아마존 프라임 등과 우리나라의 티빙, 웨이브, 왓챠 등이 모두 OTT에 해당한다.

OTT가 크게 성장한 배경에는 기술 환경 변화와 이를 통해 강화된 '개인화' 시청 형태의 확산이 있다. 2010년대 중반 이후 인터넷 보급이 확대되고 스마트폰 사용이 늘어나면서 미디어 시청 환경도 변화했다. 가장 큰 변화는 '가구' 중심에서 '개인' 중심으로 시청 형태가 바뀐 것이다. 과거에는 가정에서 영상콘텐츠를 보는 매체라곤 방송 전파를 이용하는 TV뿐이었다. 따라서 이런 환경에 맞게 불특정 다수용으로 만든 영상물을 가구 단위로 시청하는 게 일반적이었다.

하지만 스마트폰이 보급되고 가정 내 대용량 인터넷 회선이 구축되면서 한 가구 내에서도 개인들이 자신이 보고 싶을 때, 원하는 프로그램만 볼 수 있는 환경을 갖추게 되었다. 특히 연령이 낮을수록 스마트폰을 필수 매체로 인식하는 경향이 강하고, 개인 중심 시청 스타일을 고수한다. 이제는 청소년 자녀들이 더 이상 가족과 둘러앉아 부모님이 보는 TV 드라마를 함께 시청하지 않는다. 이런 환경 변화에 맞춰 기존 TV 시장에서 벗어나는 시청자층을 붙잡을 서비스가 필요했고, 그에 대한 대안으로 나타난 것이 OTT였다.

## 당신 취향의 콘텐츠를 몰아 보세요

OTT의 성장을 이끈 것은 무엇보다 넷플릭스였다. 1997년 미국 캘리포니아주에서 DVD 대여 서비스를 시작하며 설립한 넷플릭스는 2007년 온라인 스트리밍 서비스를 도입한 뒤 개인화 추천 알고리즘 등을 적용하고, 오리지널 콘텐츠 제작을 지원하면서 OTT 성장을 이끌었다.

넷플릭스의 성장과정에 결정적으로 기여한 전략은 '몰아 보기 Binge Watching'였다. 넷플릭스는 드라마를 몰아 보기 좋게 서비스를 제공하는 형태로 인기를 끌며 기존 TV를 대체했다. 넷플릭스 등장 전에도 드라마 시리즈를 한꺼번에 다운로드받아 한 번에 몰아 보는 사람들이 있었다. 하지만 그러기 위해서는 여러 사이트를 뒤져 오랜 시간 인터넷으로 파일을 내려받고, 한 편이 끝날 때마다 새 파일을 다시 구동하는 번거로운 과정을 거쳐야 했다.

OTT가 기존 TV 시청과는 다르다는 것을 강조하려 한 넷플릭스는 이 점에 주목했다. 특히 넷플릭스는 월정액 서비스이므로 구독을 계속 유지하도록 하는 것이 주 관심사였는데, 서비스를 많이 활용하는 사람일수록 만족감이 높다는 사실을 찾아냈다. 그래서 고안한 것이 몰아 보기를 최적화하는 것이었다. 넷플릭스는 드라마 시리즈가 자동으로 연속 재생되는 시스템을 도입해 장시간 편안하게 몰아 보게끔 유도했고, 덕분에 사람들은 오랜 시간 넷플릭스 안에 머무르게 되었다.

하지만 몰아 보기엔 약점도 있었다. 많은 미디어 연구에 따르면 사람들은 몇 시간씩 드라마를 몰아 본 뒤에 적잖은 죄책감을 느꼈다. 몰아 보기의 영어 표현에 폭음, 폭식 같은 부정적 의미가 담긴 단어 binge가 들어가는 것도 이 때문이다. 넷플릭스는 이런 죄책감을 없애기 위해 시리즈를 한 번에 몰아 볼 때 최상의 가치를 느낄 수 있다고 홍보하는 작업도 동시에 진행했다. 2013년 넷플릭스의 오리지널 대표작 〈하우스 오브 카드〉를 공개할 때에는 시즌 전체를 한꺼번에 내놓기도 했다. 몰아 보기를 새로운 시청 스타일로 정착시키기 시작한 것이다.

넷플릭스의 또 하나의 무기는 알고리즘이다. 넷플릭스는 플랫폼을 떠나려는 사람을 붙잡기 위해 "당신, 이런 드라마도 좋아하죠?"라고 권하는 '개인화 추천' 시스템을 개발했다. 추천 시스템은 넷플릭스 같은 OTT 서비스가 영화나 방송매체와는 본질적으로 다른 수익모델을 가졌기에 가능한 방식이었다. 영화나 방송은 특정한 시간대나 기간에 사람을 대규모로 끌어모으는 게 중요한 비즈니스다. 제한된 시간 안에 많은 사람들이 관심을 가지도록 해야 기대하는 수익을 거둘 수 있다. 따라서 동시대의 타깃 대상층이 두루 공감하는 코드를 활용해 한판 크게 모으는 능력이 중요하다.

하지만 OTT 서비스에서는 시간에 구애받지 않고 오로지 구독자가 오래 서비스를 이용하게끔 하는 것이 중요하다. 특이한 선호와 취향을 가진 구독자에게도 맞는 상차림을 계속 제공할 수 있어야 한다는 뜻이다. 넷플릭스는 선택 기로에 놓인 구독자에게 최상의 인지적 편안함을 제공하면서 그러한 환경을 조성하려했다. 첫 화면 카테고리를 사용자마다 다른 형태로 제공하고, 사용자별 섬네일 이미지를 시청 이력에 따라 친숙한 배우로 바꾸어 보여주는 것 등이 그런 노력의 결과였다. 독자들이 시청을 결정할 때 시각이미지에 가장 크게 영향받기에 친근한 이미지로 선택을 유도하려 함이었다.

더 나아가 취향에 맞는 영화를 골라주는 추천 기술도 개발했다. 추천 알고리즘은 취향이 비슷한 집단을 찾아 공통되게 좋아할 콘텐츠를 찾아내는 '협업 기반 필터링'과 배우, 장르, 감독, 스토리 특징 등을 데이터베이스화한 후 과거 시청 이력과 유사한 것을 추천하는 '내용 기반 필터링' 등으로 구성됐다.* 실리콘밸리에서 성장한 테크 회사답게 넷플릭스는 이런 기술들을 솜씨 좋게 발전시켰고, 시청자들은 호응했다.

## 한계가 사라진 한국 드라마

넷플릭스 같은 글로벌 OTT의 성장 덕분에 한국 드라마는 세

---

* 넷플릭스는 여기에서 더 나아가 콘텐츠 특성을 인수분해하듯 세밀하게 쪼개 '양자'로 분류하는 '넷플릭스 양자이론'도 개발했다. 로맨틱 코미디도 원작 소설이 있는지, 여성 주도인지, 실화가 바탕인지, 감정이 밝은지 혹은 어두운지, 결말이 어떤지, 주인공이 아웃사이더인지, 장소와 시대는 어떤지, 대상 연령층은 누구인지 등을 7만~8만 개의 미세한 '양자 태그'로 정리한 뒤 다시 조합해 사용자 추천작을 결정하는 것이다.

계시장 진출에 날개를 달게 되었다. 드라마는 수출이 까다로운 상품이었다. 나라별로 다른 자막을 제작해야 하는 등 품이 많이 드는 데다 문화적 차이로 개별 국가에 따른 마케팅이 쉽지 않고 높은 가격을 받기도 어려웠기 때문이다. 따라서 2010년대까지만 해도 수출로 얻는 수익은 있으면 좋지만 없어도 그만인 '부가' 수익 정도로만 여겼다.

이때 단 한 번만 판매해도 전 세계 유통과 자막 작업 등을 모두 해결해 주는 글로벌 OTT가 등장하면서 한국은 세계시장에서 가장 주목받는 콘텐츠 생산 국가가 되었다. 넷플릭스는 2016년 봉준호 감독의 영화 〈옥자〉로 한국 시장에 첫발을 디딘 후 2019년 드라마 〈킹덤〉 시리즈를 성공적으로 선보이면서 한국 드라마의 존재감을 세계에 과시했다. 이후 〈스위트홈〉(2020년), 〈승리호〉(2021년), 〈오징어 게임〉(2021년) 같은 콘텐츠들이 넷플릭스에 성공적으로 안착하며 넷플릭스의 한국 콘텐츠 구매는 점점 늘어났고, 한국 콘텐츠의 해외 소개도 크게 증가했다. 이제 넷플릭스와 경쟁하는 글로벌 OTT들은 시장 경쟁력 확보를 위해 반드시 한국 콘텐츠를 구매하는 상황이 되었다.

이것은 당시 한국 드라마 산업을 제한하던 두 가지 한계를 글로벌 OTT가 해결해 주면서 업그레이드 기회가 온 덕분이기도 했다. 한국 드라마는 이미 꽤 수준이 높았고 중국 등 아시아 시장에서 다양한 수출 실적을 보유하고 있었다. 하지만 수출이 불확실한 상태에서 1차 수입에 해당하는 방송사 방영료에만 의존해 제작하다 보니 제작비 수준을 크게 높일 수 없었다. 여기에 국내 방송 중심으로 제작했기에 소재와 표현에 다소 제약이 있을 수밖에 없었다. 불특정 시청자에게 방영하는 방송은 OTT에 비해 심의 수준이 꽤 높기 때문이다. 즉 제작 실력은 향상되었지만 제작비와 소재의 제약이라는 두 가지 덫이 많은 제작자들의 상상력에 제한을 가하는 상황이었다.

이런 상황에서 OTT라는 새로운 판매 유통처가 등장하자 상황이 변화했다. 먼저 제작비 한계가 줄어들었다. 기존에 지상파 채널에서 방영하는 한국 드라마의 경우 제작비 약 70% 정도를 방송사 방영료를 통해 조달하고, 그 외 30%는 제작사가 드라마 안 간접광고PPL나 협찬, OST 수익 등으로 채우는 형태였다. VOD 수입이나 해외 수출도 발생했지만 대부분 방영 뒤에 생기는 부가 수익이고 비중도 크지 않았다.

과거 한국 드라마들의 해외 선판매가 어려웠던 이유도 이 같은 제작비 조달 구조 때문이다. 제작비 30% 정도를 PPL 같은 간접광고로 메워야 하기에 전체 드라마를 미리 찍을 수 없었다. 초반 몇 부를 제작한 뒤 후반부 제작은 남겨놓아야 방영하는 동안 광고를 유치할 수 있었다. 높은 인기를 끈 드라마일수록 시리즈 후반부에 각종 PPL 대잔치가 벌어진 것도 이 때문이었다. 이런 상황이었기에 중국 선판매도 어려웠다. 사전심의를 받는 중국에 수출하려면 드라마 전체를 사전제작해야 하지만 제작비 조달 문제로 제작을 완전하게 마치는 것이 불가능했기 때문이다.

이 같은 구조 때문에 영화처럼 다양한 투자자를 활용할 수도 없었다. 관객이 많이 들면 수익도 관객 수에 비례해 늘어나는 구조인 영화는 투자자가 높은 수익률을 기대할 수도 있지만 한편으로 적자 위험도 감수해야 했다. 반면 드라마는 방송사 편성만 결정되면 제작비 회수 위험은 거의 없지만 높은 추가 수익을 기대하기도 어려웠다. 아무리 시청률이 좋아도 드라마 앞뒤 광고가 늘어난 방송사 몫만 커질 뿐, 제작사는 간접광고가 조금 늘어나는 정도였다. 영화 투자자들이 드라마에는 선뜻 투자하기 어려웠던 이유다.

이러한 속성 때문에 금융권에서는 영화는 주식투자, 드라마는 채권투자와 비슷하다는 이야기를 해왔다. 높은 수익률을 기대할 수 있지만 적자 위험도 있는 영화는 주식투자와 공통점이 있어 오래전부터 벤처 투자자들이 투자했다. 반면 높은 수익률을 기대할 수는 없지만 안정적으로 자금회수를 할 수 있는 드라마는 은행권과 궁합이 잘 맞았다. 대출의 경우 수익률과 상관없이 상환 여부가 중요하기 때문이다.

이런 이유로 인해 드라마는 필요한 제작비를 조달한 후에도 계속 제작비 한계에 갇혀야 했다. 영화의 경우 향후 수익률을 기대하며 기존 제작비를 뛰어넘을 정도로 투자하는 것도 가능했다. 손실위험이 높아질 수 있긴 해도 수익률을 높이는 것 또한 가능하기 때문이다. 반면 드라마는 제작비로 거둘 수 있는 수익이 제한적이라 턱없이 높은 제작비를 들이기 어려웠다. 최근까

## OTT 등장 이전 방송사 편성 드라마의 제작비 조달 구조

| 단계 | 편성 > | 제작 > | 방영 |
|---|---|---|---|
| 수익 | 방영료<br>(제작비의 70%) + | 간접광고(PPL),<br>협찬, OST<br>(제작비의 30%) + | VOD,<br>해외 판권 수출<br>(α) |
| 주체 | 방송사 | 제작사 조달 | 방송사/제작사 |
| 지급 시기 | 방영 후 1개월 | 기획/제작 중 | 방영 전/후 |
| | 100% | | ±α |

자료: 김윤지, 〈OTT산업과 K콘텐츠 수출: K드라마·K무비를 중심으로〉, 한국수출입은행 해외경제연구소,
2021. 4.

지 방송사 방영료는 편당 5억 원, 아무리 높아도 6억~7억 원을
넘어서기 어려웠다. 16부작 드라마 기준으로 100억 원 이상은
어렵기에 PPL 등을 감안해도 100억~130억 원 한도에서 제작할
수밖에 없었다. TV 시청률의 전반적 하락과 함께 방송사 광고 수
입이 줄어들어 이 정도 투자액도 무리라는 평이 많았다.

이런 상황에서 OTT가 드라마 수요처로 등장하면서 드라마 제
작 자본조달 구조에도 변화가 나타났다. 드라마 제작비에 방송
사 방영료 외에 OTT 투자금을 투입할 수 있어 높은 비용이 드는
대형 드라마 제작이 가능해진 셈이다. 스튜디오드래곤이 기획
해 2018년 tvN 채널을 통해 방영한 〈미스터 션샤인〉의 경우 총
24부작에 제작비 430억 원을 소요한 드라마였다. 편당 제작비

**OTT 판매 드라마의 제작비 조달 구조(〈미스터 션샤인〉의 예)**

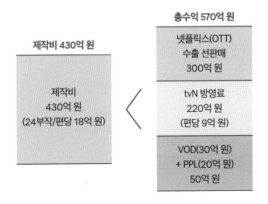

총수익 570억 원

제작비 430억 원

| 제작비<br>430억 원<br>(24부작/편당 18억 원) | 넷플릭스(OTT)<br>수출 선판매<br>300억 원 |
| | tvN 방영료<br>220억 원<br>(편당 9억 원) |
| | VOD(30억 원)<br>+ PPL(20억 원)<br>50억 원 |

자료: 김윤지, 〈OTT산업과 K콘텐츠 수출: K드라마·K무비를 중심으로〉, 한국수출입은행 해외경제연구소, 2021. 4.

로 보면 18억 원 정도로 기존 드라마의 약 세 배 수준이었다. 이 드라마는 총제작비 50%가 넘는 220억 원을 채널 방영료로 조달하고, 300억 원은 넷플릭스에 방영권 판매로 조달했다. 이 밖에 VOD 판매, PPL 등으로 부가 수익 50억 원을 올려 총수익 570억 원을 거두었다. 제작비를 충당하고도 140억 원, 약 33% 수익률을 기록한 것이다.

기존 제작 구조에서만 고민했다면 이 드라마는 제작이 어려웠을 가능성이 높다. 방송사에서는 방영료로 최대 6억 원씩밖에 줄 수 없어 제작비 430억 원을 모두 조달할 수 없었을 터이다. 즉 OTT의 등장으로 더 높은 제작비가 드는 작품을 만들 수 있게 되면서 한국 드라마의 한 단계 높은 도약도 가능해졌다는 이야기다.

이 과정에서 주목할 또 다른 변화 가운데 하나는 IP 소유를 통한 수익 증대다. 과거에는 제작사들이 제작한 드라마의 수출 판매권이나 부가 판권 같은 IP를 방송사에 넘기는 게 일반적이었다. 하지만 최근에는 제작사나 콘텐츠를 기획한 스튜디오 기업들이 IP를 확보하는 경우가 늘었다. 이렇게 제작사나 스튜디오 기업들이 IP를 확보해야 방송사 외에 여러 OTT 등에도 드라마를 판매할 수 있어 수익원이 다양해진다. OTT 오리지널 시리즈 등으로 제작하면 IP가 OTT에 귀속되지만, 그렇지 않은 다양한 계약 관계도 존재하기에 제작사들이 더 높은 수익을 올릴 가능성이 열리게 되었다.

### 한류드라마와 K드라마 사이

OTT의 등장으로 한국 드라마들이 벗어던진 또 하나의 한계는 소재와 표현의 제약이다. 넷플릭스는 80개국 이상의 세계인이 모두 함께 보는 플랫폼이고, 이들의 눈과 귀를 사로잡으려면 다양한 소재와 시도가 필요했다. 한국 드라마들은 넷플릭스에 진출하면서 아시아 시장에서의 기존 한류드라마 팬덤을 강화하며 새로운 'K드라마'로 확대를 시도할 수 있었다.

기존 팬덤 강화는 넷플릭스의 알고리즘 추천 덕이 컸다. 코로나19로 각국의 봉쇄가 심각해지면서 전 세계적으로 OTT를 통한 콘텐츠 시청이 크게 늘어나던 2020년경 일본과 아시아 지역

을 중심으로 '3차 한류' 바람이 강하게 일었다. 일본에서 2000년
대 초 〈겨울연가〉가 주도한 한국 드라마 열풍을 1차 한류,
2010년대 아이돌그룹 동방신기 등이 주축이 된 K팝 열풍을 2차
한류라 할 때, 넷플릭스의 〈사랑의 불시착〉, 〈이태원 클라쓰〉 등
을 중심으로 2020년 펼쳐진 한국 드라마 열풍을 언론들이 3차
한류라 부르면서 이러한 명칭이 생겼다.

3차 한류는 과거 〈대장금〉이나 〈주몽〉, 〈별에서 온 그대〉처럼
드라마 한두 편에 인기가 집중되지 않고 여러 드라마가 한꺼번
에 인기를 끄는 특성이 있었다. 〈쌍갑포차〉(2020년), 〈더 킹:영원
의 군주〉(2020년), 〈사이코지만 괜찮아〉(2020년) 같은 당시 최신
드라마부터 〈도깨비〉(2016년), 〈응답하라 1988〉(2015년), 〈닥터 프
리즈너〉(2019년) 등 몇 년이 지난 드라마에도 3차 한류의 바람이
미쳤다. 바로 넷플릭스의 알고리즘 추천 기능 때문이다. 넷플릭
스가 한번 한류드라마를 본 시청자에게 비슷한 한국 드라마들을
연달아 소개하면서 연쇄 시청을 유도한 것이다.

넷플릭스는 아시아 시장에 한류드라마 열풍을 다시 일게 했
고, 서구 시장에서는 새로운 기운을 불러일으켰다. 2021년 9월
9부작 〈오징어 게임〉이 넷플릭스를 통해 공개되면서 전 세계를
뒤흔들었기 때문이다. 〈오징어 게임〉은 6일 만에 전 세계 시청
1위에 올라 52일간 정상 자리를 지켰고, 넷플릭스가 서비스를
제공하는 83개 국가 모두에서 시청 순위 정상을 차지했다. 아직
도 넷플릭스에서 역대 가장 많은 가구가 시청한 콘텐츠로 기록

될 정도로 〈오징어 게임〉 열풍은 거셌다. 〈오징어 게임〉이 전대미문의 성공을 거두자 이후 한국 드라마들은 넷플릭스에 나오자마자 순위권에 오르는 경우가 늘어났다. 아주 평범해 보이는 한국 드라마조차 넷플릭스에서 높은 시청 순위를 기록하는 것이 그리 신기하지 않을 정도로 한국 드라마의 존재감은 커졌다.

하지만 이렇게 전 세계에서 사랑받는 한국 드라마는 과거 아시아 시장에서 사랑받던 한류드라마와는 차이가 있다. 아시아 지역에서는 청춘남녀의 연애나 가족들 이야기로 구성된 로맨스물들이 아직도 많은 사랑을 받는다. 달달하고 아기자기하게 사람들 마음을 어루만지는 로맨스 코미디물이 대표적 한류드라마였던 셈이다. 그런데 최근 넷플릭스에서 세계적으로 큰 사랑을 받는 작품들, 특히 서구에서 인기를 끄는 작품들은 좀비가 등장하는 공포물이나 초현실적 현상을 다룬 장르물, 피가 낭자하게 쏟아지는 스릴러물이 많다. 〈오징어 게임〉이나 〈킹덤〉, 〈지옥〉, 〈지금 우리 학교는〉 같은 드라마들이 대표적이다.

과거 한국에서는 방송사를 통해 방영하기 힘든 소재나 주제 때문에 국내 자본으로는 이런 작품들을 제작하기 어려웠다. 하지만 글로벌 OTT는 다양한 시청자 집단을 대상으로 콘텐츠를 만들기 때문에 방송사에 비해 소재나 표현의 제약이 적다. 덕분에 제작사들이 글로벌 OTT 투자를 통해 평소 국내에서 시도하지 못한 작품을 만들 수 있었다. 즉 한국에서 제작이 어려운 드라마들을 해외 자본과 플랫폼을 통해 자유롭게 만들고, 세계인들의 시선을 잡아끌면서 한 번 더 한국 드라마의 지평을 넓게 펼친 것이다.

이런 드라마들의 경우 외양은 공포나 스릴러물을 표방하지만 그 안에 계층 간 갈등, 인간성 회복과 같은 사회적 메시지를 예리하게 담아냈다는 평가를 받고 있다. 이런 한국 드라마들이 더 사랑을 받게 된 측면도 있었다. 최근 미국 콘텐츠들이 안정적 흥행을 거두기 위해 리메이크물이나 슈퍼히어로물 제작에 몰두하는 경향이 짙어지면서 사회적 메시지를 전면에 내건 드라마들은 줄어들었기 때문이었다.[1] 대신 이런 부분을 한국 드라마들이 독창적으로 담아내면서 세계인들에게 호평받게 되었다는 분석이 힘을 얻는다. 이런 사회성 짙은 내용을 담은 한국 드라마들을 과거의 한류드라마와 구별하기 위해 K드라마로 불러야 한다는 주장도 제기되었다.

## 신드롬만큼의 수익을 얻으려면

글로벌 플랫폼 덕분에 한국 드라마들이 큰 성공을 거두면서 그다음 단계의 문제들도 제기되었다.[2] 콘텐츠산업에서 큰 성공이 나타날 때마다 뒤따르던 "그래서 우리는 얼마나 수익을 거두고 있는가"라는 질문에 대답할 때가 된 것이다. 글로벌 OTT를 통한 제작이 늘어나면서 판매처가 많아져 수익이 향상된 측면은 있지만, 계약 구조로 인해 국내 제작사들이 거둔 수익이 크게 늘어나지는 못했다. 넷플릭스 오리지널 시리즈로 제작한 9부작 〈오징어 게임〉 제작비는 편당 28억 원씩 총 252억 원(2,140만 달러)으로 알려져 있다. 하지만 제작사는 해외 방영권, 판매권 같은 IP를 모두 넷플릭스에 넘기는 계약을 맺어 딱 제작비만큼만 수익을 거두었다. 제작비는 대부분 인건비, 세트비, CG 등으로 쓰이므로 제작비용을 제외한 제작사 마진은 15% 안팎 정도였다.

국내 제작사가 거둔 수익이 기대에 미치지 못하자 실망한 사람들이 많았다. 〈오징어 게임〉은 넷플릭스가 서비스하는 83개국에서 모두 시청 1위를 차지했다. 만약 83개국에 대략 100억 원씩 판매했다고 가정하면 수출액은 8,300억 원이다. 국가별 평균 판매액을 20억 원 정도로 줄인다 해도 수출액이 2,000억 원 가까이 된다. 물론 이런 가정은 매우 부질없다. 드라마를 개별 국가에 일일이 판매하기란 매우 어려워서 과거에도 지역별 판매권을 가진 도매 유통상에 헐값으로 판매하는 경우가 많았다. 우리가 직접 개별 국가에 수출했다면 83개국 수출은 언감생심이었을 가능성이 높다.

하지만 넷플릭스가 거둔 성과는 비교적 뚜렷했다. 2021년 10월 16일 블룸버그는 넷플릭스의 가치평가 지표인 '임팩트 밸류'로 추정한 〈오징어 게임〉의 경제적 가치가 8억 9,110만 달러, 한화로 1조 원이 넘는 수준이라고 보도했다. 〈오징어 게임〉 제작비 2,140만 달러의 약 42배에 달하는 가치*였다. 이런 계산에 이르자 "재주는 한국 제작사들이 부리고 돈은 글로벌 OTT들이 번다"는 아쉬움이 쏟아졌다.

제작사들도 고민에 빠졌다. OTT 구매 콘텐츠가 늘어나면서 제작 환경이 개선된 것은 분명 긍정적 현상이다. 전액투자를 받는 오리지널 작품을 제작할 경우 국내보다 약 15% 내외의 마진을 더 받을 수 있다는 것도 매력적이다. 무엇보다 글로벌 OTT의 선택을 받으면 전 세계에 곧바로 작품을 선보일 수 있다. 하지만 '달랑' 제작비만 받는 계약 구조가 아쉬운 것도 사실이다.

때문에 이러한 상황을 넘어설 다양한 해법들도 등장했다. 글로벌 OTT와 계약할 때 IP는 제작사가 확보하고, OTT에는 해외 방영권 일부만 판매하는 형태로 전환해 보자는 것이 대표적이다. 실제로 세계에는 각 지역별로 소규모 OTT들도 많이 존재하므로 IP를 보유하면 더 여러 곳에 판매할 가능성이 높아진다. 2022년 하반기 높은 인기를 끈 드라마 〈이상한 변호사 우영우〉가 그런 사례로 꼽힌다. 제작사 에이스토리는 IP는 직접 보유하면서 KT 그룹 계열사인 ENA 채널과 넷플릭스에 국내, 해외 방영권을 각각 판매해 제작비를 조달하고 수익도 이중으로 거두었다.

IP를 제작사가 보유하면 여러 이점이 있다. 여러 OTT에 판매할 수 있고, 2편과 3편 등을 제작하게 될 때 늘어나는 수익도 더

---

* 넷플릭스는 '임팩트 밸류'의 구체적 집계 방식을 밝히지는 않았다. 아마도 시청자 수뿐 아니라 해당 콘텐츠를 얼마나 오래 보았는지, 해당 콘텐츠로 신규 가입자가 얼마나 늘어났는지, 이렇게 늘어난 가입자들의 데이터 가치는 얼마인지 등을 복합적으로 반영해 가치를 산출했을 것으로 보인다.

한류 외전

챙길 수 있다. 캐릭터 등을 활용한 부가 사업에 나서거나 웹툰, 뮤지컬과 같은 2차 저작물을 만들 수도 있다. IP를 OTT에게 넘기는 오리지널 작품을 제작할 때조차도 감독과 같은 창작자들은 저작권료를 챙겨 받는 계약을 할 수도 있다.[3] 즉 과거 관행처럼 맺어오던 계약조건을 바꾸어 수익을 늘릴 여지가 아주 없진 않다는 뜻이다. 물론 이렇게 하려면 협상력이 있어야 한다. 콘텐츠의 우수성도 필요하지만 제작비를 전적으로 의존하지 않을 만한 자본력이 있어야 협상력이 향상된다. 이제까지 한국 제작자들은 이런 점들이 부족해 다소 불리한 계약에 응해야 했지만 이제는 조금씩 조건을 바꾸어나갈 때라는 평가다.

한류 확산이라는 차원에서 볼 때, 거대 글로벌 OTT를 중심으로 한 한국 드라마 유통이 긍정적이기만 한지 문제 제기를 하는 사람들도 있다. 과거에는 각 국가별 방송사들을 통해 드라마를 판매한 덕분에 방송 전파를 통해 아시아 도서 벽지 시청자들도 쉽게 우리 드라마를 즐기는 경우가 많았다. 그런데 넷플릭스 같은 유료 OTT 중심으로 우리 드라마를 공급하는 비율이 늘어나면서 한국 드라마 유통 범위가 OTT 내에 한정된다는 평가다. 유료 플랫폼 덕에 제작자들은 수익을 더 올릴 수 있지만, 월정액을 내는 가입자들에게만 한국 드라마가 전파되기 때문이다.

이에 따라 지구촌 곳곳에서 TV로 한국 드라마를 즐기는 풍경은 점점 사라졌다. 물론 서구 유료 가입자들에게 우리 드라마가 확산됨에 따라 얻는 장점도 크다. 그러나 그 대가로 한류의 저변을 넓혀온 저개발국 시청자들이 볼 수 있는 한국 드라마는 줄어들었다. 이들은 우리 드라마의 경쟁력을 키워준 일등공신들이고, 한류의 소프트파워를 향상시키는 데에도 큰 기여를 했다. 많은 미디어 학자들은 단순히 수익을 넘어 세계 공중파 TV를 통해 얻는 가치도 여전히 존재한다고 말한다. 해외 시청자들에게 TV로 드라마 〈대장금〉을 보게 함으로써 우리가 얻은 자산도 무시할 수 없기 때문이다.

## 제값 주고 제작해야 세계 최고 수준 유지한다

OTT 공급이 늘어나면서 제작사들의 제작 여건이 향상됐지만 여전히 배고픈 '호황'이라는 분석도 있다. 글로벌 OTT들에서 한국 드라마 인기가 높은 것은 상대적으로 저렴한 제작비 덕분이라는 사실을 부정하기가 어렵기 때문이다.

글로벌 OTT 인기 시리즈와 비교할 때 한국 드라마 제작비는 여전히 매우 낮다. 넷플릭스 시리즈 가운데 제작비가 가장 높은 것으로 알려진 〈더 크라운〉 편당 제작비는 1,300만 달러(한화 154억 원)이다. 〈오징어 게임〉 이전에 넷플릭스에서 가장 많은 시청자들이 본 시리즈였던 〈브리저튼 1〉 편당 제작비는 700만 달러(한화 83억 원), 넷플릭스의 성장에 가장 큰 기여를 했다고 손꼽는 〈기묘한 이야기〉 편당 제작비는 1,200만 달러(한화 143억 원) 수준이다. 반면 〈오징어 게임〉 편당 제작비는 238만 달러(한화 28억

〈오징어 게임〉, 〈지옥〉, 〈지금 우리 학교는〉 등의 장르물은 K드라마의 전형을 제시했다.
동시에 새로운 수익모델에 대한 과제도 남겼다.

원)로, 넷플릭스 인기 시리즈물 3분의 1에서 4분의 1, 대작과 비교하면 5분의 1 수준에 불과하다.

이 숫자들이 우리에게 시사하는 바는 크다. 우리가 이 정도 '저렴한' 비용으로 세계적 수준의 드라마를 제작할 수 있는 이유를 이제는 숙고할 때가 왔다. 우리의 경우 일부 스타 배우나 작가를 제외한 일반 드라마 제작 스태프들의 인건비는 매우 낮다. 아직도 많은 제작 현장에서 스태프와 정식 근로계약을 체결하지 않고 연장근로를 강요하는 일이 발생한다. 많이 사라졌다고는 하나 빠듯한 제작비에 맞춰야 한다는 이유로 참여 인력들의 열정봉사를 강요하는 분위기도 남아 있다.

낮은 인건비는 이제까지 한국 영상콘텐츠 제작의 강점이었다. 하지만 앞으로는 약점으로 전환될 수 있다. 어떤 산업에서든 낮은 인건비를 기반으로 최고 수준의 품질을 유지하는 경우는 드물다. 싸구려 상품을 만들 때에는 비용을 낮추는 것이 미덕이지만 최고 상품을 만들 때에는 합당한 대가를 치러야 선순환이 가능하다. 참여자 처우가 낮은 산업에 재능 있는 인재들이 계속 뛰어들 수도 없다. 예전에는 산업 규모가 커지기 어려웠기에 문화산업에서 인건비가 압박이 된다고 보았다. 이제는 전 세계가 하나의 시장으로 통합되어 과거와는 비교하기 어려울 정도로 산업 규모가 성장했다. 최저 수준으로 묶여 있는 인건비를 다른 산업 수준으로 올려야만 산업의 정상적인 발전도 가능하다. 그래야 어렵게 잡은 세계 최고 제작 수준도 유지할 수 있다.

　　　　　　　　　　　　　　한류 외전

## 이제는 우리 배에 실어 보낼 때

드라마 제작비를 글로벌 OTT 자본에 깊게 의존하는 상황도 다시 생각해 보아야 한다. 자본에 국경은 없다지만 상황 변화에 따라 언제든 쉽게 손을 뗄 수 있는 글로벌 자본에만 의지한다면 언제나 큰 리스크가 따른다. 1980년대 전성기를 누린 홍콩영화 산업이 한순간 몰락한 것도 홍콩 반환을 기점으로 해외투자 자본들이 투자활동을 중단했기 때문이다.

실제로 그럴 가능성이 없는 것도 아니다. 지난 2021년 11월 25일 서울 국회의원회관에서 개최된 '망 이용 대가 이슈의 합리적인 해결 방안 모색을 위한 전문가 간담회'에서 넷플릭스 글로벌 콘텐츠 전송 부문 디렉터 토마스 볼머는 "만약 한국 시장이 망 이용료를 강제한다면 더 이상 한국 현지화를 진행하지 않을 수 있다"고 밝히기도 했다. 넷플릭스의 반대에도 불구하고 망 이용료 법제화를 강행한다면 현재 진행 중인 한국 콘텐츠 투자를 철회할 수 있다는 의미였다. 2021년 한 해에만 한국 콘텐츠를 약 5,500억 원 구매한 넷플릭스는 이 투자금을 지렛대 삼아 이같이 피력했다.

따라서 국내에서도 지속적으로 콘텐츠에 투자할 수 있는 자본 역량, 다양한 자금원을 키워나가야만 한다. 현재 시장 성장과정을 고려한다면 국내 OTT들이 일정 부분 이런 역할을 담당할 필요가 있어 보인다. 국내 OTT들도 국내시장만으로는 한계에 직면할 테고, 글로벌시장에 진출하려면 국내외에서 더 많은 콘텐츠 투자를 해야 하기 때문이다. 국내 OTT들을 비롯해 다양한 국내 자본들이 더 많은 K콘텐츠를 제작, 유통할 수 있는 환경이 존재해야 우리 제작사들의 협상 경쟁력이 높아지는 것은 물론 해외 자본이 갑작스레 우리 시장에서 손절하는 상황도 막을 수 있다.

특히 영상콘텐츠산업 전반에서 수익성과 경제성을 제고하고자 한다면 제작만 하던 데서 벗어나 기획, 개발, 판매, 유통 역량 등을 함께 키우는 것이 필수적이다. 모든 산업에서 기업은 수출 활동을 통해 글로벌 경쟁력을 키운다. 이때 단순히 상품의 품질에 대한 경쟁력만 제고되는 것이 아니며, 시장에서 필요한 상품을 발굴하고 시장이 원하는 형태로 개선하는 기획, 개발 역량, 판매 과정의 효율적 개선을 위한 마케팅 역량 등이 총체적으로 증진된다. 그리고 높은 부가가치는 언제나 제작이 아니라 이런 역량의 축적 과정에서 창출된다.

콘텐츠산업의 높은 부가가치 또한 제작 이외의 부분에서 창출된다. 드라마 제작 역량을 갖추었다 해도 IP를 가지고 있어야 다양한 형태의 2차, 3차 제작이 가능하고, 제품 유통과정에서 제작비 몇십 배 이상 수익을 얻을 수 있다. 제작 역량밖에 갖지 못했다면 〈오징어 게임〉 같은 큰 성공이 이어질 때마다 제작 외 단계에서 발생하는 수익을 우리가 전유하지 못하는 상황을 안타깝게 여겨야 할 가능성이 높다.

물론 이런 역량을 축적하기는 매우 어렵다. 막강한 자본력, 해외 네트워크 구축, 풍부한 글로벌 사업 경험도 필요하다. 하지만 우리 제작 역량이 이 정도로 성장하리라 예측한 사람은 많지 않았다. 다른 역량 역시 마찬가지다. 한걸음에 달성하기는 어렵지만 꾸준히 축적하려는 노력과 시도가 있을 때에만 어느 정도 성취가 가능하다.

국내 영화산업의 성장과정을 한번 떠올려보면 도움이 된다. 현재 우리나라 영화시장은 전 세계에서 미국을 제외하고는 국내 영화 비중이 가장 높은 곳 가운데 하나다. 우리나라에서는 한국 영화 관객점유율을 대체로 50% 이상 60% 가까이 유지해 왔다.[*] 미국과 인도 등 일부 나라를 제외하고 자국 영화를 이토록 열심히 만들고 보는 나라는 없다. 하지만 처음부터 이랬던 것은 아니다. 1990년대 이후 영화산업에 대한 민간투자 구조가 정착되고, 꾸준히 자본을 유입하면서 영화산업의 양과 질이 대폭 성장했다. 그 과정에서 탄탄한 국내 배급사 체제가 갖춰지고, 전문 투자자들도 늘어났다. 산업의 성장을 뒷받침하는 국내 자본이 함께 있었기에 지금처럼 고품질 영화들이 줄기차게 나오게 되었다.

물론 영화산업의 경우 지나치게 국내시장에 천착해 글로벌화

---

[*] 2022년 영화진흥위원회에서 발간한 〈2021년 한국영화산업 결산〉에 따르면 한국영화 관객점유율은 58.8%(2012년) → 59.7%(2013년) → 50.1%(2014년) → 52.0%(2015년) → 53.7%(2016년) → 51.8%(2017년) → 50.9%(2018년) → 51.0%(2019년) → 68.0%(2020년) → 30.1%(2021년)이다. 2020년과 2021년은 코로나19로 극장이 정상영업을 하지 못했고, 국내 영화 개봉도 원활하지 못했기에 예외적 상황으로 보아야 한다.

에 크게 다가서지 못했다는 한계가 있다. 그럼에도 인구 5,000만 명인 나라에서 해마다 천만 관객 영화를 몇 편씩 탄생시킬 만큼 기획, 제작, 투자, 배급 역량을 키웠다. 그리고 이 역량을 밑거름 삼아 최근 글로벌 OTT에서도 우수한 한국 시리즈물들이 늘어나게 되었다. 〈오징어 게임〉 제작사와 황동혁 감독도 영화산업에서 필모그래피를 키워왔고, OTT 시리즈물은 그들의 첫 도전이었다.

국내 드라마 산업도 한 단계 더 도약하려면 국내 투자 자본들이 밀접하게 뒷받침하는 구조를 갖출 필요가 있다. 국내 투자자들의 수익은 다시 국내로 재투자될 가능성이 높으므로 산업 내에서 든든한 성장 기반이 될 것이다. 국내 OTT가 중심이 되어 더 많이 제작 투자를 하고 해외시장을 직접 공략하는 형태로 변신하는 것을 생각해 볼 수 있다. 또는 콘텐츠 그룹의 스튜디오 기업들이 그런 역할을 할 수도 있을 것이다. 영화산업의 주요 전략 투자자들이 했던 것처럼 투자와 제작의 중심에 서서 제작기획과 투자 유치를 하고, 해외 유통도 담당하면서 제작사들을 발굴해 나가는 역할이 필요하다.

물론 그런 길로 가는 데에는 많은 어려움이 존재할 것이다. 국내 OTT는 글로벌 OTT 같은 파급력이 부족해 세계적 성공이 어렵다는 현실론이 제기될 수도 있다. 국내 OTT들이 아직 해외에 첫발을 내딛지 못한 상태이기도 하다. 국내 OTT들이 효율적으로 해외 망을 구축하고, 실제로 그 위에 국내 자본들이 결합해 성공작들을 만들어내는 모습을 보기까지 많은 시간이 걸릴지도 모른다. 그런 시간 동안 글로벌 OTT를 통해 우리 작품들을 꾸준히 소개할 필요도 있다. 하지만 자본이 존재해야 지속적 투자가 이뤄지고, 그런 과정에서 기획력과 마케팅력도 축적된다. 기다리기만 하면 아무것도 얻지 못할 가능성이 높다.

# 9장

✳

# 여전히 낮은
# 금지와 개방의 정치

## 영화감독 출신 장관이
## 스크린 쿼터 축소를 말한 이유

2004년 6월 11일 문화관광부 청사. 이창동 문화관광부 장관과 스크린 쿼터 지키기 영화인대책위원회 대표 6인의 면담 준비가 한창이었다. 일주일 전쯤 6월 3일 청와대에서 열린 국제문화 전문가단체 총회 참석자 초청 만찬에서 오간 이야기 때문이다. 만찬에서 노무현 대통령은 "스크린 쿼터를 조금 줄인다고 해서 우리 영화가 위축되진 않죠? 자신 있죠?" 하고 운을 뗐다. 이에 박찬욱 감독이 "자신 없습니다"라고 답했다. 이날의 분위기가 전해지자 영화계는 술렁였다. 스크린 쿼터제에 대한 문화관광부의 공식 입장을 확인하기 위해 대책위는 이날 회의를 요청한 것이었다.

이창동 장관은 결단의 시기가 다가왔다고 느꼈다. 영화계에서는 이창동 장관을 스크린 쿼터 축소를 막아낼 최후의 저지선으로 여겼다. 이창동 장관은 2000년 스크린쿼터문화연대 정책위원장을 역임할 정도로 스크린 쿼터제에 단호한 입장을 유지해 온 인물이었다. 이런 그가 영화계 추천으로 문화관광부 장관에 임명되었기에 영화계가 그에게 거는 기대가 남달랐다. 이창동 장관도 취임 후 외신 인터뷰에서 "일부 경제관료들이 스크린 쿼터 축소를 희망하고 있지만 심각한 의견 충돌은 아니며 한국 정부는 스크린 쿼터 제도를 바꿀 계획이 전혀 없다"고 못박곤 했다.

스크린 쿼터제는 2003년 노무현 정부가 들어서면서 핵심 현안으로 떠오른 상태였다. 1999년 1차 논란이 있었지만 당시에는 여론의 힘으로 중단될 수 있었다. 김대중 대통령이 1997년 대선에서 "한국영화 관객점유율이 40%가 될 때까지 스크린 쿼터를 지켜내겠다"는 공약을 내걸 정도로 스크린 쿼터에 우호적이었던 것도 이유였다. 1998년 우리 정부가 미국에 한미투자협정을 제안하면서 어려움에 직면했지만, '문화 주권'을 위해 스크린 쿼터제가 필요하다는 점이 힘을 얻어 논의는 중단되었다.

하지만 노무현 대통령이 FTA 체결을 추진하면서 스크린 쿼터 축소 문제가 다시 떠올랐다. 초반에는 이창동 장관도 "협정 효과는 미지수고 장관직을 내던지더라도 스크린 쿼터 축소는 결코 수용할 수 없다"며 대통령 지시에 정면으로 맞섰다. 하지만 상황이 변했고 미국 압력도 만만치 않았다. 한국영화 관객점유율은 40%를 넘어섰고, 미국은 협정의 선결 조건으로 스크린 쿼터 축소를 강하게 요구했다. 스크린 쿼터제 때문에 다른 중요한 국정이 발목 잡힌다는 관료들의 공격도 무시할 수 없었다. 정부 국무위원으로서 이창동 장관도 더 이상 고집을 부리기 어려운 상황에 몰렸다.

대책위와 마주앉은 자리에서 이창동 장관은 어렵게 말문을 열었다.

"한국영화산업의 미래를 위해 스크린 쿼터 일수 축소 조정과 변화에 대해 검토할 시점이 온 것 같습니다."

이창동 장관은 최근 한국영화의 활황으로 관객점유율과 세계시장에서의 높아진 위상을 고려해 우리가 주체적으로 스크린 쿼터제에 대해 판단할 때라고 했다. 스크린 쿼터제를 조정해야 한다면 쿼터제 이외의 종합적 영화 지원방안이 이뤄져야 하며, 만약 조정 뒤 영화산업에 심각한 위축 신호가 나타나면 다시 쿼터제를 회복할 수 있도록 연동제 방식을 마련하자는 안도 꺼냈다.

대책위는 달라진 이창동 장관의 이야기가 당황스러웠다. 믿었던 마지막 동아줄이 끊어지는 느낌이었다. 하지만 영화계 선배로서, 영화를 만드는 창작자로서 존경을 한몸에 받아온 이창동 감독이었던 터라 엄청난 고뇌에서 나왔을 그의 결단을 모른 척할 수 없었다. 며칠 뒤 남산 감독협회 사무실에서 열린 대책위 회의에선 먹살잡이 직전에 이를 정도로 위원들 사이에 격렬한 공방이 오갔다. 이창동 장관의 고뇌를 이해하지만 정부 결정을 순순히 받아들일 수만은 없는 복잡한 상황이었다.

영화계 대표들과 만나고 며칠 뒤 이창동 장관은 스스로 문화관광부 장관직을 떠났다. 문화관광부도 스크린 쿼터 축소 조정 쪽으로 입장을 선회했다. 마침내 2006년 1월 26일 한덕수 부총리는 "7월 1일부터 스크린쿼터 일수를 73일로 축소한다"고 발표했다. 영화인들은 '국치일', '반문화적 쿠데타'라는 거친 표현을 던지며 연일 반대 시위를 벌였다. 2월 7일엔 배우 최민식이 옥관 문화훈장을 반납하기도 했다. 이날 문화관광부 청사 앞에서 1인 시위를 한 최민식의 손에는 "스크린쿼터가 없으면 〈올드보이〉도 없습니다"라는 피켓이 들려 있었다.[2]

## 〈동백아가씨〉는 일본 가요?

한류는 한국이 만든 대중문화 콘텐츠를 전 지구적으로 즐기는 글로벌 트렌드 현상이다. 한국 걸 그룹이 새로운 뮤직비디오를 내놓으면 유튜브를 통해 전 세계에서 실시간으로 새 노래와 안무를 즐긴다. 넷플릭스에 새로운 한국 드라마 시리즈가 올라오면 전 세계 시청자들이 하룻밤 만에 시리즈 전편을 감상하곤 한다. 인터넷이 세계를 하나로 연결하면서 이같이 먼 나라의 문화를 서로 공유하고 즐기는 것이 매우 손쉬운 일이 되었다.

하지만 과거에는 자국의 문화정체성을 지키기 위해 특정 나라의 문화를 규제하는 정책을 수립하는 경우가 종종 있었다. 우리나라는 1948년 정부 수립 이후 일제 식민지 잔재를 청산하기 위해 일본 대중문화의 도입을 금지해 왔다. 700년 이상 영국의 식민지를 경험한 아일랜드에서도 '탈영국화'를 위해 영국의 잡지,

영화, 텔레비전, 라디오, 대중음악의 유입을 경계하고 비판하는 담론을 꾸준히 생산해 왔다.[3] 최근 중국의 한한령도 그런 차원의 정책 가운데 하나로 볼 수 있다. 즉 자국의 정체성 유지나 정치사회적·경제적 목표를 위해 정부가 특정 국가의 대중문화 유입을 금지하는 정책을 쓴 것이다.

한국 정부가 일본 대중문화를 규제할 때에는 주로 세 가지 논리가 활용되었다. 첫째는 정치적 이유로, 일본 대중문화는 그 자체로 일본의 상징이므로 일본의 식민 지배를 경험했던 한국으로서는 일본 대중문화를 공식적으로 받아들일 수 없다는 것이었다. 둘째는 문화적 이유로, 일본 대중문화는 변태적이고 폭력적이며 외설적인 성향이 커서 청소년 등 국민들에게 해로운 영향을 줄 수 있으므로 받아들여서는 안 된다는 것이었다. 마지막 셋째는 경제적 이유인데, 한국보다 훨씬 많은 자본과 기술을 보유하고 있는 일본의 대중문화를 개방할 경우 한국 문화산업은 궤멸할 수 있다는 불안과 우려 때문이었다.[4]

하지만 일본 대중문화 금지는 명문화된 '법'과 같은 제도적 장치가 아니라 '인습'에 가까운 규범에 의해 유지되었다. 일본 대중문화를 금지하는 것에 대한 정당성을 사회적으로는 공유했지만, 실제로 금지하기 위한 구체적인 수단과 방법은 딱히 구축되어 있지 않았기 때문이다.[5] 예를 들어 우리나라에 '일본 대중문화금지법'과 같은 형태의 법령이 존재한 적은 없었다. 대신 1961년 제정된 '공연법' 제19조 2항 '외국 공연물의 공연 제한'

에 "누구든지 국민감정을 해할 우려가 있거나 공서양속에 위배되는 외국의 공연물을 공연할 수 없다"는 항목이 있을 뿐이었다. 또 1973년 제정된 '외국 간행물 수입 배포에 관한 법률' 제7조에 "공안 또는 풍속을 해할 우려가 있다고 인정되는 외국 간행물을 수입한 때에는 배포 또는 판매를 중지 또는 내용의 삭제를 명할 수 있다"는 항목 정도가 있었다.[6][*] 이와 같은 법령들은 모두 일본을 구체적으로 명시하지 않았지만, 일본 문화를 금지할 필요가 있을 때 근거로 활용하곤 했다.

때문에 정부가 금지하는 일본 대중문화, 즉 왜색의 의미도 시기마다 변화했고, 규제하는 대상, 이유, 제한하는 방식이 모두 달랐다. 대표적인 사례가 〈동백아가씨〉 방송 금지였다. 박정희 정권 때 가수 이미자가 발표한 가요 〈동백아가씨〉는 일본 가요 엔카를 빼닮은 '왜색풍'이라는 이유로 1965년 방송이 금지되고, 1968년엔 음반 발매가 중단되는 수난을 겪었다.[**] 우리나라 트로트 가요 대부분이 엔카풍인 걸 감안하면 〈동백아가씨〉 금지는 조금 아이러니했다.

사실 이 조치는 정권이 국민들에게 본때를 보이기 위해 실시

---

[*] 이 밖에도 1963년 제정한 '방송법' 제5조 '윤리규정'에 '민족의 주체성 함양', '민족문화의' 창조적 개발', '아동 및 청소년의 선도', '가정생활의 순결' 등에 관한 내용이 있었고, 1966년 제정한 '영화법' 제13조와 1967년 제정한 '음반에 관한 법률' 제10조 등에는 '국헌문란', '국민정서', '사회질서', '국민정신' 같은 내용이 있었다.

[**] 〈동백아가씨〉는 이런 이유로 20년 이상 금지곡으로 묶여 있다가 1987년 6월항쟁 뒤에야 복권됐다.

된 대표적 상징조작 가운데 하나였다.[7] 당시는 국민들 반대를 무릅쓰고 한일기본조약을 체결 중이었다. 그렇지 않아도 친일 성격 논란이 있던 박정희 정권은 이에 대한 반대 여론이 높아지자 궁지에 몰렸다. 정부는 자신들이 민족주의자임을 과시할 필요가 있었다. 이를 위해 당시 가장 큰 인기를 누리던 대중가요를 왜색이라며 금지함으로써 정권의 친일 이미지를 쇄신하려 한 것이다.

이처럼 일본 대중문화 금지는 초기에는 식민지 잔재 청산이라는 의미가 있었지만, 점차 시간이 흐를수록 의미가 변질됐다. 박정희 정권 이후에는 주로 국민을 통제하고 정권이 특정한 정치적 입장, 즉 민족주의 성격을 가졌음을 보여주기 위해 유지되었다. 하지만 이 역시 국민정서라는 주관적 합의 안에서 운용된 탓에 강력한 집행은 어려웠다. 무엇보다 당시 일본 대중문화는 동아시아에서 가장 앞선 수준이라 이를 향유하려는 소비자의 욕망과 이를 유통시키려는 사업자들의 의지도 높았기 때문이다.

하지만 박정희 정권에서는 일본 대중문화 유입을 막았던 문을 정부가 직접 열어젖힐 수 없었다. 개방 추진 순간 한일 국교 정상화 때부터 그토록 떼내려 한 '친일' 프레임이 다시 드리울 것을 우려해서다. 따라서 정부는 공식적으로는 일본 대중문화 유입을 금지하지만 뒷문은 살짝 열어놓는 형태를 취했다. 소비자들의 열망을 비공식적으로 풀어주면서 자신들의 통제력은 유지하는 이중적 구조를 만든 것이다.

이에 따라 국내에서는 다양한 일본 대중문화가 왜곡된 형태로 광범위하게 유포된다. 1970년대 이후 〈우주소년 아톰〉이나 〈캔디 캔디〉, 〈마징가Z〉 같은 일본 TV 애니메이션들은 배경이나 주인공 이름을 바꾸는 '왜색 제거' 후 방영됐다. 공식 수입되지 않는 일본 록그룹이나 J팝 음반들은 약간만 수고하면 누구나 즐기는 게 가능했고, 어느 만화방에서나 일본 작가 이름을 한국 이름으로 바꾼 만화책들을 볼 수 있었다. 부산 등지에서는 위성TV를 통해 일본 방송프로그램도 즐겼다. 일본 영화나 애니메이션은 해적판 비디오테이프로 폭넓은 지지층을 유지했다. 사람과 물자의 교류가 활발히 이뤄지는데 대중문화만 금지하는 것은 현실적이지 못했다.

## 친일 프레임에서 벗어나 산업을 논하다

이런 불완전한 체제를 영원히 유지할 수는 없었다. 일본 대중문화 금지는 당시 한국이 베른협약 같은 국제저작권협약에 가입되지 않았기에 가능했던 측면도 있다. 누군가 국내에서 암암리에 유포되는 해외 대중문화의 저작권 문제를 제기했다면 이같이 밀수가 횡행하는 체제를 유지할 수 없었다.

하지만 1980년대 미국 정부가 재정적자와 무역적자 타개 그리고 미국 산업의 수익률 회복을 위해 지식재산권 문제를 내걸면서 변화를 맞이할 수밖에 없었다. 1985년 10월 미국 레이건 정부는 한국의 지적소유권 침해에 대해 '슈퍼301조'를 발효하겠다고 발표했다. 이 영향으로 한국 정부는 1986년 외국인의 저작권보호를 위한 저작권법 개정안을 국회에 상정했고, 1986년 9월에는 세계저작권법협약UCC에 가입했다. 1986년 10월에는 외국인 저작권보호 내용을 골자로 한 '저작권법 개정안'도 만들어졌다.[8]

글로벌 저작권법 질서 안에 들어가면서 일본 대중문화 금지라는 사회적 담론 체계에도 변화가 생겼다. 미국과의 교섭 체결 후 유럽연합과 일본도 미국과 같은 수준의 지적소유권 보호를 요구했다. 그때까지 일본은 자국 문화상품들의 한국 유포를 인지했어도 공식적으로 일본 대중문화 금지를 내거는 한국 정부에 강력하게 문제 제기를 하지 못하는 측면이 있었다. 사실 일본은 과거 2차 세계대전의 영향으로 동아시아 국가에 자국 대중문화를 적극적으로 수출하려는 의지가 약하기도 했다. 과거 식민지 국가들에서 일본제국주의 문화의 부활 또는 침략이라며 견제받을 수 있었기 때문이다. 한편으로는 튼튼한 자국 내수시장이 있어 수출 필요성을 크게 느끼지 못하기도 했다.

하지만 세계저작권협약이라는 테두리에 들어가면서 일본도 이 문제를 모른 척할 수는 없었다. 일본은 한국 정부에 정식으로 대중문화를 수입하고 그에 합당한 저작권 수익도 지불하라고 요청했다. 결국 공식적인 일본 대중문화 개방(1998년)보다 10년 앞선 1989년, 출판계에서는 이미 만화 등의 금지가 해제되기 시작했다. 일본 만화 책자에 대해서는 정식 수입 계약을 맺고 사전검열도 하는 형태가 나타난 것이다. 정부가 여전히 공식적으로는 일본 대중문화 금지 체제를 유지한 탓에, 어떤 분야는 금지되고 어떤 분야는 허용되는지 문제가 더 복잡하게 꼬여갔다.

더욱 근본적으로는 민주화 항쟁을 통해 독재정치가 붕괴되면서 일본 대중문화 금지의 정당성이 줄어들었다는 점도 중요하다. 실질적으로는 정권이 검열 도구를 원했기에 일본 대중문화 금지를 계속 유지하는 측면이 있었다. 하지만 민주화 진전으로 대중문화 전반에 걸친 검열 중심 문화정책에 변화가 왔다. 1988년 서울올림픽을 전후해 할리우드 영화 직접 배급, 케이블 채널 개국 등으로 세계 대중문화가 물밀듯이 밀려오자 외국 문화 개방 문제는 중대한 현안이 되었다. 소련과 중공 등 공산주의 문화까지 들어오는 마당에 일본 대중문화만 금지한다니 아이러니를 느낄 수밖에 없었다.

그러면 누가 굳게 잠긴 문의 빗장을 풀 수 있을까. 과거의 정부들은 각기 한계가 있어 개방에 나설 수 없었다. 한일 국교 정상화 체결, 박정희 대통령의 친일 행적 논란 등으로 인해 민족주의자로서의 면모를 과시할 필요가 있었던 박정희 정부는 일본 대중문화 금지를 더 강경하게 고집했다. 쿠데타로 정권을 획득해 정통성이 약했던 전두환 정부는 국민 통제를 위해 '금지'라는 수단을 계속 유지하고 싶어 했다. 노태우 정부와 김영삼 정부에 이르러서야 '개방화' 또는 '세계화'라는 담론이 퍼져나갔다. 일본 대중문화 금지 여론에 조금씩 균열이 가해진 것이다.

결국 최초로 선거를 통한 정권 교체를 이룬 김대중 정부가 들어선 후 본격적 개방 작업에 나설 수 있었다. 김대중 정부는 과거 정부들이 두려워한 친일 문제에서도 자유로웠고 국민을 억압하며 통제할 필요가 없었다. 새 정부는 오로지 산업의 관점에서 개방 문제에 임할 수 있었다.

## 일본 대중문화 개방은 곧 파국이다

일본 대중문화 개방 방침이 준비되기 시작할 무렵 김대중 대통령은 관련 부서에 "두려움 없이 임하라"는 지시를 내렸다. 지난 수십 년간 일본 문화에 관해 한국 사회를 지배했던 명령은 "두려워하라"였다.[9] 일본 대중문화를 좋아한다고 밝히거나 개방을 주장하면 누구나 친일파로 모는 식의 사회적 합의가 존재했기 때문이다. 그런데 어느 누구도 그의 인생 역정을 두고 친일파라 주장할 수 없는 김대중 대통령이 "두려움 없이 임하라"는 일성을 던짐으로써 개방의 흐름은 더욱 가속화될 수 있었다.

하지만 마지막으로 발목을 잡은 것은 국내산업 보호론이었다. 과거에는 주로 식민 지배를 받은 한국이 일본 문화를 받아들일 수는 없다는 정치사회론이 개방 반대의 주요 논거로 작용했다. 그런데 1990년대 후반 이르러 우리보다 앞선 일본 대중문화를 유입하면 우리 문화산업 기반이 흔들린다는 경제적 반대론이 훨

썬 더 강하게 제기되었다.

특히 1997년 IMF 금융 위기를 거치면서 1978년 대일 무역적자 타개를 목적으로 도입한 수입선다변화제도*를 폐지한 영향이 컸다. 이를 계기로 1999년 6월부터 일본 자동차, TV, 휴대전화 등 최후까지 수입을 금지한 16개 일본 제품 수입을 허용할 예정이었다. 이러한 상황에서 일본 대중문화까지 개방하면 시장 잠식이 적지 않을 것이란 우려가 높았다. 국내 문화산업계의 경쟁력이 취약한 시점이라 과거와는 다른 두려움이 짙게 깔렸다.

풍부한 정보가 없었기에 우려는 높았다. 물론 1980년대 중반에 우리보다 앞서 일본 대중문화 개방을 했던 대만, 태국 등의 사례가 있었다. 하지만 이들 국가에서의 개방이 자국 문화산업에 어떤 영향을 가지고 왔는지에 대한 충분한 정보가 알려져 있지 않았다.[10] 일본 대중문화가 유입될 경우 경제적으로 어떤 효과가 나타날지 과학적으로 분석한 연구도 없었다. 일부 분야에서는 '시장 궤멸' 우려까지 제기했으나 누구도 정확한 예측을 하기 힘들었다. 단지 문을 열면 국내 사업자들이 어려워진다는 막연한 두려움만 있었다.

---

* 수입선다변화제도는 수출입 균형을 이루기 위해 특정 국가에서 수입하는 품목 중 다른 나라에서 수입 가능한 품목을 지정해 수입을 제한하는 것이다. 우리나라에서는 1978년 도입한 이래 일본에만 적용해 왔으며, 일본과의 교역 불균형 해소에 일조했다. 과거 5년 동안 무역역조를 주도한 품목을 대상으로 선정하는데, 1980년대 초에는 품목 수가 924개에 이르기도 했다. 그러나 1995년 대한민국의 WTO 가입과 1997년 IMF 자금 지원 조건 등에 따라 마지막 16개 품목도 폐지한다.

일본 대중문화 봉쇄냐, 개방이냐의 문제가 아니라 개방의 정도와 시기에 관한 논의로 변화한 점은 그나마 긍정적이었다. 국내에서도 문화산업 기반이 조금씩 조성되던 때라 경제적 득실이 더 중요해진 것이다. 이제 사람들 머릿속에서도 문화는 산업으로 인식되었다.

## 기우로 드러난 문화산업 궤멸론

1998년 10월 마침내 일본 대중문화 1차 개방을 시작한다. 영화 및 비디오산업과 출판산업에서의 부분적 개방부터 시작해, 이후 단계적 개방을 진행했다. 1999년 9월, 2차 개방에서는 영화와 비디오 부문에서의 개방 폭을 확대하고, 일본 대중가요 공연도 허용했다. 2000년 6월, 3차 개방에서는 영화와 비디오는 거의 완전 개방하고, 게임도 일부 개방하는 등 포괄적 개방이 이뤄졌다. 이후 2001년 일본 정부의 야스쿠니 신사 참배 문제, 일본 우익 교과서의 역사왜곡 문제로 잠시 단계적 개방을 중단하기도 했다. 그러나 2004년 1월, 4차로 영화와 게임 등을 전면 개방하면서 일본 대중문화는 현재 대부분 개방한 상태다.

4차에 걸친 일본 대중문화 개방이 우리 문화산업에 미친 영향은 우려했던 것보다 훨씬 작았다. 영화의 경우 1999년 2차 개방 이후 상영한 영화 〈러브레터〉, 〈철도원〉, 〈사무라이 픽션〉 등이 서울 관객 수십만 명 이상을 동원하기도 했다. 하지만 3차 개방부터는 이 정도 흥행을 이끈 영화는 2000년 〈포켓몬스터〉, 2001년 〈이웃집 토토로〉 같은 애니메이션에 불과했다. 음악의 경우도 비슷했다. 1999년 일본 음반 수입액이 약 3.2억 원이었는데 3차 개방 후인 2000년 수입액도 6억 원 정도밖에 되지 않았다. 오히려 우리나라 음반 수출액이 1999년 20억 원에서 2000년 59억 원으로 세 배가량 증가한 사실이 두드러졌다.

이같이 일본 대중문화 개방 영향이 예상보다 크지 않았던 것은 2000년 접어들면서 우리나라 문화산업이 왕성하게 성장하던 때와 개방 시기가 맞물렸기 때문이다. IMF 금융 위기 이후 정부는 문화산업을 차세대 성장 동력으로 선포하며 각종 진흥 계획을 발표했다. 코스닥 열풍에 맞춰 벤처 투자가 활성화되고, 벤처캐피털들이 영화 투자에 뛰어들면서 영화산업도 크게 성장했다. 1998년 멀티플렉스 영화관 설립 후 국내 영화시장 규모가 2000년에는 전년 대비 18.1%, 2001년에는 38.3% 정도로 가파르게 성장하던 때였다. 쏟아지는 한국영화 수준이 일취월장하던 때라 일본 대중문화의 시장 잠식 효과를 확인하기 어려웠다.

당시 일본 대중문화가 쇠퇴기에 진입한 점도 주목해야 한다. 일본 대중문화는 1980년대 후반부터 1990년대 말까지 '대중문화 르네상스기'를 구가했다. 하지만 우리가 문을 열 때 일본 문화산업은 침체에 빠져들었다. 우리 드라마 〈질투〉(1992년)가 모방했다고 알려진 일본 최초의 트렌디 드라마 〈도쿄 러브 스토리〉(1991년)는 세련되고 자유롭고 풍요로운 일본 풍경을 보여줌으로

## 일본 대중문화 개방 과정

| 구분 | 1차 개방<br>1998년 10월 20일 | 2차 개방<br>1999년 9월 10일 | 3차 개방<br>2000년 6월 27일 | 4차 개방<br>2004년 1월 1일 |
|---|---|---|---|---|
| 영화 | - 공동제작 영화<br>- 한국영화에 일본<br>배우 출연<br>- 4대 국제 영화제<br>수상작<br>- 한일 영화 주간<br>개최 인정 | - 공인 국제 영화제<br>(총 70여 개) 수상작<br>- '전체관람가' 영화<br>(애니메이션 제외) | - 18세 미만 관람<br>불가 영화를 제외한<br>모든 영화<br>- 국제 영화제 수상<br>극장용 애니메이션 | 전면 개방<br>(극장용 애니메이션은<br>2006년 1월 1일부터<br>전면 개방) |
| 비디오 | 국내에서 상영된<br>일본 영화 | 국내에서 상영된<br>일본 영화 | 국내에서 상영된 일본<br>영화, 애니메이션 | 영화 및 극장용<br>애니메이션과 연계 |
| 출판 | 일본어판 만화와<br>만화잡지 | | | |
| 공연 | | 2,000석 이하의 실내<br>장소, 실내 공연장,<br>실내 체육관, 관광호<br>텔 연회장 등에서<br>일본 대중가요 공연<br>(일반음식점, 단란주<br>점, 유흥주점은 제외,<br>공연 실황 등은 불가) | 실내외 상관없이<br>대중가요 공연<br>전면 개방 | |
| 음반 | | | 일본어 가창 음반을<br>제외한 모든 음반 | 전면 개방 |
| 게임 | | | 게임기용 비디오게임<br>을 제외한 모든 게임<br>물(PC게임, 온라인게<br>임, 오락실용 등) | 전면 개방 |
| 방송 | | | - 매체 구분 없이<br>스포츠, 다큐멘터리,<br>보도 프로그램 허용<br>- 케이블TV 및<br>위성방송은 공인된<br>국제 영화제 수상작과<br>국내 개봉영화 | - 케이블TV, 위성방송<br>대폭 개방, 지상파<br>일부 개방<br>- 일본어 가창 뮤직비<br>디오의 지상파 방영<br>- 지상파에서는 한일<br>공동제작 드라마에<br>한해 개방 |

써 아시아에서 큰 인기를 끌었다. 하지만 이제 그런 드라마들이 한국에도 흔했다. 개방 초기에는, 금지되었던 일본 작품들에 대한 호기심이 크고 수준 높은 과거 흥행작들이 밀려들며 반짝인기도 끌었다. 그러나 개방이 이어지면서 흥미는 줄어들고 막상 기대를 뛰어넘는 수작도 많지 않았다. 일본 대중문화는 일부 마니아층의 전유물로 자리 잡아갔다.

반면 이 시기 한국 문화산업은 눈부시게 성장한다. H.O.T. 등 아이돌그룹들이 중국과 동남아시아까지 진출하며 한류열풍이 일었다. 〈쉬리〉, 〈공동경비구역 JSA〉 같은 한국영화는 일본에서 큰 성공을 거두었다. 일본 대중문화 개방 이후 실제로 일본의 대중문화 수입액보다 한국 문화상품의 일본 수출액이 훨씬 크게 증가했다. 한국 문화산업 성장을 위해 더 큰 시장이 필요하던 차에 일본 대중문화 시장개방을 계기로 수출시장 확대라는 성과를 거둔 셈이다. 과거 일본 대중문화 수준을 생각하면 위기가 될 법했지만, 우리 문화산업 성장기에 개방의 문을 연 덕에 오랜 기간 느꼈던 '두려움'만큼 충격은 크지 않았다.

## 한국영화의 불안한 버팀목

일본 대중문화 개방은 뚜렷한 실체가 없는 '왜색' 또는 '금기의 일본 대중문화'라는 과거 기억과의 싸움이었다. 반면, 1998년부터 전개된 스크린 쿼터 축소 반대운동은 전 세계에서 흥행 가도를 달리는 '할리우드 영화'라는 현재의 적과 벌이는 싸움이었다. 싸우는 주체도, 싸워야 할 적도, 지켜야 할 대상도 명백했다.

미국은 1985년 한미 영화 협상을 시작한 이래 꾸준히 한국 영화시장 개방의 문을 두드려왔다. 1988년 〈위험한 정사〉를 시작으로 영화 직접 배급 체제를 들여놓았고, 이를 뿌리내리기 위해 여러 압력을 가하기도 했다. 정부도 검열 중심 정책에서 벗어나면서 외화시장 문을 조금씩 연 탓에 미국영화들은 봇물처럼 밀려왔다. 외화 수입 쿼터제가 풀리고 외화 직접 배급을 허용하면서 1984년 25편, 1987년 84편이던 외화는 1989년 264편, 1996년에는 405편까지 늘어났다. 할리우드 영화는 내걸기만 하면 관객을 끌어모았고, 이에 대항하는 한국영화의 수준은 그때까지도 높지 않았다.

스크린 쿼터제는 이런 상황에서 국산 영화산업의 기반을 지키는 최후의 보루였다. 이는 영화상영관 경영자로 하여금 자국 영화를 일정한 일수 또는 일정한 편 수 이상의 쿼터(몫)로 상영하도록 규제하는 제도였다. 정확한 명칭은 '한국영화 의무상영제도'지만 관행적으로 '스크린 쿼터제'라 불렀다. 국제통상법의 시각에서 보면 보호주의정책의 일종으로, 국내 영화시장에서 수입 외화와의 경쟁을 제한함으로써 자국 영화산업을 보호하는 정책이었다. 1927년 영국에서 시작했고 당시 한국, 프랑스, 스페인, 브라질, 중국, 파키스탄 등 약 10여 개 국가에서 시행했다.

우리나라에 스크린 쿼터제를 도입한 것은 1966년으로, 처음

## 우리나라 스크린 쿼터제 변천 과정

| 시행 시기 | 내용 |
|---|---|
| 1966년 | 스크린 쿼터제 도입. 연간 6편, 2개월마다 1편 이상, 총 상영일수 90일 이상 한국영화 상영. |
| 1970년 | 연간 3편 이상, 4개월마다 1편 이상, 총 상영일수 30일 이상 한국영화 상영. |
| 1973년 | 연간 상영일수 3분의 1(121일) 이상 한국영화 상영. |
| 1985년 | 연간 상영일수 5분의 2(146일) 이상 한국영화 상영. 필요시 20일 단축 가능해 실질적으로는 126일. 30만 이상 시 단위 지역은 한국영화와 외국영화 교대 상영제 실시. |
| 1996년 7월 | 연간 상영일수 5분의 2(146일) 이상 한국영화 상영. 필요시 문화부장관이 20일 단축, 시군구에서 추가로 20일 감경 가능해 실질적으로는 106일 (단, 성수기 한국영화 상영 및 영화관입장권 통합전산망 참여 시). |
| 2006년 7월 | 연간 상영일수 5분의 1(73일) 이상 한국영화 상영(감경 조항 삭제). |

에는 연간 6편 이상 및 90일 이상 한국영화 의무 상영과 2개월마다 1편씩 상영하는 '균배 상영'을 명시한 제도였다. 관객이 몰리는 특정 시기에 흥행력 있는 외국영화만 상영하는 것을 막기 위해서다. 이후 몇 번의 변화를 거친 뒤 1996년 영화진흥법은 연간 상영일수 40%인 146일 이상 한국영화를 상영하도록 했다. 다만 필요시 문화부장관이 20일을 단축할 수 있고, 시군구에서 추가로 20일을 단축할 수 있어 실질적 의무상영일수는 106일이었다.

스크린 쿼터제는 국내산업 보호정책이었기 때문에 우루과이라운드 등이 자리 잡으면서 흔들릴 수밖에 없었다. 1980년대 중반부터 미국영화수출협회MPEAA는 한국의 외화 수입 쿼터가 불공정 교역 행위라면서 USTR에 청원서를 제출했다. 이 영향으로 외화 수입 쿼터가 폐지되고 외화 직접 배급이 허용되었다. 이때에도 스크린 쿼터는 문제가 되었지만 미국 측의 양해로 존속될 수 있었다. 하지만 1988년 미국영화수출협회는 외화 직배를 전후해 한국에서 나타난 다양한 사건들, 예컨대 직배 영화를 상영하는 영화관에 뱀이 풀리거나 화재가 난 사건들을 언급하며 슈퍼301조에 의한 조사를 USTR에 청원했다.* 이 영향으로 수입 외국영화의 필름 프린트 수 제한이 폐지되었다. 그리고 마침내 IMF 금융 위기를 극복하기 위해 한국 정부가 한미투자협정BIT을 제안하자 미국 정부는 협정 선결 조건으로 스크린 쿼터 축소를 내걸었다.

미국이라는 세계에서 가장 큰 국가가 이 작은 나라의 영화시장 하나를 개방하기 위해 그토록 애를 써야만 했던 이유가 궁금해지기도 한다. 하지만 그 시기 미국이 처한 상황도 만만치 않았다. 당시 미국의 영화, TV, 비디오, 음악, 컴퓨터 소프트웨어 등 핵심 지적소유권 산업의 연간 해외 수출액은 668.5억 달러였다. 이 분야는 수출액 664억 달러인 화학산업, 수출액 583억 달러인 자동차산업, 수출액 573억 달러인 농업 분야를 훨씬 넘어서는 주력 수출 분야였던 셈이다.[11] 미국으로서는 무역구조 적자 등을 개선하기 위해 자신들의 핵심 주력시장을 최대한 넓혀야 하는 문제를 안고 있었다.

* 이 책 1장을 참고하라.

특히 지적소유권 산업에서도 비중이 큰 영화산업의 수익 구조가 변화하고 있다는 점도 중요했다. 1990년대 이후 미국영화산업계의 두드러진 특징은 제작비용의 상승이었다. 1990년에 영화 한 편당 평균 제작비는 2,680만 달러였는데, 1997년에는 두 배가 넘는 5,340만 달러로 증가했다. 하지만 영화 한 편당 미국 내 흥행수입은 1995년 1,336만 달러에서 1997년 1,248만 달러로 감소했다. 할리우드 영화의 미국 내 수익은 이미 적자였고, 적자폭은 확대되고 있었다. 이런 상황을 탈출하는 방법은 해외 수익을 늘리는 길밖에 없었다. 미국 정부는 대표 수출산업의 확대를 위해 우리와 같은 작은 나라의 스크린 쿼터 제도에 대해 끊임없이 문제 제기를 해야만 했던 것이다.[12]

그러나 모든 사안에는 예외가 있기 마련이다. 당시 무역 규범인 GATT에서는 스크린 쿼터를 자유무역의 예외적 조치로 인정했다. GATT법 제3조는 '내국민 대우 원칙'을 내걸며 수입상품을 국산품과 차별하는 것을 금지했다. 그러나 제4조 '영화에 관한 특별규정'에서는 내국민 대우 원칙에 대한 첫 번째 예외로 회원국들이 자국 영화에 스크린 쿼터를 시행하는 것을 허용했다. 영화의 원산지 결정 방법이나 구체적 적용 방식 등 명확한 규정은 없지만 GATT에서도 문화적 이유로 스크린 쿼터를 인정한다는 점이 중요했다. 1993년 우루과이라운드 협상 당시 미국은 문화산업도 자유무역의 예외일 수 없다고 주장했지만 유럽연합, 특히 프랑스의 강력한 반대에 부딪쳐 결국 예외를 인정한 상태였다.

국제법에서 예외를 인정한다는 점은 스크린 쿼터 축소 반대운 동에 중요한 명분을 제공했다. 다만, 예외 없는 원칙은 없다는 것이 이 조항에도 적용되는 게 문제였다. GATT법 제4조 d항은 스크린 쿼터의 제한, 자유화, 또는 폐지를 위한 협상 역시 가능하다고 규정하고 있었다.[13] 때문에 스크린 쿼터를 유지해야 한다는 한국 영화계의 주장도 합법적이지만, 축소 협상을 할 수 있다는 미국의 요구도 합법적이었다. 결국 양국 정부의 의지와 국민 여론 등이 이 제도의 향방을 바꿀 수 있다는 것이었다.

## 보호 없는 경쟁에 뛰어든 한국영화

1998년 1차로 스크린 쿼터 문제가 불거졌을 때에는 '문화 주권'을 사수하자는 논리로 축소를 피해 갈 수 있었다. 영화계에서는 "흥행이 잘되는 한국영화의 간판을 내리고 미국의 B급, C급 영화의 간판을 올려야 하는 까닭은 미국영화 배급업자들의 협박 때문이다"[14]라면서 "스크린 쿼터는 문화 주권을 지키기 위한 최소한의 대안"이라는 논리로 국민 여론을 이끌어갔다. 안성기, 문성근 등 유명 배우와 감독 들이 대중에 직접 호소했고, 사람의 마음을 움직이는 일을 하는 영화인들답게 이들의 호소는 국민들에게 깊이 다가갔다. 영화인들은 스크린 쿼터 문제를 문화 주권 문제로 이슈화했고, 문화를 미국 투자와 맞바꾸는 것은 '매국'과 같다는 식의 논리를 국민들에게 전달했다.

김대중 대통령 역시 문화산업을 제2의 기간산업으로 내거는 등 문화산업 진흥에 대한 의지를 강하게 보였던 터라 영화계 주장을 무시할 수 없었다. 당시의 한국영화산업 상태가 튼튼하지 못해 정부도 막무가내로 밀어붙이기 어려웠다. 1988년 할리우드 영화 직접 배급 체제가 들어서면서 외화 수입은 크게 늘어났고, 영화 제작비를 조달해 오던 지방 배급업자들은 금융실명제 등으로 하나둘 사라져갔다. 영화산업에 진출했던 대기업들은 IMF 금융 위기로 시장에서 철수한 상황이었다. 영화인들은 어디서 제작비를 조달할지 난감했다. 이런 때에 스크린 쿼터까지 축소한다면 한국영화 제작 기반이 사라질 것은 눈에 보이듯 자명했다. 결국 한국영화 시장점유율이 40%를 넘어설 때까지 현행대로 스크린 쿼터제를 유지한다는 유보 조항을 남기며 1차 스크린 쿼터 축소 논란을 잠정 중단한다.

하지만 새로이 노무현 정부가 들어선 2003년 이르러 기존 지형은 변화되었다. 각종 문화산업 진흥정책과 투자금융 제도를 정비하면서 영화산업에도 많은 투자금이 몰려들었다. 벤처캐피털들이 한국영화에 투자를 시작했고, 덕분에 한국영화 제작도 크게 늘어났다. 엔터테인먼트 기업들의 성공 신화도 쏟아졌다. 기존에는 기대하기 힘들었던 한국영화 성공작들도 자주 탄생했다.

무엇보다 CJ, 오리온, 롯데 같은 대기업들이 멀티플렉스 영화관을 세우면서 영화시장 자체가 크게 성장 중이었다. 1998년 연간 5,000만 명 규모였던 한국영화 시장 규모가 2002년에는 연간 1억 명 규모로 두 배 이상 성장했다. 1998년 25.1%밖에 되지 않던 한국영화 시장점유율은 1999년 39.7%, 2000년 35.1%, 2001년 50.1%, 2002년 48.3%를 기록했다. 국민들 머릿속에는 '산업으로 변화한 영화'라는 이미지가 강하게 각인된다.

이런 상황에서 정부가 한미 FTA 체결 준비에 나서자 미국은 스크린 쿼터 축소를 선결 조건으로 내걸었다. 협정 내용이 조금 달라지기는 했으나 스크린 쿼터와 관련해서는 이전과 크게 바뀐 점이 없었다. 영화인들은 또 한 번 스크린 쿼터 축소 반대 투쟁에 나섰다. 다시금 국민 여론을 모으기 위해 유명 배우들이 시위에 나서고 각종 토론을 벌였다.

하지만 국민들에게 스크린 쿼터 문제는 이전과는 다르게 인식되고 있었다. 영화산업의 성장이 거듭된 탓에 2차 스크린 쿼터 축소 반대 때에는 이전과 같은 여론 지형이 만들어지지 않았다. 가장 큰 차이는 한국영화의 시장점유율이 이미 40%를 넘어섰다는 점이었다. 정부 관료들은 영화시장이 제법 성장했는데도 영화인들이 '약속을 어기고' 제 밥그릇을 뺏기지 않으려 한다고 주장했다. 국민들도 스크린 쿼터가 반드시 필요한 것인지 의문을 가지기 시작했다. 논란이 수년간 계속되면서 많은 사람들의 관심에서 멀어진 측면도 존재했다. 미국이 끊임없이 스크린 쿼터를 협상의 대상으로 올려놓음으로써 노린 점이기도 했다.[15] 스크린 쿼터 축소 문제가 한미 FTA 등과 엮이면서 다른 부문과의 형평성 문제 등이 부각된 측면도 있었다.

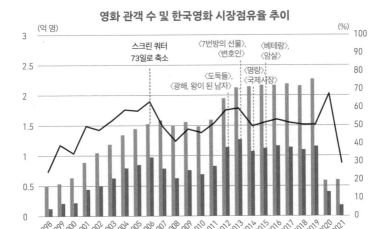

영화 관객 수 및 한국영화 시장점유율 추이

(억 명)

스크린 쿼터
73일로 축소

〈7번방의 선물〉,
〈변호인〉

〈베테랑〉,
〈암살〉

〈명량〉
〈국제시장〉

〈도둑들〉,
〈광해, 왕이 된 남자〉

(%)

■ 총 영화 관객 수  ■ 한국영화 관객 수  ─ 한국영화 시장점유율(%)

자료: 한국영화진흥위원회, 〈한국 영화산업 결산〉(1998~2021년) 수치로 재작성.

특히 2000년을 기점으로 한국영화산업이 눈부시게 성장했다
는 점이 여론 지형을 크게 바꾸어놓았다. 이미 영화는 경제문제
로 변모해 '문화냐, 경제냐'라는 이분법 논리가 더 이상 용납되지
않았다. 오히려 '경제 vs 경제'라는 관점에서 한국영화산업에 스
크린 쿼터가 계속 필요한가에 대한 문제로 변화했다. 한국영화가
'산업적으로' 더 성장하기 위해서라도 다양한 소비자 선택이 늘
어나고, 온정적 보호주의에서 벗어나야 한다는 '경제학'적 처방
들도 제기되었다. 영화계를 옹호했던 정서 공동체는 무너졌다.

결국 스크린 쿼터는 2006년 7월부터 기존 절반 수준인 연간
73일로 축소되었다. 스크린 쿼터 축소 후 단기적으로는 한국영
화 시장점유율이 줄어들었다. 2005년 58.7%에 이르렀던 한국

영화 시장점유율은 스크린 쿼터 축소를 적용한 2007년 50.5%, 2008년 42.1%, 2009년 48.8%, 2010년 46.5% 등으로 떨어졌다.

스크린 쿼터 축소가 이뤄진 2006년의 경우는 예외적으로 한국영화 개봉과 시장점유율이 다소 상승해 63.8%를 기록했다. 하지만 일시적으로 생긴 재고 처분 효과였다. 이해 7월부터 스크린 쿼터 축소가 결정되면서 영화 배급업자들이 개봉하지 못하고 창고에 두었던 한국영화들을 연말 안에 서둘러 상영을 했기 때문이었다.[16] 그 이듬해부터는 73일만 한국영화를 상영하면 되기 때문에 한국영화들을 빨리 처분하려 한 것이었다. 때문에 스크린 쿼터 축소의 진짜 효과는 2007년부터 드러나기 시작했고, 예상대로 한국영화의 시장점유율이 줄어든 것으로 나타났다. 당시 학자들의 검증 작업에서도 이러한 효과는 통계적으로 유의한 것으로 나타났다.[17] 즉 스크린 쿼터 축소라는 제도 변화가 실제로 한국영화 시장점유율을 줄였다는 결과였다.

그런데 이 추세가 변하기 시작했다. 스크린 쿼터 축소 단행 5년이 지난 2011년부터 한국영화 시장점유율은 50%대 이상으로 다시 늘어났다. 특히 2012년 〈도둑들〉과 〈광해, 왕이 된 남자〉, 2013년 〈7번방의 선물〉과 〈변호인〉, 2014년 〈명량〉과 〈국제시장〉, 2015년 〈베테랑〉과 〈암살〉 등 한 해 천만 관객 영화가 두 편씩 등장할 정도로 흥행 영화가 쏟아져 2012년과 2013년 한국영화 시장점유율은 60% 수준에 육박했다.

한국영화산업이 성장 흐름을 타고 있었기에 나타난 결과였다.

스크린 쿼터를 축소했으나 투자금이 밀려들면서 한국영화 제작은 계속 늘어났다. 대기업들의 멀티플렉스 영화관 설립이 이어지고 배급 능력이 향상되면서 영화시장 자체가 성장세를 키워간 영향도 컸다. 성장에 악영향을 줄 수 있는 제도 변화가 나타났지만, 이와 동시에 시장이 성장하는 힘이 작용했고 이 힘이 더욱 컸기에 제도 변화를 압도한 것이다. 특히 한국영화의 기획력이 발달하면서 관객을 집중시킬 흥행작을 만드는 힘도 커짐에 따라 한국영화 관객 수는 계속 성장세를 유지했다. 할리우드 영화보다 한국 관람객들 눈높이를 잘 맞춘 영화, 한국 사회현상을 잘 포착해 대중적 공감대를 유지하려면 꼭 봐야 할 한국영화들이 등장했다. 한국 문화산업 성장기에 맞춰 일본 대중문화가 개방되면서 큰 영향이 없었던 것처럼, 스크린 쿼터 축소도 한국영화산업이 크게 도약하는 흐름 속에서 이뤄져 그 영향을 줄여나갈 수 있었던 셈이다.

## 사드 이후 한류가 맞은 직격탄

일본 대중문화 개방이나 스크린 쿼터 축소의 영향이 예상보다 적었다는 점에 근거해 문화산업을 보호하는 제도들 모두가 의미 없다고 폄하할 수는 없다. 자국 산업기반이 취약할 때에는 다른 나라 문화상품 유입이 자국 산업의 성장에 제약 조건이 될 수도 있고, 특정한 이유로 자국 산업을 보호해야 할 경우도 있다. 다

영화인들은 스크린 쿼터 축소에 따른 부작용을 걱정했지만,
한국영화산업은 이미 눈부신 성장을 거듭하여 과거의 모습과는 달랐다.

만, 자국 문화 생산의 힘이 왕성하게 커나갈 때에는 시장의 장벽을 걷어내어도 큰 영향을 받지 않거나 오히려 이점이 되기도 한다는 사실을 우리나라 문화산업사에서 배울 수 있을 뿐이다.

스크린 쿼터제의 경우만 해도 우리같이 쿼터제를 줄이고도 자국 영화산업을 꾸준히 성장시킨 나라는 흔치 않다. 현재 세계에서 자국 영화 시장점유율이 50%가 넘는 나라는 미국을 제외하면 인도, 중국, 일본, 한국 정도다.* 문화 강국을 주장하는 프랑스에서도 미국영화 시장점유율이 50%가 넘고 자국 영화 비율은 34.8%밖에 되지 않는다. 대부분의 국가에서는 할리우드 영화가 시장 절반 이상을 차지한다. 우리 역시 1998년 1차 축소 논란 때 별 조치 없이 쿼터제를 축소해 버렸다면 지금 같은 결과는 없었을 수 있다. 다행히 1차 논란과 2차 논란 사이에 한국영화산업의 체질이 비약적으로 변화했기 때문에 부정적 영향을 최소화할 수 있었다.

하지만 또 다른 정치사회적 목적을 위해 시장을 차단한다면 더욱 신중해야 한다. 그리고 국민 대다수와 그 목적을 공유한다 해도 그 필요성을 재차 확인해야만 한다. 그런 절차가 없는 특정 계층의 목적을 위해서라면 더 까다롭게 다룰 필요가 있다. 원하는 목적 외에 부정적 영향이 발생할지 모르는 일이다. 또한 일반

---

* 〈한국영화연감〉에 따르면 2019년 기준 주요국의 자국 영화 시장점유율은 미국 92.5%, 인도 87.0%, 중국 64.1%, 일본 54.4%, 한국 51.0%, 영국 47.1%, 프랑스 34.8%, 이탈리아 21.6%, 독일 21.5%, 스페인 15.1% 등이다.

적으로 문화산업의 경우 여러 나라 문화상품을 골고루 받아들일 때 자국 산업도 함께 성장하기 마련이다. 최근처럼 인터넷 발달로 곧바로 해외 문화를 접하는 환경에서는 더욱 그러하다.

그런 측면에서 정치 외교 이슈의 볼모로 남아 있는 중국의 한한령은 매우 안타깝다. 정치 외교적 목적을 달성하기 위해 '본보기'식으로 특정 국가의 문화산업을 제한하는 것을 택했기 때문이다. 이는 마치 과거 우리나라에서 국민 통제를 목적으로 일본 대중문화 유입을 계속 제한한 것과도 비슷한 측면이 있다. 이러한 조치는 결국 중국 문화산업에도, 한국 문화산업에도 부정적 영향을 남긴다는 점에서 아쉬운 처사일 수밖에 없다.

한한령은 중국 내에서 한국이 제작한 콘텐츠나 한국 연예인이 출연하는 광고 등의 송출을 금지하는 것으로 '금한령禁韓令'이라고도 부른다. 중국 정부에서 공식적으로 인정하지는 않았지만 2016년 7월 한국의 사드 배치 확정 이후 이에 대한 보복 조치로 도입됐다. 한한령 발효와 함께 중국에서 한류산업은 직격탄을 맞았다. 한중 합작드라마에서 주인공 한국 배우가 갑작스럽게 중국 배우로 교체되고, 한국 드라마 대부분이 방송 심의를 통과하지 못했다. 지금까지도 한국 대중 가수들은 공연을 재개하지 못했고, 한국 게임에 대한 새로운 판호(게임 서비스 허가권)도 거의 발급되지 않는다.

과거 한류산업에서 가장 중요한 시장은 일본이었다. 일본 한류의 중심층은 구매력이 높은 40~50대였다. 덕분에 음반 및

DVD, 공연, 굿즈 등 관련 상품 판매액을 높일 수 있어 일본은 수익성 좋은 시장으로 평가받았다. 강력한 저작권법이 있어 불법 저작물 유통으로 인한 피해도 적었다. 때문에 아이돌그룹은 인기를 얻으면 일본 진출을 최우선으로 고려했다.

그러던 중 2000년대 이후 점차 중국 시장이 성장하면서 한류 최대 시장이 중국으로 변모하던 차였다. 중국은 저작권법이 잘 적용되지 않아 수익성에서는 피해가 적지 않았지만, 시장이 워낙 거대해 잠재력이 컸다. 중국 시장을 빼놓고 한류산업을 이야기하기 어려울 정도였고, 중국 현지 반응도 뜨거웠다. 오히려 지나치게 중국 시장만 바라보는 편향된 시각은 위험하다는 우려가 있을 정도였다.

특히 한한령 직전인 2014~2016년경엔 중국 자본의 한국 문화산업 투자도 크게 늘어났었다. 중국의 경제성장으로 대중문화 시장이 크게 성장하면서 한국을 벤치마킹 대상으로 삼았기 때문이었다. 한국 역시 중국 시장에 진출하기 위해 합작 등에 적극 나섰다. 중국에서 외국 기업이 독자적으로 진출해 수익을 얻는 것은 어려움이 많았기 때문이다. 중국은 자본투자뿐 아니라 한국 유명 드라마작가, PD, 제작자, 스태프, 배우들을 좋은 조건으로 유치해 중국 문화산업에 그들의 능력을 이식시키는 작업도 활발히 했다. 이런 현상이 너무 급진적으로 진행돼 한국 문화산업에 '차이나머니'가 쏟아지는 부작용을 걱정하는 언론보도들이 쏟아질 정도였다.[18]

## 2014~2016년 중국 자본의 한국 문화콘텐츠 기업 투자 현황

| 투자 기업 | 대상 기업 | 산업 분야 | 투자액 | 시기 | 비고 |
|---|---|---|---|---|---|
| 텐센트 | 네시삼십삼분 (4:33) | 게임 | 1,200억 원 | 2014. 11 | 20% |
| | 파티게임즈 | 게임 | 200억 원 | 2014. 9 | 20%(2대 주주) |
| | CJ게임즈 | 게임 | 5,500억 원 | 2014. 3 | 28%(3대 주주) |
| | YG엔터테인먼트 | 방송 연예 | 358억 원 | 2016. 5 | 4.5%(4대 주주) |
| 웨잉 | YG엔터테인먼트 | 방송 연예 | 658억 원 | 2016. 5 | 8.2%(3대 주주) |
| 화처미디어 | NEW | 영화/방송 | 535억 원 | 2014. 10 | 15%(2대 주주) |
| 소후닷컴 | 키이스트 | 방송 연예 | 150억 원 | 2014. 8 | 6.4%(2대 주주) |
| DMG그룹 | 초록뱀미디어 | 방송 연예 | 250억 원 | 2015. 11 | 25%(최대 주주) |
| PAG | 영실업 | 캐릭터 | 2,200억 원 | 2015. 4 | 96.5%(최대 주주) |
| 완다그룹 | 덱스터 스튜디오 | 문화기술 (CT) | 111억 원 | 2015. 4 | 13.3% |
| 쑤닝유니버설 | 레드로버 | 애니메이션 | 453억 원 | 2015. 6 | 20.2%(최대 주주) |
| | FNC 엔터테인먼트 | 방송 연예 | 336억 원 | 2015. 11 | 22.0%(2대 주주) |
| 화이자신 | 씨그널엔터테인먼트 | 방송 연예 | 214억 원 | 2015. 9 | 12.6%(최대 주주) |
| 알리바바 | SM엔터테인먼트 | 방송 연예 | 355억 원 | 2016. 2 | 4.0% |
| 화이브라더스 | HB엔터테인먼트 | 방송 연예 | 421억 원 | 2016. 3 | 30.0% |
| | 심엔터테인먼트 | 방송 연예 | 228억 원 | 2016. 3 | 30.4%(최대 주주) |
| 상하이ISPC | 소리바다 | 음악 | 100억 원 | 2016. 3 | 10.3%(최대 주주) |
| 펀게임 | 웹젠 | 게임 | 2,039억 원 | 2016. 3 | 19.2%(2대 주주) |
| 금성투자그룹 | 판타지오엔터테인먼트 | 방송 연예 | 300억 원 | 2016. 10 | 27.6%(최대 주주) |

자료: 김규찬, "한류 20년, 문화산업 정책: 수출 지원과 문화교류를 중심으로", 김덕중 외, 《사드, 그 이후의 한류》, 한국국제문화교류진흥원, 2017. 당시 언론보도 내용을 종합해 앞의 글의 저자가 작성한 표. 이후 한한령이 발효되면서 약속한 투자가 진행되지 않거나 투자 지분을 다시 매각하는 경우가 다수 발생했다.

## 가깝고도 먼 한류와 중국 정부

이렇게 한국 문화산업에 관심이 많았던 중국이 한한령이라는 문화적 제재를 선택한 것은 여러 고려 사항을 반영한 결과였다. 일단 문화산업 영역은 국제무역에서 예외 조항으로 인정되는 분야라 분쟁의 소지가 적다는 점도 있었다.[19] 문화산업은 중국의 WTO 가입이나 한중 FTA에서도 개방되지 않고 남아 있는 분야다. 우리가 과거 스크린 쿼터 축소 때 주장했듯이 문화산업 시장은 자국이 보호할 수 있는 예외적 영역으로 인정받는 분야라 정부가 어느 정도 문을 열고 닫을 여지가 있었다. 중국 입장에서는 국제사회 시선을 의식할 부담이 없으면서도 한국에 타격을 줄 분야를 찾은 것이다.

만약 다른 분야를 타깃으로 삼았다면 자칫 중국 산업에 대한 피해로 전이될 수 있다는 우려도 있었다.[20] 한국과 중국은 국제 분업으로 긴밀하게 엮여 있어 섣불리 제재를 가할 경우 양국 산업 모두에 피해를 입힐 수 있다. 한국이 보복 제재라도 가한다면 중국의 피해도 막중해진다. 최근 미중 간 기술 패권 전쟁에서 나타나듯 국제무역 체제에서 자국의 경제적 피해를 우회해 제재만 가할 수 있는 분야는 많지 않다. 반면 문화산업에 제재를 가할 경우 중국의 경제적 피해는 그리 크지 않지만 한류를 대표상품으로 내세운 한국에는 깊은 타격을 줄 수 있다는 점을 고려했을 가능성이 높다.

더욱 근본적 시각에서는 중국의 대외 문화정책의 연장선에서 한한령이 선택되고 폐기된 것이라는 분석도 있다. 한류는 여러 요소들이 중국인들의 마음을 사로잡아 중국 시장에서 널리 확산될 수 있었다. 하지만 중국 정부가 '문화 안보'라는 관점에서 한류를 선택하고, 수용을 허용해 왔다는 것도 인정해야 한다. 즉 중국 정부의 문화 안보 차원에서 한류는 서구문화 확산을 방어하는 '백신'으로서 중국에 수용된 측면이 강했다는 것이다.[21]

중국에서 문화 안보라는 개념이 중요해진 것은 1992년 사회주의시장경제를 도입하면서 본격적으로 개혁 개방에 나서던 때부터다. 개혁 개방을 추진하면서 중국 인민들은 경제적 성장과 사회문화적 변화를 함께 경험했고, 이 과정에서 대중문화에 대한 관심도 높아졌다. 이러한 흐름에서 미국 중심 서구 대중문화가 중국 내에 급격히 확산되었다. 서구문화의 확산은 중국 사회를 지탱해 온 사회주의 문화와 전통 윤리의 영향력을 떨어뜨리는 역할을 할 수 있었다.

그러자 2001년 WTO 가입을 전후해 중국 정부는 문화 안보라는 개념을 수립했다. '유교로 대표되는 전통문화의 부활 및 문화산업의 경쟁력 제고를 통한 문화정체성의 확립'이라는 문화 발전 전략 아래 중국식 사회주의 문화를 지켜나가고자 한 것이다. 특히 이런 관점에서 중국 내 폭넓게 확산되는 미국 문화를 대체할 새로운 대중문화가 필요했는데, 이때 선택된 것이 한국 대중문화였다.[22]

새로운 대체 문화로 한국의 대중문화를 선택한 것은 자연스러 웠다. 1992년 한중 수교를 통해 양국 간 외교관계가 급진전한 것 도 중요했다. 하지만 이 점 외에도 아시아권 국가에서 나타나는 가치 갈등의 문제, 즉 산업화의 부작용과 이를 해결하는 과정에 서 부각되는 동양적 가치관 같은 것들을 한국의 대중문화가 잘 다루었기 때문이다. 한국 드라마는 서구 대중문화의 형식을 수 용했지만 내면적으론 유교적 정서를 잘 조합해 세련되면서도 재 미있는 느낌이었다. 중국 정부도, 중국 시청자들도 이런 한국 드 라마가 마음에 들었다. 중국에서 처음 성공한 한류드라마가 〈질 투〉나 〈여명의 눈동자〉가 아니라 〈사랑이 뭐길래〉였다는 것이 이런 점을 잘 보여준다.*

서구문화의 침투를 막아내는 대체재로 한류를 허용했던 중국 은 한국 대중문화에서 자국의 문화산업 발전을 위한 디딤돌 역 할을 기대했다. 장기적으로 중국 문화산업의 경쟁력을 강화해야 했고, 이를 위해 한류를 활용한 것이다. 한한령 직전인 2010년대 중반 중국 자본이 한국 대중문화산업에 적극적으로 투자하고, 여러 한국 인력을 유치한 것도 이 때문이었다.

---

* 〈질투〉는 일본 트렌디 드라마 스타일로 청춘 남녀의 사랑을 다루었고, 〈여명의 눈동자〉는 초반 부 항일투쟁 등이 배경이었으나 해방 이후 부분부터는 공산당과의 대립 등이 이어져 중국 정 부의 시각에 딱 들어맞지 않았다. 결국 중국에서 〈여명의 눈동자〉는 뒷부분을 방송하지 않고 미완 상태에서 종영한다. 반면 그 뒤 중국에서 방영한 〈사랑이 뭐길래〉는 가부장적 집안과 현 대적 가풍을 가진 집안이 자녀의 결혼으로 연결되면서 발생하는 갈등을 코믹하게 다룬 드라마 로, '유교적 가족제도' 문화에서 공감할 만한 내용이었다.

하지만 본격적으로 한류의 인기가 높아지고 중국 내 영향력도 커지면서 중국 정부의 심기는 불편해졌다. 결국 때마침 '사드 배치'라는 정치적 사건이 터지자 한한령으로 맞서게 되었다는 것이 많은 중국 전문가들의 분석이다. 한류는 중국 문화산업 발전에 도움을 주는 선까지 허용되었지만, 이를 넘어서 중국 문화산업을 침범한다고 판단되었을 때 제재를 가하기 시작했다는 이야기다. 사드 배치라는 사건은 이를 촉발시키는 '트리거' 역할[23]을 했을 뿐이다.

## 한한령도 막지 못한 문화의 흐름

한한령이 발효되면서 한국 문화상품의 중국 유입은 '공식적으로' 금지되었다. 양국에서는 커다란 변화가 나타났다. 한국 기업들은 각종 사업계획을 수정하는 등 많은 문제에 직면했지만 점차 대체시장을 찾았다. K팝의 경우 BTS, 블랙핑크 같은 아이돌 그룹들이 미주, 유럽 시장으로 진출 지역을 확대하면서 시장 기반은 더 넓어졌다. K드라마의 경우 한한령 발효와 거의 비슷한 시기에 글로벌 OTT 시장이 커지면서 시장 축소의 영향을 줄일 수 있었다. 중국 수출은 줄었지만 글로벌 OTT를 통한 드라마 공급을 늘리면서 K드라마는 중남미, 미국, 유럽 등지까지 소비층을 확대했다.

유튜브, 넷플릭스, 네이버 V앱 같은 플랫폼의 영향력이 커지던 시기여서 모두 중국 시장 봉쇄의 위기를 넘어설 수 있었다. 오히려 너무 중국 중심으로만 사업 전략을 짜던 관행에서 벗어나 더 넓은 세계를 바라보며 전략을 세우게 되었다는 평가도 있다. 물론 관광업계나 화장품, 중국 내 유통산업은 피해가 컸다. 한국으로 오는 관광상품이 사라지고, 대표적 한류 연관 상품인 화장품의 중국 수출도 줄어들었다. 롯데마트 등은 중국 시장에서 철수했다. 하지만 한한령의 가장 중심 타깃이던 한류산업의 피해를 예상보다 빠르게 회복한다.

반면 중국 내에서는 '비공식적인' 한류의 유입이 늘어났다. 중국에는 2023년 현재 글로벌 OTT가 허용되지 않고 있다. 중국 내 방송이나 현지 OTT에서는 공식적으로 한국 드라마와 영화 등이 방영될 수 없다. 그럼에도 한국 드라마를 좋아하는 한류 팬들은 우회적인 방법을 통하여 한국 드라마들을 즐기고 있다. 〈오징어 게임〉이 세계적으로 성공을 거두자 중국 안에서도 〈오징어 게임〉 열풍이 불며 드라마 안에 나오는 달고나 가게가 등장했을 정도다.[24] 가상사설망VPN을 통해 넷플릭스를 즐기거나 약 60여 개로 파악되는 불법 한국 드라마 유통 사이트를 통해 중국인들도 〈오징어 게임〉을 보았기 때문이다. K팝에서도 튼튼한 팬덤을 유지 중이다. K팝 스타들은 대중 공연과 방송 출연을 금지당하고, 한번 구매한 음원은 재구매할 수 없다는 규제도 생겼다. 앨범도 1인당 한 개만 구매하도록 제한했다. 모두 K팝 팬덤의 약화를 위해 내린 조치였다. 하지만 중국 내 K팝 팬덤은 흔들림이

없었다.<sup>*</sup>

물론 이와 같이 한류를 즐기는 이들은 중국 내에서는 '샤이 한류 팬'들이다. 예전과 같은 압도적 한류 붐은 찾아보기 힘들다. 한한령 기간 동안 중국의 자체 콘텐츠 생산능력이 크게 향상된 측면도 있고, 일본, 홍콩, 타이완, 영미 작품이 모두 중국 내에서 치열한 경쟁을 하고 있기 때문이다.[25] 하지만 이는 시대의 변화를 반영한 것이기도 하다. 우리도 과거에는 특정 드라마나 외화가 인기를 끌면 온 가족이 모여 함께 시청하는 일이 잦았다. 이제 그런 모습은 보기 드물다. 중국에서도 다양한 문화상품들이 공존하면서 특정한 나라의 문화에 크게 의존하는 현상이 사라진 것이다.

한국에 대한 경제적 타격이나 중국 내 한류 소비 기반 약화라는 측면에서 볼 때 한한령은 초반에는 다소 위협적이었으나 점차 그 영향을 줄여나갔다. 물론 한한령이 없었다면 중국 내 한류 수익 기반이 더 튼튼해질 수는 있었다. 한국 드라마, 영화 들을 중국 시장에 더 많이 수출하고, K팝 가수들의 중국 수익도 더 높아졌을 것이다. 연예인들의 광고나 각종 출연도 계속 늘어났을

---

* 2021년 9월과 10월에는 BTS 멤버 지민의 생일을 맞이해 중국 아미들이 지민의 사진으로 제주항공 비행기를 장식하고 〈뉴욕타임스〉에 축하 광고를 게재하기 위해 약 4억 원을 모금하는 일이 있었다. 그러자 중국 당국은 모금을 진행한 팬클럽의 웨이보 계정을 정지 처리했고, 수백 개 중국 팬덤들의 모금 플랫폼 운영도 중단시켰다. 그 결과 수천만 위안이 플랫폼에서 인출이 금지되며 묶이는 사태가 발생하기도 했다.(김윤구, "'지민 비행기' 띄운 중국 BTS 아미⋯웨이보 계정 60일 정지", 〈연합뉴스〉, 2021. 9. 5; 윤고은, "중국 대형 팬 모금 플랫폼 운영 중단⋯'수천만 위안 묶여'", 〈연합뉴스〉, 2021. 10. 18)

것이다. 한한령이 속히 해제되기를 바라는 것도 이런 비정상적
상황이 정상적 상황으로 회복되길 바라기 때문이다.

## 혐오를 넘어, 애국주의를 넘어

하지만 예상치 못한 부정적 영향들도 발생했다. 한국에서 반
중 정서가 매우 높아진 점이다. 2021년 5월 〈시사인〉과 한국리
서치가 공동으로 실시한 여론조사에 따르면 한국인들의 중국에
대한 호감도는 일본, 북한보다 더 떨어지는 것으로 나타났다.[26]
해당 국가에 대해 느끼는 감정 온도를 매우 부정적이면 0도, 매
우 긍정적이면 100도로 보고 측정했을 때 미국이 57.3도로 가장
높았고, 일본 28.8도, 북한 28.6도, 중국이 26.4도로 가장 낮았다.
2018년 이후 꾸준히 해온 이 조사에서 중국에 대한 호감도가 일
본, 북한보다 낮게 나온 건 이때가 처음이다.

원인을 찾기 위해 설문자들은 중국과 관련한 역사적 사건
12개, 특정 이슈 14개를 제시했다. 그 결과 반중 정서에 가장 큰
영향을 미친 것은 황사·미세먼지 문제(89.4%)로, 코로나19 발생
(87.3%)이나 코로나19 대응(86.9%)보다 높았다. 그다음이 중국 어
선의 불법조업 등 경제수역 문제(84.3%)이고 이어진 것이 한한령
등 사드 보복(78.9%)이었다. 한국인의 반중 정서는 매우 구체적
피해 경험으로 이루어졌으며, 개인들이 직접 느끼는 피해 경험
을 제외하면 한한령 효과가 매우 높다는 결과였다.

특히 한한령이 발효된 2016년 이전까지는 반중 정서가 이렇게 높지 않았다는 점에 기사는 주목했다. 2004년부터 2016년까지 실시한 조사에서는 중국에 대한 감정이 일본, 북한보다는 확연하게 높고, 미국에 비해서도 크게 떨어지지 않았다. 미세먼지, 코로나19 발생 등 여러 가지 문제가 복합적으로 결합되었지만 한한령 이후 한국인들의 반중 정서가 매우 높아졌음을 시사하는 결과다.

한국인들의 반중 정서가 높아지면서 문화산업에서도 크고 작은 사건들이 발생하게 되었다. 한국 드라마에 중국 기업들의 PPL(간접광고)이 발견되면 "중국 자본이 한국 연예계를 침투하려 한다"는 부정적 여론이 바로 생겨나는 것도 그 가운데 하나다.[27] 기업 입장에서는 한국 드라마든, 일본 드라마든 광고효과가 높은 곳에 자사 광고를 집행하고 싶어 한다. 투자나 광고를 유치하는 쪽도 마찬가지다. 하지만 한국인들의 반중 정서가 높아지면서 우리 문화상품에 중국 자본의 투자나 협찬을 받기가 매우 조심스러워졌다. 중국인들이 돈으로 한류의 힘을 이용한다는 비난을 받게 되었기 때문이다. 따라서 대중문화계에선 중국이 자본을 투자했다는 사실을 대중에 '들키지' 않도록 하는 것이 중요한 일이 되었다.

특히 한한령은 문화산업에 대한 제재여서 역사, 문화 문제에 두 나라가 날카롭게 대립하는 일도 늘어났다. 한한령 이후 한국 전통문화나 음식, 한복 등을 두고 "한국인들이 중국 전통문화를

자기 것이라 주장한다"는 애국주의 중국 누리꾼들, 즉 '샤오펀훙
小紛紅'들이 더 늘어난 것과도 관련이 깊다. 중국에서 한국 문화
상품의 영향력이 커지자 샤오펀훙들은 중국 중심 문화관을 더
확고하게 확산하겠다고 다짐한 듯하다.*

샤오펀훙이 모든 중국인을 대표하진 않지만, 이들의 극단적
주장은 언론을 통해 자주 한국에 전달되었다. 그러자 한국인들
사이에서도 이런 주장에 적극적으로 맞서야 한다는 데 공감대가
확산되었다. 그 결과 한국 문화를 조금이라도 부정적으로 묘사
하면 중국 정부나 중국 자본이 개입한 흔적이라며 '합리적으로
의심'하는 한국인들이 많아졌다.

2021년 초 발생한 드라마 〈조선구마사〉 사태가 대표적이다.
조선왕조를 개국한 역사 인물들을 다룬 이 드라마에서 주요 인
물들을 사악한 괴물로 다루고 한국 역사를 폄훼하는 표현에 많
은 한국인들은 불쾌감을 느꼈다. 작가의 역사의식에 문제 제기
를 할 법한 사안이었으나, 드라마에 중국 자본이 투자된 정황이
밝혀지자 한국인들은 "중국의 입김으로 왜곡된 역사를 다뤘다"
며 대대적 반대운동을 펼쳤다. 드라마 반대운동은 협찬 광고상
품 불매로까지 번져, 결국 방송국은 2회 방영 만에 드라마를 종
영해야 했다.

중국이 한한령을 발효하면서 목표한 바가 이 같은 반중 정서

---

* 이들은 강릉단오제의 유네스코 세계문화유산 등재 사건 등을 계기로 한국 문화가 중국 전통문
  화의 일부라 내세우면서 한국 역사와 문화를 깎아내리는 주장을 자주 펼치곤 했다.

고취는 아니었겠지만 중국 정부가 행한 일련의 조치와 오해가 겹치면서 한한령 이후 한국인의 반중 정서는 매우 높아졌다. 그 영향으로 한국영화나 드라마에서는 중국인들을 거칠게 묘사하고, 중국인들은 다시 이를 비난하는 악순환에 빠졌다. 휴대폰이나 전자 제품 수출 제재로는 일어나지 않았을 법한 일들이 문화 상품 교류를 막으면서 나타난 것이다. 그것이 문화의 힘이고, 그렇기에 세계무역 규범에서도 문화는 신중히 다루도록 예외 적용을 둔다. 그런 영역을 정치 외교적 목적을 위해 가장 '값싼' 수단으로 여기고 활용한 결과 이제 두 나라 국민 사이에는 매우 깊은 강이 흐르게 되었다.

돌아보면 우리도 일본 대중문화 공식 개봉 후 한일 관계의 긍정적 개선을 경험한 바 있다. 우려와는 달리 시장개방 이후 일본 문화의 부정적 영향은 거의 없었다. 오히려 문을 활짝 열고 보니 일본 대중문화가 한국인 눈높이에 맞지 않는 점이 많다는 사실이 더 드러났다.

아마도 한한령 해제 후에도 일본 대중문화 개방과 비슷한 효과가 나타날 것이다. 중국 문화산업은 빠르게 발전하고 있어 한국 문화상품들이 위협적이지만은 않을 것이다. 그보다는 더 멀리 내다보고 한국인들을 비롯한 세계인들의 반중 정서를 완화할 방향을 먼저 생각할 필요가 있다. 한류가 성장하면서 세계적으로 한국 이미지가 개선되고 한국 소비재 상품 수요도 늘어난 것은 중국에도 많은 시사점이 있을 것이다. 한국 입장에서도 이웃

나라를 계속 '어둠의 세력'으로 여기는 풍토를 유지하는 건 바람직하지 않다. 그래서 최근 중국이 한국 드라마와 영화에 조금씩 문을 여는 모습은 반갑다. 하지만 높아진 반중 정서를 획기적으로 반전시키려면 좀 더 통 큰 조치가 필요하지 않을까 싶다.

# 당신의 마음을 얻기 위해, 페달은 계속 돌아간다

이 글을 쓰는 순간에도 우리 문화산업계에서는 끊임없이 새로운 사건과 변화가 나타나고 있다. K팝 아이돌 시스템을 구축했다고 평가받는 SM엔터테인먼트는 최대주주인 창립자 이수만과 현 경영진이 갈등을 겪으며 경영권 분쟁을 겪었다. BTS를 배출한 경쟁 기획사 하이브와 국내 최대 플랫폼 사업자 카카오가 각각을 우호하는 주주로 나서면서 내분은 복잡한 양상으로 접어들었다. 결국 현 경영진과 카카오의 승리로 결론이 났지만 이번 분쟁으로 향후 K팝 업계에는 큰 변화가 나타날 전망이다.

철옹성 같던 중국의 한한령도 차츰 해제될 조짐이 보인다. 한국영화와 드라마 가운데 일부를 방영하기 시작했고, 게임 판호도 조금씩 발급한다는 소식이다.

넷플릭스에선 한국드라마와 예능프로그램들이 세계적 인기

를 끌고 있다. 일본, 베트남, 태국, 인도네시아, 말레이시아 같은 아시아 국가들의 넷플릭스 시청률 10위 차트에 우리 드라마들이 7~8편씩 올라 있는 것은 이제 새로운 뉴스가 아니다. 아마도 앞으로 30년 뒤 한류산업에 대해 책을 쓴다면 한 장을 할애해 소개할 법한 이야기들이 지금 이 순간에도 계속 전개된다.

10년이면 강산이 변한다는데 그 세 배의 시간 동안 우리 문화산업도 크게 변화했다. 가요 기획사의 경영 분쟁이 경제 뉴스를 뜨겁게 달구는 현안이 되고, 세계인들이 한국 드라마들을 이렇게 연달아 즐기게 되리라 예상한 사람은 없었을 것이다. 앞선 아홉 개의 장에서 이런 변화가 어떻게 가능했는지, 그런 변화를 만들어내기 위해 업계의 안팎에서 어떤 일들이 일어났는지를 촘촘히 정리해 보려 했다. 누가 뭐래도 가장 중요한 것은 문화상품을 만들고 체현해 낸 사람들이었다. 하지만 온전히 그들의 노력만으로 이런 변화가 가능했다고 말하기는 어렵다. 한류가 '산업'으로 성장해 온 데에는 많은 제도와 기술, 금융, 환경의 뒷받침이 있었다. 약간의 운도 작용했지만, 준비되지 않은 사람에게 다가오는 운은 아무 의미가 없는 경우가 많다. 현재 한류는 그 모든 것의 총합인 셈이다.

한류가 막 성장해 나아갈 때에도 많은 사람들은 의문을 가졌다. 한때 유행하던 "한류가 얼마나 유지될 것으로 보십니까"라는 설문에서는 그리 오래가기 어렵다는 응답이 늘 다수를 차지하곤 했다. 단군 건국 이래 언제나 풍전등화의 위기를 겪어온 민족답게 우리는 항상 우리 역량의 일천함을 걱정했고, 예상치 못한 성공을 불안하게 바라보았다. 무엇보다 단지 '딴따라'에 불과한 분야에서 성공을 거둔다 한들 얼마나 대단하겠는가 하는 인식도 있었다. 하지만 얼마 가지 못한다던 한류는 성장을 거듭했고, 이제는 한국을 대표하는 산업이 되었다. 아무리 압축성장이 특기라지만 불과 30년 안에 나타난 이런 변화에 불안감을 느끼는 것은 당연한 일인지도 모른다.

특히 우리가 뭘 어떻게 해왔는지 정확히 알지 못해 이 성공은 더 불안했다. 앞서 일본 대중문화 개방 때에도 겪었듯이 사람들은 잘 모르는 것에 두려움을 느낀다. 그래서 이제는 우리가 이 산업을 어떻게 성장시켜 왔는지를 잘 복기해 보아야 한다. 거대한 변화의 물결 속에서 우리가 무엇을 지켰고, 무엇을 바꾸었는지, 무엇에 도전했는지 깨달음이 필요하다. 무엇보다 이 산업이 그리 하찮은 게 아니라, 국가의 세계적 위상을 바꾸는 엄청난 위력을 가진 산업이며 그 산업을 우리 스스로 바닥에서 일구어왔다는 사실에 자부심을 가져야 한다. 사람의 마음을 사로잡기란 쉬운 일이 아니다. 이런 시각을 마음속에 새긴다면 앞으로의 30년은 과거와는 또 다를 것이다.

그럼에도 앞으로의 길은 더 험난할 게 분명하다. 언제나 위기였던 것처럼 앞으로도 위기가 존재하리라는 안일한 전망 때문이 아니다. 어떤 산업에서든 90%까지 완성도를 달성하는 것과 마지막 10%를 끌어올리는 것은 완전히 다른 차원의 일이다. 작은 시장 안에서 가열찬 경쟁을 겪으며 이만큼 오기는 했지만, 세계 최상위 수준에서 한 단계 한 단계 위로 올라가는 것은 훨씬 더 어려운 싸움이 될 것이다. 언제라고 쉬운 적은 없었지만, 이제는 철없는 막내아들이 아니라 집안을 대표하는 장남이 되어버린 셈이라 몸가짐도 더 조심스러울 수밖에 없다.

지난 30년간 한류의 성장 속에서 앞으로의 우리가 잃지 말아야 할 원동력을 찾는다면 '역동성'이 아닐까 싶다. 한류산업은 대중들 마음을 움직이는 산업답게 뻔함과 지루함에 맞서, 비판에는 빠르게 대응하면서 늘 새로움을 제공하며 성장을 거듭했다. 변덕스런 대중들 눈높이에 맞춰 계속 변신했고, 그 힘으로 지금도 세계인들의 기대치를 계속 뛰어넘는 중이다. 이런 역동성이 있었기에 개방이라는 환경의 변화, 기술의 변화, 제도의 변화 속에서도 생존할 수 있었고, 이런 역동성을 밑천 삼아 훌륭한 작품들도 만들어냈다.

역동성은 '산업화' 이후에 대한 고민에도 답을 줄 수 있을 것이다. 한류의 성장이 산업화에 힘입었다고 해서 모든 산업화가 다 '선'이 될 수는 없다. 때로 산업화는 주변 환경과 자원을 황폐화시키기도 하고 사람들을 피폐하게 만드는 결과로 치닫는다. 돈벌이에만 몰두해 규격화되고 균질화된 상품만 쏟아내는 산업화는 우리 삶을 더 남루하게 하기도 한다. 거대한 자본의 힘에 기대어 자기복제만 반복하는 히어로물과 프랜차이즈물에 의존하는 할리우드에서도 이런 낌새를 조금씩 엿볼 수 있다. 한류가 가진 역동성이 이제 할리우드에서도 귀한 자원이 된 것도 이 때문이다. 사람의 마음을 계속 붙잡아두는 역동성을 상실한 문화상품이라면 그저 단순한 공산품에 지나지 않는다.

치열하게 달려온 우리 사회를 반영한 덕에 한류산업에도 이만한 역동성이 깃들었다. 페달을 돌리지 않으면 넘어져버리는 척박한 현실에서 맨다리로 얻은 힘이지만, 이제 그 스피드가 세계 최고 수준이 되었으니 그만둘 수가 없다. 페달을 돌려 세계인의 마음속에 위안과 온기를 불어넣을 수만 있다면, 온 힘을 모으고 다리 근력을 더 키워서라도 계속 페달을 돌려야 하지 않을까.

한류 외전

# 1장 시장개방이 만든 위기와 기회

1 "Cultural Industries: A Challenge for the Future of Culture", UNESCO, Meeting on the Place and Role of Cultural Industries in the Cultural Development of Societies, Montreal, Canada, 1980.

# 2장 〈쥬라기 공원〉에서 문화 융성까지, 새로운 산업 동력 찾기

1 "우리나라 영화산업의 경제적 파급효과", 한국은행, 2004. 4.

2 Madeleine Spence, "Hallyu! How Korean Culture Conquered the World", *The Times*, 2021. 10. 10.

3 Sue Mi Terry, "The Korean Invasion: Can Cultural Exports Give South Korea a Geo-political Boost?", *Foreign Affairs*, 2021. 10. 14.

4 이근, "한국 6개 산업의 기술추격과 유형론",《동아시아와 기술추격의 경제학》제7장, 박영사, 2007.

5 진달용, "한류는 주로 정부의 문화정책 때문에 성장했는가",《한류 신화에 관한 10가지 논쟁》제4장, 한울아카데미, 2022.

6 앞의 책.

7 김정수, "'한류'(韓流) 현상의 문화산업정책적 함의: 우리 나라 문화산업의 해외진출과 정부의 정책지원",〈한국정책학회보〉제11권 4호, 2002. 12.

8 염찬희, "1990년대 이후 한국 문화정책의 '문화' 이해 변화 과정",〈민주사회와 정책연구〉제16호, 2009년 하반기.

9 정종은, "한국 문화정책의 창조적 전회: 자유, 투자, 창조성",〈인간연구〉제25호, 2013. 7.

10 최영화, "이명박 정부의 기업국가 프로젝트로서 한류정책: 전략관계적 접근법을

통한 구조와 전략 분석", 〈경제와사회〉 제97호, 2013. 3.

## 3장 자유로운 드라마 산업이 만든 글로벌 공동체

1 "2002년 방송프로그램 수출입통계", 한국콘텐츠진흥원, 2002.

2 전원경, "한국 드라마 수출 후원정책의 효율성에 대한 고찰: 1995~2005를 중심으로", 〈글로벌문화콘텐츠〉 제14호, 2014. 2.

3 홍석경, "프랑스에서 〈대장금〉 보기", 〈에피스테메〉 제1호, 2007. 12.

4 임동욱, "한국 인터넷, 세계 최고 지키는 이유", 〈사이언스타임즈〉, 2010. 4. 6.

5 홍석경, "동아시아 너머의 한류", 《한류: 역사, 이론, 사례》, 윤태진·진달용 엮음, 한울아카데미, 2019.

6 고재석, "한국 드라마, 동영상 스트리밍으로 미국 시장 공략해야", 〈시사저널〉, 2016. 1. 8.

7 홍석경, "동아시아 너머의 한류", 《한류: 역사, 이론, 사례》.

8 심두보, "국제 커뮤니케이션 현상으로서의 한류와 하이브리디티", 〈프로그램/텍스트〉 제11호, 2004, 65~85쪽.

9 진달용, 《신한류: 소셜 미디어 시대의 초국가적 문화 권력》, 나보라 옮김, 한울아카데미, 2017.

10 전원경, "한국 드라마 수출 후원정책의 효율성에 대한 고찰: 1995~2005를 중심으로", 〈글로벌문화콘텐츠〉에서 재인용했다.

## 4장 낭만의 시대에서 투자의 시대로, 벤처 투자 대상이 된 영화

1 〈한국영화산업구조분석: 할리우드 영화 직배 이후를 중심으로〉, 영화진흥위원회, 2001. 12.

2 김규찬, 《문화산업정책 20년 평가와 전망》, 한국문화관광연구원, 2015.

3 고두현, "〈은행나무 침대〉, 관객 70만 '30억 돈방석'… 〈닥터봉〉 2배 흥행", 〈한국경제신문〉, 1996. 6. 14.

4 다음에 수록된 김승범의 한국영화연구소 강연(1998. 4. 7) 내용을 옮겼다. 〈한국영화산업구조분석: 할리우드 영화 직배 이후를 중심으로〉, 영화진흥위원회, 2001. 12.

## 5장 K팝 제조 시스템의 역동적인 시장 개척

1 안윤태·공희준, 《이수만 평전》, 정보와사람, 2012; 김동환, 《SM리퍼블릭: 기획자 이수만이 꿈꾸는 문화제국》, 이야기공작소, 2015를 참고해 재구성했다.

2  이은숙, "중국에서의 '한류' 열풍 고찰", 〈문학과 영상〉 제3권 2호, 2002. 12.

3  장규수, "한류의 어원과 사용에 관한 연구", 〈한국콘텐츠학회 논문지〉 제11권 9호, 2011. 9.

4  홍유선·임대근, "용어 한류(韓流)의 기원", 〈인문사회21〉 제9권 5호, 2018. 10.

5  이규탁, 《케이팝의 시대》, 한울아카데미, 2016.

6  신현준, 《가요, 케이팝 그리고 그 너머》, 돌베개, 2013, 98쪽.

7  박영은·이동기, "SM엔터테인먼트, 글로벌 엔터테인먼트를 향한 질주", 〈KBR〉 제15권 2호, 2011. 8.

8  전병준, "음원의 디지털화에 따른 음악 시장의 변화에 관한 연구", 〈통상정보연구〉 제7권 4호, 2005. 12.

9  안윤태·공희준, 《이수만 평전》.

10  신현준, 《가요, 케이팝 그리고 그 너머》, 46쪽.

11  이문원, "보아 '미국진출'이 구차스러운 이유", 〈뉴시스〉, 2008. 9. 14.

12  이성규, "싸이 〈강남스타일〉이 성공한 진짜 이유?", 〈프레시안〉, 2012. 8. 16.

## 6장 엔터테인먼트도 안정적 산업이 될 수 있다

1  김학수, 《한국 영화산업 개척자들》, 인물과사상사, 2003에서 재인용했다.

2  고성연, 《CJ의 생각: 문화에서 꿈을 찾다, 7가지 창조적 여정》, 열림원, 2016.

3  이성수·박수경·박현열·이미경·김종규, "오리온 그룹의 엔터테인먼트 사업 진출 사례", 〈경영사례연구〉 제40권 1호, 2006.

4  김승경, "자본의 다양화와 투자사의 영역 확장: 새로운 자본의 유입과 역할을 중심으로", 〈현대영화연구〉 제19호, 2014. 11.

5  김금동, "외환위기 이후 금융자본 및 영상전문 투자조합이 한국영화산업에 미친 영향", 〈현대영화연구〉 제15권 1호, 2019. 2.

6  정찬철, "2000년대 한국영화 제작사의 삶: 헤게모니의 문제에서 생존의 문제로", 〈현대영화연구〉 제19호, 2014.

7  앞의 글, 67쪽.

8  앞의 글, 70쪽.

9  박대민·이규탁, "한류의 산업화, 금융화, 그리고 스타트업화: 한류와 K-POP 보도 21년치 뉴스 빅데이터 분석을 중심으로", 〈한국언론정보학보〉 제112호, 2022. 4.

10  앞의 글.

## 7장 팬덤이라는 세계화 전진 기지

1 이지행,《BTS와 아미컬처》, 커뮤니케이션북스, 2019.

2 이하 아이돌 세대론에 대한 분류 및 특성 등은 다음의 글을 참고해 정리했다. 스큅, "아이돌 세대론: ① 2020 아이돌팝 세대론", 〈아이돌로지〉, 2020. 6. 12, https://idology.kr/13070.

3 신윤희,《팬덤 3.0》, 스리체어스, 2019.

4 김영대,《BTS: THE REVIEW》, 알에이치코리아, 2019.

5 앞의 책.

6 Charlotta Mellander, Richard Florida, Peter J. Rentfrow and Jeff Potter, "The Geography of Music Preferences", *Journal of Cultural Economics*, vol. 42, 2018.

7 Henry Jenkins, *Textual Poachers: Television Fans and Participatory Culture*, Routledge, 1992.

8 신윤희,《팬덤 3.0》.

## 8장 OTT와 함께 언제 어디서나 K콘텐츠를

1 이상원, "다 같은 한국산인데 왜 K드라마는 먹히고 한류드라마는 잠잠하지?", 〈시사인〉, 2021. 12. 15.

2 이하 부분은 다음의 책에 수록된 필자의 글 "〈오징어 게임〉의 경제 효과 1조 원이 말하지 않는 것들"에서 상당 부분 참조했다. 정길화 외,《오징어 게임과 콘텐츠 혁명》, 인물과사상사, 2022.

3 나원정, "넷플릭스 저작권료, 봉준호 〈옥자〉 받는데 〈오겜〉 못 받는 이유", 〈중앙일보〉, 2022. 3. 13.

## 9장 여전히 남은 금지와 개방의 정치

1 김정수,《스크린쿼터의 추억》, 한국학술정보, 2013.

2 홍성록, "최민식 문화부에 문화훈장 반납", 〈연합뉴스〉, 2006. 2. 7.

3 김성민,《일본을 禁하다》, 글항아리, 2017.

4 홍성태, "일본 대중문화 개방의 문화정치", 〈문화과학〉 제41호, 2005. 3.

5 김성민,《일본을 禁하다》.

6 앞의 책.

7 안영춘, "현충사 성역화와 〈동백아가씨〉 금지의 속사정", 〈한겨레신문〉, 2005. 2. 2.

8 김성민,《일본을 禁하다》.

9 앞의 책.

10 홍성태, "일본 대중문화 개방의 문화정치", 〈문화과학〉.

11 김정수, 《스크린쿼터의 추억》.

12 앞의 책.

13 앞의 책.

14 김시무, "스크린쿼터의 필요성과 당위성", 〈문화예술〉, 2002. 2.

15 이현진, "문화에서 산업으로, IMF 이후 한국영화의 위상 변화와 인식의 전환", 〈현대영화연구〉 제19권, 2014. 11.

16 김정호, "스크린 쿼터 축소의 영향분석", 〈한국콘텐츠학회논문지〉 제11권 2호, 2011. 2.

17 앞의 글.

18 이새봄, "국내 드라마 속속 파고드는 중국 기업…득실은", 〈매일경제〉, 2015. 4. 14; 김형민, "[드라마산업 지각변동] ③ 드라마 제작사 죽을 맛…중국, 국내 제작 인력 싹쓸이", 〈조선일보〉, 2014. 9. 26.

19 정덕현, "한한령? 더 이상 당하고만 있진 않겠다", 〈시사저널〉, 2017. 3. 17.

20 권기영, "'한한령(限韓令)'을 통해 본 중국 대외문화정책의 딜레마", 〈중국문화연구〉 제37권, 2017. 8.

21 이지한, "한류를 바라보는 두 개의 시선: 한국의 문화산업과 중국의 문화안보", 〈중국학〉 제65권, 2018. 12.

22 앞의 글.

23 류설리, "'한한령'의 도전과 '포스트 한류'의 응전", 〈한류스토리〉, 2017. 4.

24 이영호, "넷플릭스 차단된 중국도 〈오징어게임〉 열풍…달고나 가게 등장", 〈한국경제TV〉, 2021. 10. 13.

25 김유익, "지금 중국에는 딱히 '반한 정서'라고 할만한 게 존재하지 않는다", 〈시사인〉, 2021. 6. 15.

26 이오성, "중국의 모든 것을 싫어하는 핵심 집단, 누굴까?", 〈시사인〉, 2021. 6. 17.

27 김태원, "'또 tvN이야?'…〈여신강림〉〈빈센조〉 중국 제품 PPL에 뿔난 시청자들", 〈일요신문〉, 2021. 3. 15.

# 참고문헌

## 1장 시장개방이 만든 위기와 기회

### 언론

나루세, "그해 겨울을 달구었던 영화 ③: 1989년 12월, 카지노 '타짜'들이 극장가를 접수하다", 〈미디어스〉, 2011. 12. 14.

나루세, "그해 겨울을 달구었던 영화들 ④: 1990년 12월, 직배영화 대공습, 그리고 최진실", 〈미디어스〉, 2011. 12. 20

소성민, "[영화] '배급 틀' 새로 짜야 영화가 산다", 〈시사저널〉, 1996. 11. 14.

송영애, "[송영애의 영화이야기] 영화관에 뱀이 풀렸던 이유는?", 〈세계일보〉, 2015. 2. 6.

안정숙, "88 문화결산 민족주의 거센물결? ③ 미국영화 직접배급 파문", 〈한겨레신문〉, 1988. 12. 17.

이성남, "UIP직배는 긍정적인가 부정적인가?", 〈시사저널〉, 1989. 11. 19.

이태원, "[영화 한편 보고 가세나] ⑫ 뱀 사건", 〈중앙일보〉, 2004. 12. 28.

이태원, "[영화 한편 보고 가세나] ⑬ 극장 방화사건", 〈중앙일보〉, 2004. 12. 29.

이태원, "[영화 한편 보고 가세나] ㉙ 영화 배급업(상)", 〈중앙일보〉, 2005. 2. 3.

"복싱소동·NBC 편파보도, 반미(反美)파문", 〈조선일보〉, 1988. 10. 3.

"〈레인맨〉 상영관 뱀소동 한미(韓美) 통상(通商)문제 비화", 〈조선일보〉, 1989. 6. 4.

"'직배 상영관 뱀소동' 사건화", 〈한겨레신문〉, 1989. 6. 4.

"미국영화 직배극장 잇따라 피습", 〈한겨레신문〉, 1989. 8. 15.

"미 직배영화 상영극장 '뱀소동' 영화(映画)감독 3명이 배후조종", 〈조선일보〉, 1989. 9. 3.

"미국 UIP 직배 영화관 '뱀소동'/영화감독 2명등 셋 구속", 〈한겨레신문〉, 1989. 9. 5.

"직배 영화 길 터주기 '올가미'/감독 3명 구속·수배 뒤안", 〈한겨레신문〉, 1989. 9. 5.

"한국 불공정거래 제소/ 미영화협 '직배위반'", 〈한겨레신문〉, 1989. 9. 20.

"UIP 직배극장 상영방해, 정지영씨등 둘 보석허가", 〈한겨레신문〉, 1989. 10. 18.

## 논문·보고서

"Cultural Industries: A Challenge for the Future of Culture", UNESCO, Meeting on the Place and Role of Cultural Industries in the Cultural Development of Societies, Montreal, Canada, 1980.

"WTO 및 뉴라운드의 시장개방압력과 한국영화의 중장기 발전전략", 영화진흥위원회, 2000. 12.

윤미경, "국내 영화시장의 경쟁구조", 〈국내 영화 배급시장 제도개선책〉, 2004. 6.

〈한국영화산업구조분석: 할리우드 영화 직배 이후를 중심으로〉, 영화진흥위원회, 2001. 12.

## 단행본

김미현, 《한국영화 정책과 산업》, 커뮤니케이션북스, 2013.

## 인터넷사이트

https://theme.archives.go.kr/next/koreaOfRecord/UruguayRound.do(국가기록원〉기록 으로 만나는 대한민국〉경제·산업〉우루과이라운드).

"'한국영화 배급 변천사'를 통해 스크린 독과점을 보다", 2017. 8. 20, https://m.post. naver.com/viewer/postView.nhn?volumeNo=9196872&memberNo=24305862(네 이버포스트〉한국영화 연대기〉흥행판).

## 2장 〈쥬라기 공원〉에서 문화 융성까지, 새로운 산업 동력 찾기

### 언론

Madeleine Spence, "Hallyu! How Korean Culture Conquered the World", *The Times*, 2021. 10. 10.

Sue Mi Terry, "The Korean Invasion: Can Cultural Exports Give South Korea a Geopolitical Boost?", *Foreign Affairs*, 2021. 10. 14.

김수현, "[취재파일] 〈오징어 게임〉, 〈기생충〉, BTS…한류 성공은 정부 덕이다?: '한류가 궁금하다면' 홍석경 교수 인터뷰 2편", 〈SBS뉴스〉, 2021. 11. 8.

김혜준, "이게 다 문화대통령, 당신 덕입니다", 〈씨네21〉, 2009. 8. 24.

김홍, "〈쥬라기공원〉 1년 흥행수입 차 150만대 수출 맞먹는다", 〈조선일보〉, 1994. 5. 18.

김홍묵, "〈쥐라기공원〉의 흥행수익 차(車) 150만대(百50萬臺) 수출과 같아", 〈동아일
보〉, 1994. 5. 18.

문동열, "아카데미상 수상으로 되돌아본 문화산업정책 25년", 〈이코노미인사이트〉,
2020. 9. 3.

정순민, "〈태극기…〉+〈실미도〉=뉴EF쏘나타 1만2204대", 〈파이낸셜뉴스〉, 2004. 4. 20.

정진홍, "현실이 드라마보다 센 나라", 〈조선일보〉, 2021. 10. 13.

지영한, "승용차 수출가격 15년간 2배 올랐다", 〈이데일리〉, 2007. 8. 30.

"자동차 생산200만대 '세계 6위국'", 〈매일경제〉, 1994. 2. 4.

## 논문·보고서

김규찬, "한국 문화콘텐츠산업 진흥정책의 내용과 성과: 1974~2011 문화부 예산 분
석을 통한 통시적 고찰", 〈언론정보연구〉 제50권 1호, 2013. 2.

김규찬, 《문화산업정책 20년 평가와 전망》, 한국문화관광연구원, 2015.

김규찬, 《문화산업 정책 패러다임 변화 연구》, 한국문화관광연구원, 2017.

김명수·김자영, "국가주도에서 민간자율로: 한국 문화산업 정책기조의 변환 시도",
〈문화산업연구〉 제18권 4호, 2018. 12.

김문조·박수호 "한국의 문화정책: 회고와 전망", 〈아세아연구〉 제41권 2호, 1998. 12.

김정수, "'한류'(韓流) 현상의 문화산업정책적 함의: 우리 나라 문화산업의 해외진출과
정부의 정책지원", 〈한국정책학회보〉 제11권 4호, 2002. 12.

김정수, "(신)한류에서 배우는 문화정책의 교훈", 〈한국행정연구〉 제20권 3호, 2011. 9.

김창수, "문화공공성 개념에 입각한 각 정권별 문화산업정책 비교 연구: 영화와 문화콘
텐츠정책을 중심으로", 한양대학교 대학원 신문방송학과 박사학위논문, 2009. 2.

박조원·이병민·노준석, 《참여 정부의 문화 산업 정책과 향후 과제》, 한국문화관광연
구원, 2007.

손승혜, "전문가 심층 인터뷰를 통한 한류 정책의 이해와 평가", 〈문화정책논총〉 제
25권 1호, 2011. 2.

염찬희, "1990년대 이후 한국 문화정책의 '문화' 이해 변화 과정", 〈민주사회와 정책연
구〉 제16호, 2009. 1.

윤대엽·김기훈, "문화의 지배: 시장개방, 경제위기와 문화산업정책의 정치경제", 〈동

서연구〉제28권 4호, 2016. 1.

이병민, "참여정부 문화산업정책의 평가와 향후 정책방향", 〈인문콘텐츠〉제9호, 2007. 6.

정종은, "한국 문화정책의 창조적 전회: 자유, 투자, 창조성", 〈인간연구〉제25호, 2013. 7.

정종은, "영국 창조산업 정책의 부상", 〈문화정책논총〉제27집 1호, 2013. 1.

최영화, "이명박 정부의 기업국가 프로젝트로서 한류정책: 전략관계적 접근법을 통한 구조와 전략 분석", 〈경제와사회〉제97호, 2013. 3.

최영화, "신한류의 형성과 한국사회의 문화변동: 이명박 정부의 한류정책을 중심으로", 중앙대학교 대학원 박사학위논문, 2014.

〈1997 문화산업백서〉, 문화체육부, 1997.

〈한국의 문화산업정책 10년〉, 한국문화관광정책연구원, 2004.

**단행본**

이근, 《동아시아와 기술추격의 경제학》, 박영사, 2007.

진달용, 《한류 신화에 관한 10가지 논쟁》, 한울아카데미, 2022.

## 3장 자유로운 드라마 산업이 만든 글로벌 공동체

**언론**

강이현, "'미드' 보는 사회? '미드' 말하는 사회!", 〈프레시안〉, 2007. 8. 14.

강찬호, "국내 정상급 가수들 중·일·영어 음반 나왔다", 〈중앙일보〉, 2002. 2. 25.

고재석, "한국 드라마, 동영상 스트리밍으로 미국 시장 공략해야", 〈시사저널〉, 2016. 1. 8.

김수현, "[취재파일] 〈오징어 게임〉: 넷플릭스가 한국을 이용하는가? '한류가 궁금하다면' 홍석경 교수 인터뷰 1편", 〈SBS뉴스〉, 2021. 11. 7.

김수현, "[취재파일] 한국 콘텐츠가 전 세계에서 통하는 이유는? '한류가 궁금하다면' 홍석경 교수 인터뷰 3편", 〈SBS뉴스〉, 2021. 11. 12.

김종우, "한국드라마, 미국서 '인기'…폭넓은 시청자층 확보", 〈연합뉴스〉, 2014. 11. 23.

우병현·김참, "싸이 신화 뒤에 100만명의 비키 번역가 있었다", 〈조선비즈〉, 2012. 12. 14.

이태희, "방송의 무덤, 대만은 한국의 미래다?", 〈한겨레21〉, 2011. 1. 19.

이희용, "한류 효시 〈사랑이 뭐길래〉 中 상륙 20년", 〈연합뉴스〉, 2017. 6. 13.
임동욱, "한국 인터넷, 세계 최고 지키는 이유", 〈사이언스타임즈〉, 2010. 4. 6.
정승양, "통신공룡 KT-SK, 해외 한류사이트 경쟁", 〈서울경제〉, 2013. 6. 6.
"'한국 드라마 수출시장의 개척자' 박재복 씨", 〈K-공감〉 제6호, 2005. 3. 31.
"'한류' 현장의 이 사람, MBC 박재복 부국장", 〈아시아씨이뉴스〉, 2017. 7. 10.

## 논문·보고서

김정수, "'한류'(韓流) 현상의 문화산업정책적 함의: 우리 나라 문화산업의 해외진출과
　　정부의 정책지원", 〈한국정책학회보〉 제11권 4호, 2002. 12.
박재복, 〈한국 TV 드라마의 수출요인 및 수입국의 시장특성 연구: MBC 사례를 중심
　　으로〉, 연세대학교 커뮤니케이션대학원 박사학위논문, 2012.
심두보, "국제 커뮤니케이션 현상으로서의 한류와 하이브리디티", 〈프로그램/텍스트〉
　　제11호, 2004.
심두보, "동남아시아의 한류 1", *Kyoto Review of Southeast Asia*, Issue. 11, 2011. 3.
유건식·문상현, "방송드라마 제작방식으로서 문화산업전문회사에 대한 연구: KGCS
　　문화산업전문회사를 중심으로", 〈한국콘텐츠학회논문지〉 제14권 2호, 2014. 2.
이문행, "국내 지상파 방송드라마 해외 판매 특성: 판권 유형, 거래 단가, 국가 간 차이
　　를 중심으로", 〈한국콘텐츠학회논문지〉 제15권 6호, 2015. 6.
전원경, "한국 드라마 수출 후원정책의 효율성에 대한 고찰: 1995-2005를 중심으로",
　　〈글로벌문화콘텐츠〉 제14호, 2014. 2.
하종원·양은경, "동아시아 텔레비전의 지역화와 한류", 〈방송통신연구〉 제21권 2호,
　　2002년 겨울.
홍석경, "프랑스에서 〈대장금〉 보기", 〈에피스테메〉 제1호, 2007. 12.
"[좌담회] 방송 한류 20년: 배진아·김호상·박재복·전진수·진혁", 〈방송 트렌드 & 인
　　사이트〉 제1호, 2015. 6.
"2021년, 한국 드라마 르네상스", 〈미국 콘텐츠 산업동향〉 제7호, 한국콘텐츠진흥원,
　　2021. 9.
"2002년도 방송프로그램 수출입통계", 방송위원회.

## 단행본

김훈, 《TV드라마 산업의 수익구조와 현안》, 한울아카데미, 2011.
매일경제 한류본색 프로젝트팀, 《한류본색》, 매일경제신문사, 2012.

진달용,《신한류: 소셜 미디어 시대의 초국가적 문화 권력》, 한울아카데미, 2017.

홍석경 외,《한류: 역사, 이론, 사례》, 윤태진·진달용 엮음, 한울아카데미, 2019.

**인터넷사이트**

"중남미의 K-드라마 소통 창구", https://kofice.or.kr/c30correspondent/c30_correspon-dent_02_view.asp?seq=15692(한국국제문화교류진흥원〉문화소식〉해외통신원〉)

## 4장 낭만의 시대에서 투자의 시대로, 벤처 투자 대상이 된 영화

### 언론

곽한주, "영화계도 실명제로 '몸살'", 〈중앙일보〉, 1993. 8. 21.

김미현, "한국영화 정책의 빛과 그림자: 한국영화 100년 톺아보기 ⑤", 〈매일경제〉, 2019. 8. 8.

김민정, "문화산업전문회사, 그것이 알고 싶다", 〈이투데이〉, 2013. 7. 12.

김영배, "영화에 돈줄이 몰린다", 〈한겨레21〉, 2000. 12. 26.

김완묵, "영화투자펀드 결성 활발…지난해 8개 조합 750억원 결성", 〈매일경제〉, 2001. 1. 3.

김창회, "지식기반산업 발전대책", 〈연합뉴스〉, 1998. 12. 4.

김형근, "문화산업 분야 달라지는 제도들", 〈연합뉴스〉, 1999. 1. 12.

김형근, "영상전문투자조합에 투자하세요—문화부", 〈연합뉴스〉, 1999. 2. 12.

도성진, "중소건설업/어음할인 어려워 더 쪼들린다(실명제 실시 3개월: 2)", 〈중앙일보〉, 1993. 11. 9.

성하훈, "저질 영화에 치켜든 반기, 76년 만에 철폐된 사전 검열: [한국 영화운동 40년_21] 검열과 통제의 영화법을 개정하라", 〈오마이뉴스〉, 2021. 7. 20.

성하훈, "'기회의 땅' 된 충무로, 신구 세력 충돌 서막이 올랐다: [한국 영화운동 40년_23] 한국영화 르네상스 바탕된 기획영화와 프로듀서 시스템", 〈오마이뉴스〉, 2021. 9. 15.

신삼호, "영화계, 금융실명제로 어려움 가중", 〈연합뉴스〉, 1993. 8. 19.

오태진, "관객동원 기록 저마다 '고무줄 집계'", 〈조선일보〉, 1999. 4. 1.

윤여수, "김승범대표, '영화 실패하면 모든게 제작사 잘못이라고?'", 〈스타뉴스〉, 2007. 12. 3.

이윤주, "[어제의 오늘] 1993년 금융실명제 도입", 〈경향신문〉, 2011. 8. 11.

조선희, "영화사 연쇄부도 '잔인한 여름'(무너지는 영화자본/영화계 지각변동 ①)", 〈한겨레신문〉, 1993. 8. 28.

조선희, "대기업·할리우드 메이저 할거(영화산업의 새주인/영화계 지각변동 ②)", 〈한겨레신문〉, 1993. 8. 29.

조선희, "'웨스턴 애비뉴' 흥행 참패⋯이화예술필름 부도", 〈한겨레신문〉, 1993. 5. 8.

조종국, "영화 배급전쟁 2000", 〈씨네21〉, 2000. 1. 25.

"영화 '황비홍' 수입시비 법정싸움 번질 조짐", 〈한겨레신문〉, 1993. 1. 9.

"당정(黨政) 6월까지 영화계에 50억원 긴급지원", 〈연합뉴스〉, 1998. 4. 30.

"영화계에 금융자본 제작비로 잇따라 유입", 〈연합뉴스〉, 1998. 5. 9.

## 논문·보고서

김규찬, 《문화산업정책 20년 평가와 전망》, 한국문화관광연구원, 2015.

김금동, "외환위기 이후 금융자본 및 영상전문 투자조합이 한국영화산업에 미친 영향", 〈현대영화연구〉 제15권 1호, 2019. 2.

김미현, "영상전문투자조합의 정책형성과 제도변화 연구", 〈영화연구〉 제81호, 2019. 9.

김미현·정종화·장성호, 《한국영화 배급사 연구》, 영화진흥위원회, 2003.

김성희, "극장산업을 재조명하다", 영화진흥위원회, 2016. 9.

문철우, "문화산업 투자활성화 방안에 대한 연구", 문화관광부, 2004. 1.

박정서·윤병섭, "한국모태펀드의 운용 현황과 투자 성과분석", 〈중소기업연구〉 제34권 2호, 2012. 6.

장용호, "비디오 산업의 경제적 메카니즘에 관한 연구", 〈한국언론학보〉 제29호, 1993. 5.

전종혁·윤하, "통계 분석으로 본 천만 영화", 영화진흥위원회, 2014.

최영준 외, 《한국영화산업 투자환경 및 자본조달구조: 금융자본 유입 이후를 중심으로》, 영화진흥위원회, 2008.

"SPC 설립을 통한 문화콘텐츠 프로젝트파이낸싱 활성화 방안 세미나" 자료집(문화관광부 주최, 한국문화콘텐츠진흥원·전국경제인연합회·벤처캐피탈협회 주관 세미나), 2004. 12. 21.

〈한국영화산업구조분석: 할리우드 영화 직배 이후를 중심으로〉, 영화진흥위원회, 2001. 12.

〈문화산업 투자활성화를 위한 SPC 법제화 방안 연구〉, 영화진흥위원회, 2005. 6.

〈영화산업 공정경쟁 환경조성을 위한 연구〉, 영화진흥위원회, 2009. 7.

〈영화관입장권통합전산망 효과분석 및 발전방안 연구〉, 영화진흥위원회, 2014. 12.

〈영화산업의 경쟁력과 경제적 파급 효과 연구〉, 영화진흥위원회, 2016. 10.

〈중소기업 모태조합(모태펀드) 출자사업의 효과성과 개선방향에 관한 연구〉, 국회예
산정책처, 2020. 9.

**단행본**

김미현,《한국영화 정책과 산업》, 커뮤니케이션북스, 2013.

**인터넷사이트**

"한국영화 투자 분야 표준계약서 마련", 2014. 10. 30, https://www.mcst.go.kr/kor/s_
notice/press/pressView.jsp?pSeq=13854(문화체육관광부)알림·소식)보도자료).

## 5장 K팝 제조 시스템의 역동적인 시장 개척

### 언론

고규대, "원더걸스 사태로 본 아이돌 가수 미국 진출의 실상", 〈신동아〉, 2010. 3. 3.

김윤지, "기획사가 빚어낸 아이돌의 빛과 그림자: '승리게이트'로 본 케이팝 산업②",
〈이코노미인사이트〉, 2019. 11. 12.

김윤지, "걸그룹은 꽃이 아니라 나무다: '승리게이트'로 본 케이팝 산업③", 〈이코노미
인사이트〉, 2020. 1. 1.

김주완, "IT가 죽인 음악산업, IT로 부활하다", 〈한국경제〉, 2021. 4. 25.

김환표, "전 세계에 SM공동체 건설을 꿈꾼다: SM엔터테인먼트 회장 이수만", 〈인물
과사상〉, 2013. 4.

김환표, "세계 최고 기획사를 꿈꾼다: YG엔터테인먼트 대표 양현석", 〈인물과사상〉,
2013. 6.

김환표, "평생 공연하다가 죽는 게 꿈이다: JYP엔터테인먼트의 박진영", 〈인물과사
상〉, 2013. 8.

박영은, "전성기 성공 방정식은 '능숙함의 덫', 스타 리더십 키우고 초심으로 돌아가
야", 〈DBR〉, 2020. 7.

박은석, "[논쟁] 아이돌 육성 시스템 이대로 좋은가?", 〈한겨레신문〉, 2011. 6. 17.

반도헌, "팬클럽이 키워 TV에서 뜨면 '한류'까지", 〈시사저널〉, 2009. 9. 22.

이문원, "보아, '미국진출'이 구차스러운 이유", 〈뉴시스〉, 2008. 9. 14.

이성규, "싸이 〈강남스타일〉이 성공한 진짜 이유?", 〈프레시안〉, 2012. 8. 16.

이정혁·백지은, "'K팝스타' 양현석-박진영-보아 갈등, 왜? 태생부터 다른 SM-JYP-
YG", 〈스포츠조선〉, 2011. 12. 20.

정길화, "[비바 코리안] 한류 20년에 생각한다", 〈월드코리안〉, 2019. 11. 20.

"미(美)시장공략 청소년층을 노려라", 〈동아일보〉, 1995. 3. 11.

## 논문·보고서

박영은·이동기, "SM엔터테인먼트, 글로벌 엔터테인먼트를 향한 질주", 〈KBR〉 제
15권 2호, 2011. 8.

이은숙, "중국에서의 '한류' 열풍 고찰", 〈문학과 영상〉 제3권 2호, 2002. 12.

장규수, "한류의 어원과 사용에 관한 연구", 〈한국콘텐츠학회논문지〉 제11권 9호,
2011. 9.

장은혜, "한국 대중음악의 해외 진출 마케팅 전략 변화 연구", 경희대학교 경영대학원
석사학위논문, 2016. 2.

전병준, "음원의 디지털화에 따른 음악 시장의 변화에 관한 연구", 〈통상정보연구〉 제
7권 4호, 2005. 12.

홍유선·임대근, "용어 한류(韓流)의 기원", 〈인문사회21〉 제9권 5호, 2018. 10.

*Global Music Report 2022: State of the Industry*, IFPI.

## 단행본

김동환, 《SM리퍼블릭: 기획자 이수만이 꿈꾸는 문화제국》, 이야기공작소, 2015.

손남원, 《YG는 다르다》, 인플루엔셜, 2015.

신현준, 《가요, 케이팝 그리고 그 너머》, 돌베개, 2013.

안윤태·공희준, 《이수만 평전》, 정보와사람, 2012.

이규탁, 《케이팝의 시대》, 한울아카데미, 2016.

## 방송

SBS 특집방송 〈전설의 무대 아카이브〉 3회, "90's 나이트 DJ와 댄스음악 편", 2021. 1.
17.

## 6장 엔터테인먼트도 안정적 산업이 될 수 있다

### 언론

김나현, "상영·배급 분리, 스크린 독과점 해결할까?", 〈중앙일보〉, 2017. 7. 21.

김윤지, "유명 기획사 기업공개의 함정: '승리 게이트'로 본 케이팝 산업 ①", 〈이코노미인사이트〉, 2019. 9. 11.

김춘효, "기업사냥으로 세운 미디어제국 CJ", 〈미디어오늘〉, 2018. 3. 25.

김현진, "[팝컬처] SM 가는 길, K팝의 새역사", 〈서울경제〉, 2020. 4. 23.

나성원, "어느새 칸 트로피 3개…CJ ENM 이미경 뚝심도 조명", 〈국민일보〉, 2022. 5. 29.

변동진, "'기생충' 아카데미 4관왕 숨은 조력자, CJ 이재현·이미경 남매", 〈오피니언뉴스〉, 2020. 2. 11.

심재걸, "박진영, '잡스 죽음 보고 JYP 시스템 개편'", 〈한국일보〉, 2015. 4. 21.

오명철, "[인물포커스] CJ ENTERTAINMENT 대표 이강복", 〈동아일보〉, 2001. 12. 6.

윤자경, "[인물탐구] 이강복 CJ엔터테인먼트 대표", 〈매일경제〉, 2000. 10. 27.

이정은, "[Who is?] 이미경 CJ그룹 부회장", 〈비즈니스포스트〉, 2019. 1. 31.

이정훈, "'실패에서 배웠다', 시총 2조 JYP 경영의 비밀", 〈한경비즈니스〉, 2022. 5. 16.

이창헌, "JYP가 합병 통해 코스닥시장 진출한 이유는", 〈한국경제신문〉, 2013. 7. 11.

장영엽·김성훈, "CJ그룹 이미경 부회장을 만나다", 〈씨네21〉, 2021. 4. 13.

정지혜, "시총 2조 넘은 JYP…'처참했던 10년 전 재무제표'를 뜯어보자", 〈아웃스탠딩〉, 2022. 4. 19.

정지혜, "YG…망할 줄 알았는데요, 실적을 보니 아니었습니다", 〈아웃스탠딩〉, 2022. 4. 21.

정지혜, "이수만 없었음 진짜 지금의 SM은 불가능했을까요? 재무제표로 확인해 봅시다!", 〈아웃스탠딩〉, 2022. 4. 25.

허엽, "[쇼비즈 누가 움직이나] SM 대주주 이수만 '중(中) 시장 공략에 총력'", 〈동아일보〉, 2001. 8. 21.

### 논문·보고서

김금동, "외환위기 이후 금융자본 및 영상전문 투자조합이 한국영화산업에 미친 영향", 〈현대영화연구〉 제15권 1호, 2019. 2.

김승경, "자본의 다양화와 투자사의 영역 확장: 새로운 자본의 유입과 역할을 중심으로", 〈현대영화연구〉 제19호, 2014. 11.

노철환, "한국 영화관시장, 배급/상영문제 진단과 대안", 〈아시아영화연구〉 제9권 1호, 2016. 8.

박대민·이규탁, "한류의 산업화, 금융화, 그리고 스타트업화: 한류와 K-POP 보도 21년치 뉴스 빅데이터 분석을 중심으로", 〈한국언론정보학보〉 제112호, 2022. 4.

박진수·최민정, "국내미디어 엔터테인먼트 산업의 성장과 도전: CJ엔터테인먼트의 수직통합 사례를 중심으로", 〈KBR〉 제14권 1호, 2010. 8.

이성수·박수경·박현열·이미경·김종규, "오리온그룹의 엔터테인먼트 사업 진출 사례", 〈경영사례연구〉 제40권 1호, 2006.

정찬철, "2000년대 한국영화 제작사의 삶: 헤게모니의 문제에서 생존의 문제로", 〈현대영화연구〉 제19호, 2014. 11.

최혜긍·연수정·김성철, "국내 엔터테인먼트 기업의 사업 다각화 전략 유형에 대한 연구: SM, JYP, YG를 중심으로", 〈방송통신연구〉 제107호, 2019. 7.

"영화시장 독과점에 관한 경쟁법적 분석 및 개선방안 연구", 영화진흥위원회, 2018.

〈2021년 한국 영화산업 결산〉, 영화진흥위원회, 2022. 2.

## 단행본

고성연, 《CJ의 생각: 문화에서 꿈을 찾다, 7가지 창조적 여정》, 열림원, 2016.

김학수, 《한국영화산업의 개척자들》, 인물과사상사, 2003.

## 7장 팬덤이라는 세계화 전진 기지

## 언론

Ben Sisario, "BTS Lands a Third No.1 on the Album Chart in Less Than a Year", *The New York Times*, 2019. 4. 22.

Chang Dong-woo, "Catching fire: Grassroots Campaign that Sold BTS to Mainstream America", *Yonhap News Agency*, 2017. 12. 22.

김윤지, "SNS '흙수저 성장기' 세계적 공감", 〈이코노미인사이트〉, 2018. 1.

김윤지, "밀레니얼 세대 음악취향 공략", 〈이코노미인사이트〉, 2018. 7. 1.

김윤지, "방탄소년단은 SM-YG-JYP 소속이 아니다: 'BTS'에서 읽어야 할 밀레니얼 시대정신", 〈피렌체의 식탁〉, 2018. 12. 27.

김환표, "팬덤의 역사: '인정투쟁'을 위한 치열한 몸부림인가 ④", 〈인물과사상〉, 2013. 3.

스큅, "아이돌 세대론: ① 2020 아이돌팝 세대론", 〈아이돌로지〉, 2020. 6. 12.

안정훈, "미국 상반기 음반 판매량 톱10에 하이브 소속 가수 4팀", 〈연합뉴스〉, 2022. 7. 19.

양승준, "BTS 노래 절대 틀 일 없단 저주 깨고", 〈한국일보〉, 2018. 6. 9.

이문원, "보아, '미국진출'이 구차스러운 이유", 〈뉴시스〉, 2008. 9. 14.

최보윤, "4세대 K팝 아이돌, 출발부터 세계 무대", 〈조선일보〉, 2022. 2. 11.

## 논문·보고서

Charlotta Mellander, Richard Florida, Peter J. Rentfrow and Jeff Potter, "The Geography of Music Preferences", *Journal of Cultural Economics*, vol. 42, 2018.

이혜인, 〈2022 엔터 르네상스의 시작: K-POP 산업 재도약〉, 2022. 4.

조성은·조원석, "방탄소년단 팬덤 '아미(ARMY)'와 팬번역", 〈번역학연구〉 제22권 1호, 2021. 3.

## 단행본

Henry Jenkins, *Textual Poachers: Television Fans and Participatory Culture*, Routledge, 1992.

김영대, 《BTS: THE REVIEW》, 알에이치코리아, 2019.

김영대, 《지금 여기의 아이돌: 아티스트》, 문학동네, 2021.

신윤희, 《팬덤 3.0》, 스리체어스, 2019.

이지영, 《BTS 예술혁명: 방탄소년단과 들뢰즈가 만나다》, 파레시아, 2018.

이지행, 《BTS와 아미 컬처》, 커뮤니케이션북스, 2019.

홍석경, 《BTS 길 위에서》, 어크로스, 2020.

## 인터넷사이트

아미 백서 프로젝트, https://www.whitepaperproject.com.

## 8장 OTT와 함께 언제 어디서나 K콘텐츠를

## 언론

김민지, "'16부작 드라마, 이젠 지겨워 못 봐' 넷플릭스가 바꾼 '이것'", 〈헤럴드경제〉,

2022. 4. 12.

김보영, "① 거장들도 '그림의 떡'…음원·TV 다 있는데 영화만 없는 저작권료", 〈이데일리〉, 2022. 8. 2.

김윤지, "편안하게 '몰아보기'에 빠지게 하라!", 〈이코노미인사이트〉, 2020. 3. 1.

김윤지, "휴리스틱과 알고리즘이 부르는 '무의식 클릭'", 〈이코노미인사이트〉, 2020. 5. 18.

김윤지, "빅데이터 기술로 '경험' 극대화", 〈이코노미인사이트〉, 2020. 7. 1.

김윤지, "K드라마에 꽃길 열릴까", 〈이코노미인사이트〉, 2021. 3. 17.

김혜리, "오는 6월, 여섯 번째 신작 〈옥자〉 공개하는 감독 봉준호", 〈씨네21〉, 2017. 4. 12.

김현록, "봉준호 감독 '〈옥자〉 멀티플렉스 갈등 이해…내 욕심 탓'", 〈스타뉴스〉, 2017. 6. 14.

나원정, "봉준호 감독의 〈옥자〉 탄생 비화 7", 〈중앙일보〉, 2017. 6. 15.

나원정, "넷플릭스 저작권료, 봉준호 〈옥자〉 받는데 〈오겜〉 못 받는 이유", 〈중앙일보〉, 2022. 3. 13.

문동열, "넷플릭스 오리지널 10년사 ⑤: 극장에 안걸려 비난받은 영화 〈옥자〉", 〈오피니언뉴스〉, 2022. 6. 17.

이상원, "다 같은 한국산인데 왜 K드라마는 먹히고 한류드라마는 잠잠하지?", 〈시사인〉, 2021. 12. 15.

이승미, "〈옥자〉 보이콧 → 〈더킹〉 메가박스 상영…넷플릭스, 멀티플렉스 벽을 뚫다", 〈스포츠조선〉, 2019. 10. 22.

장진리, "탈(脫)스크린 〈옥자〉도 못 피한 마스킹의 아이러니 ③", 〈OSEN〉, 2017. 5. 20.

정유진, "봉준호 〈옥자〉, 한(韓) 투자배급사 배제한 진짜 속사정(간담회 ①)", 〈뉴스1〉, 2017. 5. 21.

## 논문·보고서

김윤지, 〈OTT산업과 K콘텐츠 수출: K드라마·K무비를 중심으로〉, 한국수출입은행 해외경제연구소, 2021. 4.

〈2021년 한국영화산업 결산〉, 영화진흥위원회, 2022. 2.

## 단행본

유건식, 《넷플릭스: 한국 드라마 시장을 바꾸다》, 한울아카데미, 2021.

정길화 외, 《오징어 게임과 콘텐츠 혁명》, 인물과사상사, 2022.

코리 바커·마이크 비아트로스키 외, 《넷플릭스의 시대》, 임종수 옮김, 팬덤북스, 2019.

## 9장 여전히 남은 금지와 개방의 정치

### 언론

강소영, "사드 이어 중국 문화보호주의 고개, '한류' 직격탄", 〈뉴스핌〉, 2016. 11. 21.

강수진, "재경부 스크린 쿼터 축소 움직임에 반발 확산", 〈동아일보〉, 2002. 1. 21.

김봉석, "일본 대중문화는 왜 낡은 미래가 되었나", 〈아레나옴므플러스〉, 2021. 1. 14.

김시무, "한국 영화유통의 아킬레스건…스크린 쿼터의 어제와 오늘", 〈매일경제〉, 2019. 9. 3.

김유익, "지금 중국에는 딱히 '반한 정서'라고 할만한 게 존재하지 않는다", 〈시사인〉, 2021. 6. 15.

김윤구, "'지민 비행기' 띄운 중국 BTS 아미…웨이보 계정 60일 정지", 〈연합뉴스〉, 2021. 9. 5.

김윤지, "작가, PD, 기획사 줄줄이 중국 품에", 〈이코노미인사이트〉, 2015. 1. 1.

김태원, "'또 tvN이야?'…〈여신강림〉〈빈센조〉 중국 제품 PPL에 뿔난 시청자들", 〈일요신문〉, 2021. 3. 15.

김형민, "[드라마산업 지각변동] ③ 드라마 제작사 죽을 맛…중국, 국내 제작 인력 싹쓸이", 〈조선일보〉, 2014. 9. 26.

김희경, "'일(日)대중문화 단계적개방 비효율적'…삼성경제연(硏) 보고서", 〈동아일보〉, 1998. 8. 17.

김희경, "일본문화 어느만큼 들어와 있나?", 〈동아일보〉, 1998. 10. 12.

성하훈, "스크린쿼터 사수 투쟁, 신구세대 결별 신호탄 되다: [한국영화운동 40년_28] 한국영화 제작가협회에서 영화인회의까지", 〈오마이뉴스〉, 2022. 4. 7.

안영춘, "현충사 성역화와 〈동백아가씨〉 금지의 속사정", 〈한겨레신문〉, 2005. 2. 2.

윤고은, "중국 대형 팬 모급 플랫폼 운영 중단…'수천만 위안 묶여'", 〈연합뉴스〉, 2021. 10. 18.

이새봄, "국내 드라마 속속 파고드는 중국 기업…득실은", 〈매일경제〉, 2015. 4. 14.

이영진·김수경, "스크린 쿼터 붕괴 ①", 〈씨네21〉, 2006. 2. 8.

이영진·김수경, "스크린 쿼터 붕괴 ② 스크린 쿼터 축소를 둘러싼 6가지 논란과 쟁점", 〈씨네21〉, 2006. 2. 8.

이영호, "넷플릭스 차단된 중국도 〈오징어게임〉 열풍…달고나 가게 등장", 〈한국경제TV〉, 2021. 10. 13.

이오성, "중국의 모든 것을 싫어하는 핵심 집단, 누굴까?", 〈시사인〉, 2021. 6. 17.

임인택, "국민 4명 중 3명 '스크린쿼터 현행 유지'", 〈한겨레신문〉, 2006. 2. 16.

정덕현, "한한령? 더 이상 당하고만 있진 않겠다", 〈시사저널〉, 2017. 3. 17.

조용철, "[문화콘텐츠산업 쩐의 전쟁] (상) 해외자본, 국내 콘텐츠산업에 약(藥)인가 독(毒)인가", 〈파이낸셜뉴스〉, 2016. 2. 15.

조헌주, "[일(日)대중문화 개방] 국내시장 '자구(自救)' 비상", 〈동아일보〉, 1998. 10. 20.

조희문, "스크린 쿼터 축소 11년, 한국영화는 망하지 않았다", 〈미래한국〉, 2017. 7. 17.

홍성록, "스크린쿼터 축소 배경과 전망", 〈한겨레신문〉, 2006. 1. 26.

홍성록, "최민식 문화부에 문화훈장 반납", 〈연합뉴스〉, 2006. 2. 7.

황정우 외, "[초점] 일(日) 대중문화 개방 내용과 전망", 〈연합뉴스〉, 2003. 12. 30.

## 논문·보고서

강내영, "중국의 항(抗)한류 현상 연구: 드라마와 영화를 중심으로", 〈중국학연구〉 제43집, 2008. 3.

권기영, "'한한령(限韓令)'을 통해 본 중국 대외문화정책의 딜레마", 〈중국문화연구〉 제37권, 2017. 8.

김시무, "스크린쿼터의 필요성과 당위성", 〈문화예술〉, 2002. 2.

김정호, "스크린 쿼터 축소의 영향분석", 〈한국콘텐츠학회논문지〉 제11권 2호, 2011. 2.

류설리, "'한한령'의 도전과 '포스트 한류'의 응전", 〈한류스토리〉, 한국문화산업교류재단, 2017. 4.

박제현, 《영화산업 구조분석 및 경쟁정책적 평가》, 공정거래위원회, 2008. 12.

박조원 외, 〈일본 대중문화 개방 영향 분석〉, 한국문화정책개발원, 2001.

박조원·현무암, 〈일본 대중문화 전면 개방의 영향 및 파급 효과 예측〉, 2005.

심두보, "중국의 문화굴기와 한국 문화산업: 한류는 차이나 머니의 파고를 뛰어넘을 수 있을까?", 〈인문사회21〉 제7권 4호, 2016. 8.

양수영, "중국 방송산업의 발전과 포스트 한한령 시대의 새로운 한중 협력", 〈방송문화〉 제420호, 2020. 3.

이성환, "식민지의 기억과 일본 대중문화의 유입 그리고 한일관계", 〈한국사연구회보〉 제149호, 2010년 여름호.

이준호·이기태·백승혁, "한·중 콘텐츠 교역의 공진화 과정 및 방향에 관한 탐색적 고찰", 〈전자무역연구〉 제15권 1호, 2017. 2.

이지한, "한류를 바라보는 두 개의 시선: 한국의 문화산업과 중국의 문화안보", 〈중국학〉 제65권, 2018. 12.

이태규, 《영화산업의 구조변화와 스크린쿼터의 유효성》, 한국경제연구원, 2006.

이현진, "문화에서 산업으로, IMF 이후 한국영화의 위상 변화와 인식의 전환", 〈현대영화연구〉 제19권, 2014. 11.

정미정, "스크린쿼터에 관한 뉴스보도 담론분석", 〈한국언론정보학보〉 제35호, 2006. 9.

조현성, 〈일본 대중문화 개방 영향분석 및 대응방안〉, 2003.

주정민, "한류 콘텐츠에 대한 '반한류' 현상의 원인과 대응: 중국, 일본을 중심으로", 〈디아스포라연구〉 제7권 2호, 2013. 12.

최한준, "우리나라 스크린쿼터제 변천의 법적 고찰", 〈경영법률〉 제18권 3호, 2008.

홍성태, "일본 대중문화 개방의 문화정치", 〈문화과학〉 제41호, 2005. 3.

〈한국영화산업 결산〉, 영화진흥위원회, 1998~2021.

**단행본**

김덕중 외, 《사드, 그 이후의 한류》, 한국국제문화교류진흥원, 2017.

김성민, 《일본을 禁하다》, 글항아리, 2017.

김인희, 《중국 애국주의 홍위병, 분노청년》, 푸른역사, 2021.

김정수, 《스크린쿼터의 추억》, 한국학술정보, 2013.

장신기, 《성공한 대통령 김대중과 현대사》, 시대의창, 2021.

*26쪽, 80쪽, 189쪽, 219쪽, 286쪽 사진의 저작권은 〈연합뉴스〉에 있습니다.

# 한류 외전

초판 1쇄 발행 2023년 4월 17일
초판 3쇄 발행 2024년 10월 4일

**지은이** 김윤지
**발행인** 김형보
**편집** 최윤경, 강태영, 임재희, 홍민기, 강민영, 송현주, 박지연
**마케팅** 이연실, 이다영, 송신아  **디자인** 송은비  **경영지원** 최윤영, 유현

**발행처** 어크로스출판그룹(주)
**출판신고** 2018년 12월 20일 제 2018-000339호
**주소** 서울시 마포구 동교로 109-6
**전화** 070-5038-3533(편집) 070-8724-5877(영업)  **팩스** 02-6085-7676
**이메일** across@acrossbook.com  **홈페이지** www.acrossbook.com

ⓒ 김윤지 2023

ISBN 979-11-6774-097-7 03300

**만든 사람들**
**편집** 홍민기  **교정** 박선미  **디자인** THIS COVER  **본문디자인** 송은비  **조판** 박은진